桥梁维护、安全与运营管理
——长寿命与智能化

陈艾荣 阮 欣 编

人民交通出版社股份有限公司
北京

内 容 提 要

本书重点介绍了近年来桥梁维护、安全与运营管理方面的新发展，以及桥梁运营、管理维护过程中的长寿命与智能化技术方面的最新进展。具体内容包括：钢-混凝土黏结性能智能评估，工程结构表观性态标准化智能识别方法，桥梁钢结构数字疲劳模拟方法，混凝土结构耐久性能数值模拟的细-宏观转译方法，基于机器视觉测量的空心板梁桥铰缝损伤识别技术，多灾害作用下桥梁设计的总体框架，大跨径桥梁约束装置长期性能，基于BIM健康监测系统的大跨PC连续梁桥智能状态评估，长寿命钢桥结构体系、设计理论与制造技术探索，基于UHPC高抗拉特性的混凝土主梁拼宽及薄层加固。

本书可供从事桥梁设计、管理养护及相关研究人员使用，也可供高等院校相关专业的高年级本科生和研究生参考使用。

图书在版编目(CIP)数据

桥梁维护、安全与运营管理：长寿命与智能化/陈艾荣，阮欣编.—北京：人民交通出版社股份有限公司，2021.10

ISBN 978-7-114-17602-9

Ⅰ.①桥… Ⅱ.①陈… ②阮… Ⅲ.①桥—维修②桥—安全管理③桥—运营管理 Ⅳ.①U445.7

中国版本图书馆CIP数据核字(2021)第186237号

Qiaoliang Weihu、Anquan yu Yunying Guanli——Changshouming yu Zhinenghua

书　名：	桥梁维护、安全与运营管理——长寿命与智能化
著作者：	陈艾荣　阮欣
责任编辑：	曲乐　李学会
责任校对：	孙国靖　魏佳宁
责任印制：	张凯
出版发行：	人民交通出版社股份有限公司
地　址：	(100011)北京市朝阳区安定门外外馆斜街3号
网　址：	http://www.ccpcl.com.cn
销售电话：	(010)59757973
总经销：	人民交通出版社股份有限公司发行部
经　销：	各地新华书店
印　刷：	北京虎彩文化传播有限公司
开　本：	720×960　1/16
印　张：	21.5
字　数：	345千
版　次：	2021年10月　第1版
印　次：	2021年10月　第1次印刷
书　号：	ISBN 978-7-114-17602-9
定　价：	80.00元

(有印刷、装订质量问题的图书由本公司负责调换)

前言

改革开放40余年,大量桥梁工程建成并投入使用,桥梁维护与管理需求日益扩大。如何科学、高效地开展桥梁维护与管理、保持和提升长期性能成为国内乃至世界桥梁工程界的热点问题。国际桥梁维护与安全协会(International Association for Bridge Maintenance and Safety, IABMAS)正是专注于这一领域的国际学术协会。它成立于1999年,协会的宗旨为提升桥梁养护、安全和管理领域的国际交流与合作,增强理论与实践之间的沟通,促进技术发展和创新。协会创建以来,通过主办和协办国际会议、技术论坛等活动,为桥梁管养相关领域的工程师、管理者和研究人员提供了一个相互了解和交流的平台,对促进领域发展做出了积极贡献。

国际桥梁维护与安全协会主办和协办的众多会议和专题活动中最为重要的是桥梁维护、安全和管理系列国际会议。自2002起,逢双年,已分别于西班牙、日本、葡萄牙、韩国、美国、意大利、中国、巴西、澳大利亚和日本举办了十届会议,其中第七届会议于2014年在中国上海召开,会议吸引了来自近40个国家的700余位代表,收到600余篇论文摘要,并最终录用了396篇论文,会议组织了48场专题研讨会,获得了圆满成功。

以2012年会议为契机,在业内同仁的支持下,2012年,在同济大学成立了国际桥梁维护与安全协会的中国团组(IABMAS-China Group),目的是促进和提升国内桥梁维护与安全领域内的研究及学术联系,促进领域内工程师、管理者和研究人员的学术交流。协会每两年举办一次全国桥梁维护与安全学术会议。2012年,第一届会议与团组成立大会同期在同济大学召开,来自全国多家高等院校与研究单位近200人参加;2013年4月,第二届全国桥梁维护与安全学术会议在重庆交通大学召开;2015年4月,第三届全国桥梁维护与安全学术会议在长安大学召开;2017年6月,第四届全国桥梁维护与安全学术会议在长沙理工大学召开,来自国内外20余所大学,10余家科研、设计、检测、质监单位的200余名专家学者参会并就桥梁维护管养策略、桥梁可持续发展、寿命周期设计等14个研究主题开展讨论。2019年4月,第五届全国桥梁维护与安全学术会议在河海大学召开。同时,中国团组每两年均会以桥梁管养领域的最新技术进展和热点研究问题为主题征集稿件,邀请相关专家进行较长篇幅的描述和分析,并编辑形成专著。已出版的专著包括:2013年4月出版的《桥梁维护、安全与运营管理——技术与挑战》、2015年5月出版的《桥梁维护、安全与运营管理——迎接大数据时代》、2017年5月出版的《桥梁维护、安全与运营管理——精细化与寿命延长》、2019年4月出版的《桥梁维护、安全与运营管理——多尺度方法与性能评估》。

本书为此系列专著的第五本,主要结合近两年来桥梁安全、维护领域中有关长寿命与智能化的最新研究进展,汇集了来自工程单位和高等院校的专家的最新研究成果,共10章。主要内容包括:钢-混凝土黏结性能智能评估,工程结构表观性态标准化智能识别方法,桥梁钢结构数字疲劳模拟方法,混凝土结构耐久性能数值模拟的细-宏观转译方法,基于机器视觉测量的空心板梁桥铰缝损伤识别技术,多灾害作用下桥梁设计的总体框架,大跨径桥梁约束装置长期性能,基于BIM健康监测系统的大跨PC连续梁桥智能状态评估,长寿命钢桥结构体系、设计理论与制造技术探索,基于UHPC高抗拉特性的混凝土主梁拼宽及薄层加固等内容。

本书的部分内容得到了国家重点研发计划项目"道路基础设施服役性能智能仿真理论和方法"(2018YFB1600100)的支持,特此致谢!

在我国桥梁维护与安全领域研究需求的不断推动下,IABMAS中国团组得到了迅速的发展,在国内和国际相关领域内的影响力日益增强。

中国团组也将利用这一优势,更好地组织国内相关研究领域内的学术交流,进一步促进领域发展,为社会进步做出积极贡献。

由于时间紧迫,编者水平有限,书中难免存在错漏,望广大读者不吝赐教。

国际桥梁维护与安全协会中国团组　主席
陈艾荣
2021 年 8 月

目录

第1章 钢-混凝土黏结性能智能评估 ········· 1
　1.1　引言 ········· 1
　1.2　混合机器学习理论 ········· 2
　1.3　试验数据库建立 ········· 7
　1.4　数据预处理 ········· 12
　1.5　机器学习评估结果及分析 ········· 14
　1.6　结语 ········· 21
　　本章参考文献 ········· 22

第2章 工程结构表观性态标准化智能识别方法 ········· 26
　2.1　引言 ········· 26
　2.2　基于计算机视觉的结构智慧检测框架 ········· 27
　2.3　钢结构锈蚀区域分割与定量分析方法 ········· 29
　2.4　混凝土表观病害标准化识别方法 ········· 37
　2.5　钢结构裂纹机器视觉监测方法 ········· 49
　2.6　结语 ········· 58
　　本章参考文献 ········· 58

第3章 桥梁钢结构数字疲劳模拟方法 ········· 63
　3.1　引言 ········· 63
　3.2　裂纹扩展数值模拟基本原理 ········· 66

3.3 焊接残余应力数值模拟方法 ··· 75
3.4 钢桥腹板间隙面外变形数字疲劳模拟 ································· 77
3.5 正交异性钢桥面板数字疲劳模拟 ·· 86
3.6 结语 ·· 97
本章参考文献 ·· 98

第4章 混凝土结构耐久性能数值模拟的细-宏观转译方法 ·········· 103
4.1 引言 ·· 103
4.2 混凝土细观建模方法的现状与瓶颈 ··································· 105
4.3 混凝土材料精细化建模与优化 ·· 108
4.4 混凝土耐久性能模拟细-宏观转译方法 ······························ 112
4.5 桥梁混凝土结构耐久性能模拟转译 ··································· 120
4.6 结语 ·· 125
本章参考文献 ·· 126

第5章 基于机器视觉测量的空心板梁桥铰缝损伤识别技术 ········ 131
5.1 引言 ·· 131
5.2 空心板铰缝损伤结构指纹 ··· 133
5.3 空心板铰缝损伤检测评定 ··· 143
5.4 工程应用实例 ··· 150
5.5 结语 ·· 156
本章参考文献 ·· 157

第6章 多灾害作用下桥梁设计的总体框架 ···································· 160
6.1 引言 ·· 160
6.2 多灾害作用下桥梁设计的目标与原则 ······························· 161
6.3 多灾害作用下桥梁设计的核心理念 ··································· 165
6.4 多灾害作用下桥梁设计的主要过程 ··································· 174
6.5 多灾害作用下桥梁设计的整体流程 ··································· 180
6.6 结语 ·· 180
本章参考文献 ·· 182

第7章 大跨径桥梁约束装置长期性能 ·· 186
7.1 引言 ·· 186

7.2 大跨径悬索桥约束关键装置设计 ·············· 190
7.3 约束关键装置力学性能检测 ·············· 195
7.4 约束关键装置服役性能评估 ·············· 206
7.5 约束关键装置服役性能提升 ·············· 211
7.6 结语 ·············· 215
本章参考文献 ·············· 216

第 8 章 基于 BIM 健康监测系统的大跨 PC 连续梁桥智能状态评估 ·············· 220
8.1 引言 ·············· 220
8.2 桥梁 BIM 模型 ·············· 225
8.3 BIM 模型与桥梁监测信息的融合 ·············· 233
8.4 BIM 监测平台 ·············· 239
8.5 监测数据智能管理 ·············· 244
8.6 结语 ·············· 252
本章参考文献 ·············· 253

第 9 章 长寿命钢桥结构体系、设计理论与制造技术探索 ·············· 257
9.1 引言 ·············· 257
9.2 长寿命钢桥结构体系研究 ·············· 259
9.3 长寿命钢桥可靠性设计理论 ·············· 283
9.4 长寿命钢桥制造关键技术 ·············· 296
9.5 结语 ·············· 299
本章参考文献 ·············· 300

第 10 章 基于 UHPC 高抗拉特性的混凝土主梁拼宽及薄层加固 ·············· 305
10.1 引言 ·············· 305
10.2 基于 UHPC 高抗拉特性的桥梁拼缝受力性能研究 ·············· 307
10.3 基于 UHPC 高抗拉特性的混凝土梁薄层加固 ·············· 321
10.4 结语 ·············· 330
本章参考文献 ·············· 331

第 1 章 钢-混凝土黏结性能智能评估

刘玉擎,王贤林

同济大学桥梁工程系,上海,200092

1.1 引言

型钢混凝土结构(Steel Reinforced Concrete,SRC)中,型钢整体埋入混凝土并受周围混凝土约束,一般通过自然黏结作用在型钢与混凝土之间传递结合面的剪力,进而发挥型钢-混凝土组合效应[1]。因此,型钢-混凝土结合面的黏结强度是影响SRC结构力学性能的重要因素[2]。

试验研究表明,SRC结构的黏结强度受诸多因素影响,如混凝土保护层厚度、混凝土强度、截面箍筋数量、黏结长度、型钢几何形状、钢材表面条件、温度等[3-8],其黏结强度存在较大的离散性,精确计算是一个高度复杂的非线性问题。从解析力学的角度求解类似界面性能的理论表达式十分困难。目前,评估型钢与混凝土之间的黏结强度的计算式通常基于试验数据回归分析建立[9],并通过有限的试验数据进行验证,仅适用于相应的数据集范围。此外,当输入变量众多或彼此相关时,采用传统回归分析预测多元非线性问题的精度十分有限。

机器学习(Machine Learning,ML)作为人工智能(Artificial Intelligence,

AI)技术的一个重要分支,可用于解决预测、优化或分类问题[12]。其中,人工神经网络(Artificial Neutral Network,ANN)因其架构灵活、预测结果准确,成为目前最重要的机器学习算法之一。其灵感来源于人类的神经系统,通过模拟神经元间信息的传播过程,确定输入和输出变量之间复杂的非线性关系。

ANN 模型能够提供一种比统计和数值方法更准确和可靠的替代方案,但在搜索策略方面存在固有缺陷。在训练阶段神经网络模型很容易陷入邻近候选解集内的局部最优而非全局最优。遗传算法(Genetic Algorithm,GA)和粒子群算法(Particle Swarm Optimization,PSO)等进化算法可以有效克服该缺陷。遗传算法是一种受达尔文进化论和自然遗传学指导的元启发式算法[13],可以通过选择、交叉、变异等生物遗传操作,生成高质量的优化或搜索解集。粒子群优化算法是另一种较为新颖的优化算法,其灵感来自生物的群体(如鸟群或鱼群)行为[14]。PSO 算法与 GA 算法相似,皆属于启发式算法,即在若干确定性和概率统计条件下,按照所选择的适应度函数对个体进行筛选,适应度好的个体被保留,适应度差的个体被淘汰,新的种群集成上一代的信息又优于上一代。因此,利用 GA 算法或 PSO 算法初始化 ANN 模型的权值和偏差,降低陷入局部最小的概率,从而提高 ANN 模型的准确性与泛化能力。

将 ANN 模型与 GA 算法或 PSO 算法结合,有望实现型钢-混凝土结合面黏结强度的高效智能评估。为此,本章介绍在数据驱动的型钢-混凝土黏结强度智能评估方面所开展的工作,为型钢混凝土结构设计与性能预测提供支撑,为相关界面力学行为的研究提供参考。

1.2 混合机器学习理论

1.2.1 人工神经网络

图 1.1 所示为生物神经元与人工神经元基本模型对比。人工神经网络由一组被称为人工神经元的连接单元组成,每一个人工神经元都通过链接与其他神经元相联系,这些链接对应于生物神经元中的轴突-突触-树突链接[15]。人工神经元被聚合为若干层,即输入层、隐藏层和输出层。每个神经元从上一层接收信号(输入),计算其输入的加权和,然后通过激活函数

输出至下一层。具体而言,第 j 个神经元的一组输入 $X = [x_1, x_2, \cdots, x_n]$ 乘以权重 $W_j = [w_{j1}, w_{j2}, \cdots, w_{jn}]$,随后将加权值输入求和节点并与偏差 b_j 相加,即:

$$Y_j = \sum_{i=1}^{n} w_{ji} x_i + b_j \quad (1.1)$$

式中,Y_j 为输入的加权和。

最后,利用激活函数计算神经元的输出。激活函数包括纯线性函数、双曲正切函数、修正线性单元函数等多种形式。本节输出层采用纯线性函数,输入层和隐含层采用双曲正切函数,即:

$$f(Y_j) = \tanh(Y_j) = \frac{e^{Y_j} - e^{-Y_j}}{e^{Y_j} + e^{-Y_j}}$$

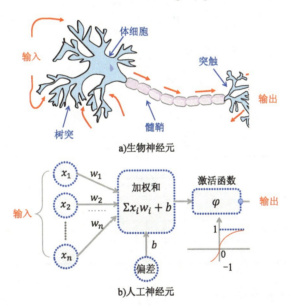

图 1.1　生物神经元与人工神经元基本模型对比

图 1.2 所示为预测 SRC 黏结强度的前馈多层神经网络架构示意图,包含输入层、隐藏层和输出层。表 1.1 总结了经过寻优试算确定的 ANN 模型超参数。参数 c_s/h_s、c_v/h_s、b_f/h_s、l_b/h_s、f_t、ρ_s 和 ρ_{sv} 作为输入变量,输入层共有 7 个神经元。隐藏层中神经元数量将直接影响人工神经网络的性能,为此第 1.5 节将对具有不同数量隐藏神经元的神经架构进行比较分析。此外,在网

络训练时采用反向传播(Back Propagation,BP)算法用于监督学习[16]。BP算法通过计算预测值和目标值之间的误差梯度,层层反向传播更新网络权重,最终使 ANN 模型的损失函数达到最小化。

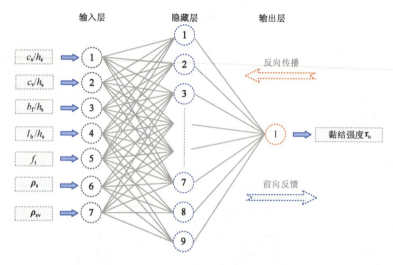

图1.2 多层神经网络架构示意图

ANN 模型超参数　　　　　　　　　　　　　表1.1

参　数	取　值
最大训练迭代次数	1000
性能目标	1.0×10^{-5}
最小性能梯度	1.0×10^{-10}
学习速率	0.1

1.2.2 混合算法框架

权值和偏差随机初始化的传统人工神经网络,可能会陷入黏结强度的局部最优解。为此,通过引入遗传算法-神经网络(GA-ANN)、粒子群优化算法-神经网络(PSO-ANN)两种混合算法(图1.3)以期解决这一问题。

(1)遗传算法-神经网络混合模型

受生物学中"优胜劣汰,适者生存"的进化原理启发,遗传算法被广泛应用于搜索高质量的优化解集。该算法将待优化参数编码为二进制或十进制字符串,即染色体。一组染色体构成一个种群。在每一代种群中,依据预定义的适应度函数并通过遗传学中的选择、交叉和变异等操作对个体进行筛选,最终选择出种群中的最佳个体(即染色体)[13]。预测 SRC 中黏结强度的 GA-ANN 混合算法的流程如图 1.3 所示,其主要步骤如下:

步骤 1,初始化。按给定超参数构建神经网络模型。随后,根据遗传算法中种群 M 的大小,在神经网络模型中随机生成一组初始权值和初始偏差。将这些参数编码为对应的染色体 $C^i = [W_1^i, B_1^i, W_2^i, B_2^i]$,其中 W_1^i 和 B_1^i 分别为第 i 条染色体中输入层和隐含层之间的权值矩阵和偏差向量;W_2^i 和 B_2^i 分别为第 i 条染色体中隐含层与输出层之间的权值矩阵和偏差向量。

步骤 2,定义适应度函数。将预测向量与目标向量的均方根误差(RMSE)的倒数定义为适应度函数 F,用于评价各染色体的适应度。依据适应度的定义规则,误差越小的染色体其适应度越大,参与连续进化操作的概率越大。

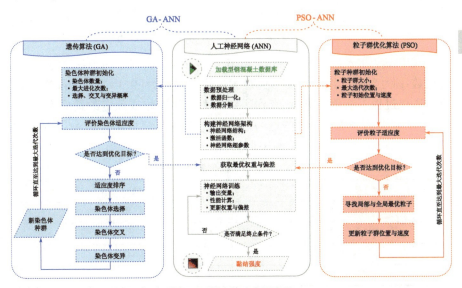

图 1.3　混合算法应用流程

步骤 3,选择。使用轮盘赌选择法从一个种群中选择个体用于后续的繁殖操作,个体的选择概率与其适应度成正比,即:

$$P_i = \frac{F_i}{\sum_{j=1}^{M} F_j} \tag{1.2}$$

式中，P_i 为第 i 条染色体的选择概率；F_i 为第 i 条染色体的适应度；M 为种群的大小。

步骤 4，交叉。通过交叉和突变组合从所选的解中产生第二代种群。来自双亲的遗传信息通过交叉操作产生新的后代。随机选择染色体的双亲和交叉点（基因），交叉操作是否进行取决于交叉概率 P_c。第 i 号染色体 C^i 和第 j 号染色体 C^j 在 k 点的交叉操作如下：

$$c_k^i = c_k^i(1-b) + c_k^j b \tag{1.3}$$

$$c_k^j = c_k^j(1-b) + c_k^i b \tag{1.4}$$

式中，b 为[0,1]之间的随机数。

步骤 5，突变。突变能够将遗传多样性引入下一代抽样群体中，个体根据突变概率 P_m 在进化过程中产生突变。对于第 i 条染色体的第 j 个基因，其突变操作如下：

$$c_j^i P_i = \begin{cases} c_j^i + (c_{\max} - c_j^i) \cdot f(g) & r > 0.5 \\ c_j^i - (c_j^i - c_{\min}) \cdot f(g) & r \leq 0.5 \end{cases} \tag{1.5}$$

式中，$c_{\max}$ 和 $c_{\min}$ 分别为 c_j^i 的上界和下界；$f(g) = r_2(1 - g/G_{\max})^2$；$r_2$ 为一随机数；g 为当前进化代数；$G_{\max}$ 为最大进化次数；r 为[0,1]之间的随机数。

进化过程不断重复进行，直到达到最大进化代数或预定的适应度为止。最终，包含优化权重和偏差信息的最佳染色体被解码并分配给 ANN 模型进行进一步训练。GA-ANN 模型中遗传算法的参数设置见表1.2。

GA-ANN 模型中遗传算法的参数 表1.2

参　　数	取　　值
种群大小 M	100
最大进化次数 $G_{\max}$	100
交叉概率 P_c	0.7
突变概率 P_m	0.1

(2) 粒子群优化算法-神经网络混合模型

粒子群算法是受鸟群或鱼群的社会行为启发而提出的一种全局优化算法。潜在的候选解被称为粒子，具有初始速度和位置的粒子在解空间中移动并共享它们的位置信息。根据每个粒子获得的最佳位置和当前种群的最佳位置，迭代更新每个粒子的速度和位置，直到找到全局最优位置，即最优解[14]。为此,利用粒子群算法对神经网络模型的初始权值和偏差进行优化,预测 SRC 中黏结强度的 PSO-ANN 混合算法流程在图 1.3 中给出。

具体而言,PSO 算法首先将来自 ANN 模型的一组权重和偏差信息,作为粒子的初始化位置 $X^0 = [x_1^0, x_2^0, \cdots, x_i^0, \cdots, x_M^0]$ 和速度 $V^0 = [v_1^0, v_2^0, \cdots, v_i^0, \cdots, v_M^0]$,其中 M 为种群大小,0 表示初始化阶段。随后,使用与遗传算法中相同的适应度函数来评估由位置矢量 X 表示的解的质量。每次迭代过程中,粒子不断靠近其历史最佳位置 P_i 和全局最佳位置 P_g。第 i 个粒子通过以下公式调整其速度(v_i)和位置(x_i):

$$v_i^{t+1} = wv_i^t + c_1\varepsilon_1(P_i^t - x_i^t) + c_2\varepsilon_2(P_g^t - x_i^t) \tag{1.6}$$

$$x_i^{t+1} = x_i^t + v_i^{t+1} \tag{1.7}$$

式中,t 为当前代数;w 为惯性权重;c_1 和 c_2 为加速度常数;ε_1 和 ε_2 是 0 ~ 1 之间的独立随机数。粒子的位置和速度被限制在 $[x_{\min}, x_{\max}]$ 和 $[v_{\min}, v_{\max}]$ 范围内,以提高搜索效率。

种群中的粒子不断重复更新其速度和位置值,直到满足粒子群算法的优化目标为止。最终,取最优解作为待训练的神经网络模型的初始权值和偏差。PSO-ANN 模型超参数见表 1.3。

PSO-ANN 模型超参数　　　　　表 1.3

参　　数	取　　值
粒子群大小 M	100
最大迭代次数 $G_{\max}$	100
惯性权重 w	1
加速度常数 c_1	1.49
加速度常数 c_2	1.49
粒子位置范围 x_i	[-5.0, 5.0]
粒子速度范围 v_i	[-1.0, 1.0]

1.3　试验数据库建立

基于数据驱动的智能评估方法依赖于大量的试验数据,通过构建涵盖多种重要影响特征的数据库,为神经网络的架构参数提供充足、可靠的训练样本。针对型钢混凝土结构,常采用推出试验研究型钢与混凝土间的黏结滑移行为,并评估其黏结强度。为此,本节对推出试验及其特征提取与数据库搭建进行介绍。

1.3.1 推出试验数据库

图 1.4 所示为常见 SRC 结构黏结性能推出试验的加载装置、构造和尺寸示意图。型钢按既定黏结长度居中埋入钢筋混凝土中,液压千斤顶作用于试件的加载端施加竖向荷载。为了消除型钢端部混凝土局部承压对于自然黏结承载力的影响,一般在底部先预填泡沫垫块或木块,待混凝土浇筑并养护完成后去除。通过将推出试件的极限荷载除以型钢与混凝土的结合面积,即可计算获得最大平均黏结应力,即结合面黏结强度。

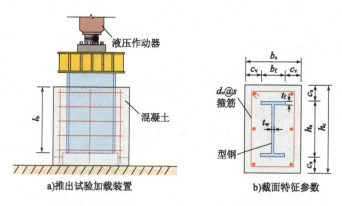

图 1.4 常见 SRC 结构黏结性能推出试验的加载装置、构造和尺寸示意图

对既往试验结果的所有特征参数进行提取筛选后[1-11,17-30],建立 191 组推出试验的数据库,其关键参数统计特征见表 1.4。输入变量为 7 个潜在几何特性与材料特性参数,包括混凝土保护层厚度与型钢高度之比(c_s/h_s)、型钢翼缘和混凝土侧面净距与型钢高度之比(c_v/h_s)、型钢宽度与型钢高度之比(b_f/h_s)、黏结长度与型钢高度之比(l_b/h_s)、混凝土抗拉强度(f_t)、含钢率(ρ_s)及横向配箍率(ρ_{sv}),输出变量为黏结强度(τ_u)。图 1.5 为输入和输出变量的频率直方图,各变量均近似呈正态分布,表明该数据集具有代表性和可靠性,能够产生具有统计意义的结果,可用于建立机器学习模型以预测黏结强度。

关键参数统计特征　　　　表1.4

变量	符号	最小值	最大值	平均值	标准偏差
相对保护层厚度	c_s/h_s	0.11	1.10	0.48	0.17
相对侧保护层厚度	c_v/h_s	0.08	1.16	0.53	0.21
型钢相对宽度	b_f/h_s	0.33	1.04	0.75	0.17
相对黏结长度	l_b/h_s	0.33	10.18	4.16	2.36
混凝土抗拉强度(MPa)	f_t	2.02	5.20	3.09	0.67
含钢率(%)	ρ_s	1.18	10.72	5.10	2.40
横向配箍率(%)	ρ_{sv}	0.00	1.05	0.24	0.14
黏结强度(MPa)	τ_u	0.26	3.56	1.41	0.56

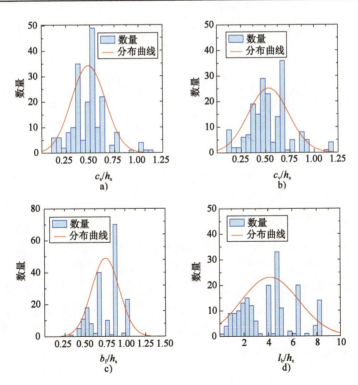

图 1.5

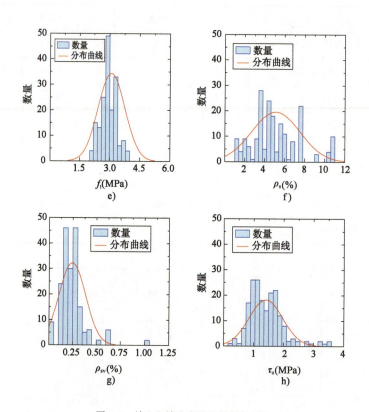

图 1.5 输入和输出变量的频率直方图

1.3.2 参数敏感性评估

图 1.6 为黏结强度与自变量参数的敏感性分析。结果表明,混凝土保护层厚度(c_s)和型钢翼缘与混凝土侧面净距(c_v)显著影响型钢混凝土的黏结强度,型钢周围混凝土厚度较大的试件其黏结强度较高。同时,黏结强度与型钢相对宽度(b_f/h_s)和含钢率(ρ_s)均呈负相关,与影响结合面摩擦性能的横向配箍率(ρ_{sv})呈正相关,与相对黏结长度(l_b/h_s)、混凝土抗拉强度(f_t)的线性相关系数(R^2)相对较小。

第 1 章　钢-混凝土黏结性能智能评估

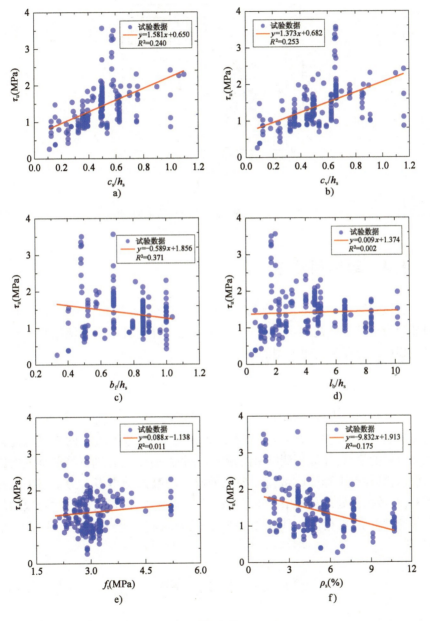

图　1.6

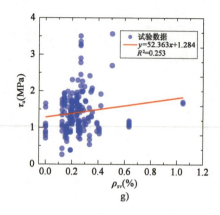

图 1.6 关键参数对型钢-混凝土黏结强度的影响

1.4 数据预处理

在机器学习模型运行之前,进行数据标准化和数据集划分处理,以保证机器学习模型的性能和训练稳定性。同时,通过定义模型预测结果的统计度量指标综合评价所建模型的效率。

1.4.1 数据标准化

由于数据库中各变量的量级范围差异很大,当使用原始比例的数据时,人工神经网络中的激活函数可能无法正常工作,如范围较大的变量可能被施加更多的权重,导致预测结果的偏差。同时,对于没有进行特征缩放的原始数据,其梯度下降的收敛速度要比缩放后的数据慢得多。为了解决这些问题,在数据预处理步骤中采用了数据归一化操作,以提高机器学习模型的学习速度和预测精度。使用线性归一化公式将变量映射至[-1,1]范围,即:

$$x_{\text{norm}} = -1 + 2\frac{x - x_{\min}}{x_{\max} - x_{\min}} \tag{1.8}$$

式中,x 为一原数据值;x_{norm} 为其归一化值;$x_{\min}$ 和 $x_{\max}$ 分别为 x 的最小值和最大值。从模型中得到预测结果后,将采用逆归一化的方法恢复数据的原始尺度。

1.4.2 数据集划分

归一化后,将数据库随机分为两个子集。选取80%(153组)的数据作为训练集,以便采用监督学习方法对机器学习模型进行训练。随后,将剩下的20%(38组)的数据作为测试集,验证训练后网络的性能并评估其泛化能力。值得注意的是,测试集虽然独立于训练集,但遵循与训练集相似的概率分布。

1.4.3 性能评价指标

最后,通过各种误差统计指标来评估模型在训练和测试阶段的性能。本小节采用Pearson相关系数(R)、平均绝对误差(MAE)、平均绝对百分比误差($MAPE$)和均方根误差($RMSE$)作为性能评价指标。R 值代表了试验和预测黏结强度之间的线性关系,R 值越接近于1,表明拟合结果与实测结果吻合越好。MAE、$MAPE$ 和 $RMSE$ 分别表示预测值和目标值之间残差的绝对值、相对百分比及二阶矩平方根,其数值越小,代表机器学习模型的误差越小。各参数计算公式如下:

$$R = \frac{\sum_{i=1}^{N}(t_i - \mu_T)(p_i - \mu_P)}{\sqrt{\sum_{i=1}^{N}(t_i - \mu_T)^2}\sqrt{\sum_{i=1}^{N}(p_i - \mu_P)^2}} \tag{1.9}$$

$$MAE = \frac{1}{N}\sum_{i=1}^{N}|t_i - p_i| \tag{1.10}$$

$$MAPE = \frac{100\%}{N}\sum_{i=1}^{N}\left|\frac{t_i - p_i}{t_i}\right| \tag{1.11}$$

$$RMSE = \sqrt{\frac{\sum_{i=1}^{N}(t_i - p_i)^2}{N}} \tag{1.12}$$

式中,t_i 和 p_i 分别为目标值和预测值;μ_T 和 μ_P 分别为目标值和预测值的平均值;N 为样本个数。

1.5 机器学习评估结果及分析

1.5.1 神经网络架构确定

构建机器学习模型,需要先确定人工神经网络结构中影响预测准确性和训练时间的关键参数——隐藏层神经元数量。隐藏层神经元过少,模型难以学习各数据间复杂的作用关系;隐藏层神经元过多,数据噪声的影响将被放大,模型易出现过拟合现象,同时增加计算时长。图 1.7 所示为具有 1~20 个隐藏层神经元的人工神经网络架构的相关系数结果。训练集的 R 值随着隐藏层神经元数量的增加而增加,但是当神经元数量较大时,测试集的 R 值将明显下降,呈现出过拟合趋势。比较表明,具有 9 个隐藏层神经元的人工神经网络架构在训练集和测试集中均表现出相对更好的预测结果,因此将其选为基线模型架构。

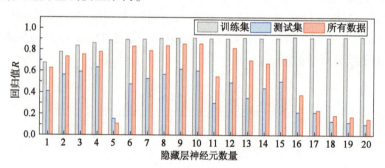

图 1.7　隐藏层神经元数量对人工神经网络预测性能的影响

1.5.2 模型验证

将三种机器学习模型预测的黏结强度与试验数据进行比较,如图 1.8 所示,结果表明,机器学习模型能够模拟型钢-混凝土结合面的黏结特性。ANN 模型的预测性能在三种机器学习模型中相对较差,尽管可以在 ±20% 的误差范围内较好地预测训练集数据,但测试集的预测结果与训练集相比其离散性更大。原因在于,传统的人工神经网络依赖于梯度下降法进行求解,往往只收敛到局部误差最小值而非全局最小值,特别是在训练集变量存在多个连续的局部最小值时。

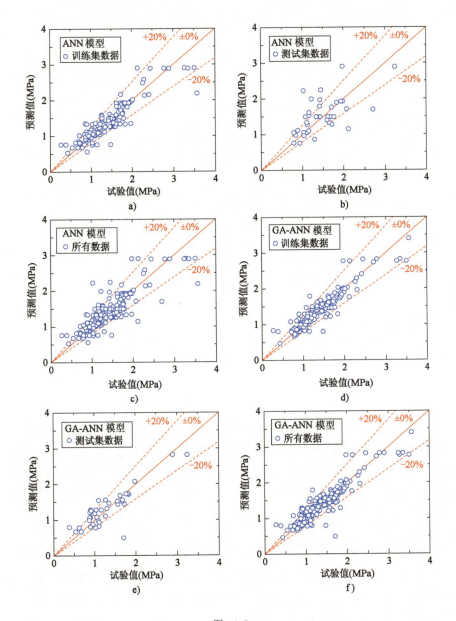

图 1.8

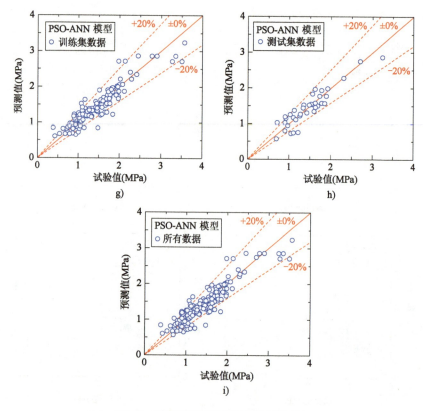

图1.8 预测黏结强度与试验黏结强度对比

相反,GA-ANN 模型和 PSO-ANN 模型在训练集和测试集数据中均表现良好。两个模型中各个子集的预测结果都接近于45°基线,且大多数结果误差在 -20% ~ +20% 范围内,表现出良好、稳健的预测能力,表明当所选参数在所建数据库范围内时,可用于 SRC 结构的型钢-混凝土结合面黏结性能的评估。

1.5.3 性能评估

表1.5 给出了三种机器学习模型的统计指标值。ANN 模型训练集数据的性能参数 R、MAE、$MAPE$ 和 $RMSE$ 分别为 0.91、0.16、13.99% 和 0.24,测试集数据的性能参数分别为 0.62、0.33、23.19% 和 0.45。ANN 模型在训练集上表现出的性能明显优于测试集,表明其在预测黏结强度时产生了过拟

合问题,即 ANN 模型倾向于记忆所有训练数据,而非从数据变化规律中进行学习归纳。

三种机器学习模型的统计指标值　　　　　表1.5

机器学习模型	R			MAE		
	训练集	测试集	全部	训练集	测试集	全部
ANN	0.91	0.62	0.85	0.16	0.33	0.20
GA-ANN	0.92	0.87	0.91	0.14	0.20	0.15
PSO-ANN	0.93	0.93	0.93	0.15	0.17	0.15
机器学习模型	MAPE			RMSE		
	训练集	测试集	全部	训练集	测试集	全部
ANN	13.99%	23.19%	15.82%	0.24	0.45	0.30
GA-ANN	11.97%	18.84%	13.33%	0.21	0.29	0.23
PSO-ANN	11.89%	17.48%	13.00%	0.21	0.22	0.21

三种机器学习模型在训练集上的统计指标之间没有显著差异,但是基于混合算法(GA-ANN 和 PSO-ANN)的模型表现出更高的精度和更优越的泛化能力。对于测试集数据,GA-ANN 模型和 PSO-ANN 模型的 R 值分别为 0.87 和 0.93,比 ANN 模型分别提高 40.4% 和 50.1%,其他统计指标 MAE、MAPE 和 RMSE 的值也较小,表明混合算法可提供更好的预测结果。因此,将神经网络与遗传算法或粒子群优化算法相结合,优化神经网络结构初始权值和偏差,能够收敛于全局最优解集,降低过拟合的概率或程度,从而获得稳健的预测结果。此外对于测试集,PSO-ANN 模型比 GA-ANN 模型的 R 值高 6.9%、RMSE 值低 24.7%。

如图 1.9 所示为利用泰勒图将三种机器学习模型在测试集上的标准差、RMSE 和 R 等多个统计指标的汇总[31]。洋红色实线为试验数据的标准差,位于洋红色线上并接近 x 轴上"试验"点的模型预测结果与试验结果更为一致。结果表明,将神经网络模型与遗传算法或粒子群优化算法杂交可以得到更为精确的预测结果。同时,PSO-ANN 模型的标准偏差较为接近实际标准偏差,并且与 RMSE 圆的中心距更小,因此 PSO-ANN 模型综合性能优于 GA-ANN 模型。

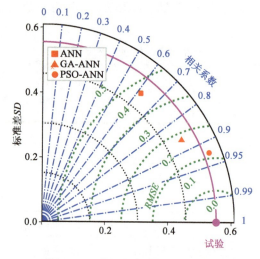

图 1.9 三种机器学习模型的泰勒图

图 1.10 显示了 GA-ANN 与 PSO-ANN 模型优化过程中适应度和迭代次数之间的关系。GA-ANN 模型的初始适应度为 0.67,比 PSO-ANN 模型的初始适应度大 44.8%。然而,仅 41 次迭代后,PSO-ANN 模型的适应度稳定在 3.89,而 GA-ANN 模型在第 81 次迭代后收敛于 1.22 这一较低值,PSO-ANN 模型在收敛速度和预测损失方面表现出良好的性能。这与遗传算法和粒子群算法之间的信息共享机制不同有关。在粒子群算法中,群体中的信息是单向共享的,即只有处于最佳位置的粒子才能将它们的信息传递给其他粒子,所有的粒子都向最优位置移动。但是,遗传算法不以这种有效的方式处理复杂的问题,染色体彼此分享信息,整个种群一同朝着潜在的解空间移动,这一机制可能导致搜索空间的显著增加。因此,所建立的 PSO-ANN 模型能以较低的计算成本,快速高效地评价型钢混凝土结构的关键参数和黏结强度之间的关系。

1.5.4 误差分析

图 1.11 为三种机器学习模型预测型钢-混凝土黏结强度的误差箱形图。采用 5 个节点反映数据分布特征,包括均值以上 1.5 个标准差($+1.5SD$)、上四分位数 Q_3、中位数、下四分位数 Q_1,以及均值以下 1.5 个标准差($-1.5SD$)。如图 1.11 所示,三种模型的各数据集误差的中位数都约为零。

PSO-ANN 模型的标准差变化范围(+1.5SD 到 -1.5SD)和四分位数变化范围(IQR,从下四分位数到上四分位数)均小于其他模型。例如,PSO-ANN 模型测试集标准差的变化范围为 0.652MPa,比 ANN 模型的 1.352MPa 低 51.8%,比 GA-ANN 模型的 0.871MPa 低 25.2%,表明与其他模型相比,PSO-ANN 模型测试集误差在较小的区间范围内,具有较高的准确性和可靠性。

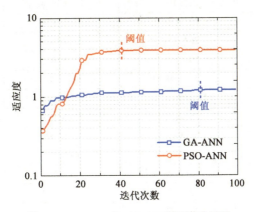

图 1.10　GA-ANN 与 PSO-ANN 模型优化过程

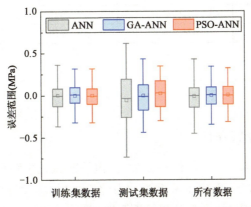

图 1.11　三种机器学习模型预测型钢-混凝土黏结强度误差箱形图

表 1.6 为各模型的百分比误差分布。PSO-ANN 模型中,73% 的预测结果误差在 ±20% 以内,而相同误差范围内 ANN 和 GA-ANN 模型的数据占比则分别为 57% 和 65%。此外,PSO-ANN 模型的预测结果中有 92% 的绝对百分比误差小于 35%,对于同一数据比例,ANN 和 GA-ANN 模型的绝对百分比误差大于 45%,表明 PSO-ANN 模型的结果最为准确。

表 1.6　三种机器学习模型百分比误差分布

百分比误差	ANN	GA-ANN	PSO-ANN
±5%	8(21%)	9(23%)	12(31%)
±10%	11(28%)	16(42%)	17(44%)
±15%	17(44%)	21(55%)	24(63%)
±20%	22(57%)	25(65%)	28(73%)
±25%	23(60%)	29(76%)	32(84%)
±30%	26(68%)	32(84%)	32(84%)
±35%	29(76%)	32(84%)	35(92%)
±40%	33(86%)	34(89%)	36(94%)
±45%	33(86%)	36(94%)	36(94%)
±50%	35(92%)	36(94%)	37(97%)
±55%	36(94%)	36(94%)	37(97%)
±60%	36(94%)	36(94%)	37(97%)
±65%	37(97%)	36(94%)	37(97%)
±70%	37(97%)	36(94%)	37(97%)
±75%	37(97%)	37(97%)	37(97%)
±80%	37(97%)	37(97%)	37(97%)
±85%	37(97%)	37(97%)	37(97%)
±90%	37(97%)	37(97%)	37(97%)
±95%	37(97%)	37(97%)	37(97%)
±100%	37(97%)	37(97%)	37(97%)

注：括号内值表示累计百分比。

1.5.5　敏感性分析

神经网络作为一个内部结构复杂的"黑箱"，缺乏可解释性，明确输入和输出变量之间的影响机理非常重要。为此，通过敏感性分析量化神经元网络中输入变量对于输出变量的相对重要性，即[32]：

$$IF_i = \frac{\sum_{j=1}^{N_h}\left(\frac{|w_{ji}|}{\sum_{l=1}^{N_i}|w_{jl}|}\cdot |w_{oj}|\right)}{\sum_{k=1}^{N_i}\left(\sum_{j=1}^{N_h}\left|\frac{w_{jk}}{\sum_{l=1}^{N_i}|w_{jl}|}\cdot w_{oj}\right|\right)} \quad (1.13)$$

式中，IF_i 表示第 i 个输入参数的贡献；N_i 和 N_h 分别为输入和隐藏层单元数；w_{ji}、w_{jl} 和 w_{jk} 分别为输入层单元 i、l、k 和隐藏层单元 j 之间的权重系数；w_{oj} 为隐藏层单元 j 和输出层单元 o 之间的权重。第 i 个输入变量的相对重要性 RI_i 可通过下式进行计算：

$$RI_i = \frac{IF_i}{IF_{\max}} \tag{1.14}$$

式中，$IF_{\max}$ 表示所有输入变量贡献值中的最大值。

图 1.12 为基于 PSO-ANN 模型给出各参数对 SRC 中黏结强度的相对重要性。从而可知混凝土保护层相对厚度（c_s/h_s）是影响黏结强度的最重要因素；c_v/h_s 和 b_f/h_s 的重要性相当，比 c_s/h_s 小约 25%；黏结长度（l_b/h_s）的影响相对较小。PSO-ANN 模型分析结果与第 1.3.2 节的统计分析结果趋势一致，可用于型钢-混凝土黏结强度的合理评估。

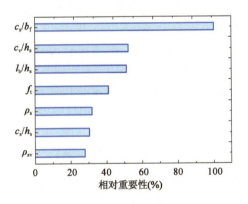

图 1.12 输入变量相对重要性

1.6 结语

本章对既往推出试验所有特征参数进行提取筛选，建立了型钢-混凝土结合面黏结强度数据库，采用神经网络与遗传算法或粒子群算法相结合的混合机器学习模型开展黏结强度评估，并对关键影响因素进行敏感性分析，探讨参数的重要性，为预测型钢-混凝土黏结强度提供智能分析模型。

本章参考文献

［1］ Wang X, Liu Y, Yang F, et al. Effect of concrete cover on the bond-slip behavior between steel section and concrete in SRC structures［J］. Construction and Building Materials, 2019, 229:116855.

［2］ Wang X, Liu Y, Li Y, et al. Bond behavior and shear transfer of steel section-concrete interface with studs: Testing and modeling［J］. Construction and Building Materials, 2020, 264:120251.

［3］ 陈宗平,郑华海,薛建阳,等. 型钢再生混凝土黏结滑移推出试验及黏结强度分析［J］. 建筑结构学报,2013,34(05):130-138.

［4］ Liu C, Xing L, Liu H, et al. Numerical study of bond slip between section steel and recycled aggregate concrete with full replacement ratio［J］. Applied Sciences, 2020, 10(3):887.

［5］ Roeder C W, Chmielowski R, Brown C B. Shear connector requirements for embedded steel sections［J］. Journal of Structural Engineering, 1999, 125(2):142-151.

［6］ M. Sato, S. Tanaka. Bond Strength of Steel Pipe and H-Shape Confined in Concrete［J］. Annual Collection of Academic Papers on Concrete Science, 1993, 15(2):183-186.

［7］ Bryson J O, Mathey R G, Hunaiti Y M. Surface condition effect on bond strength of steel beams in concrete［J］. Journal of ACI, 1962, 59(3):397-406.

［8］ Tao Z, Yu Q. Residual bond strength in steel reinforced concrete columns after fire exposure［J］. Fire Safety Journal, 2012(53):19-27.

［9］ Charles C W. Bond stress in embedded steel shapes in concrete［J］. Composite and Mixed Construction. New York: ASCE, 1984.

［10］ 杨勇,郭子雄,薛建阳,等. 型钢混凝土黏结滑移性能试验研究［J］. 建筑结构学报,2005(04):1-9.

［11］ Majdi Y, Hsu C T T, Punurai S. Local bond-slip behavior between cold-formed metal and concrete［J］. Engineering Structures, 2014(69):271-284.

［12］ Patel D K, Parthasarathy T, Przybyla C. Predicting the effects of microstructure on matrix crack initiation in fiber reinforced ceramic matrix composites via machine learning[J]. Composite Structures,2020 (236):111702.

[13] Holland J H. Adaptation in natural and artificial systems:an introductory analysis with applications to biology, control, and artificial intelligence [M]. Cambridge:MIT Press,1992.

[14] Kennedy J,Eberhart R. Particle swarm optimization[C] //Proceedings of ICNN′95-international conference on neural networks. IEEE,1995(4): 1942-1948.

[15] Gandomi A H, Roke D A. Assessment of artificial neural network and genetic programming as predictive tools[J]. Advances in Engineering Software,2015(88):63-72.

[16] Rumelhart D E,Hinton G E,Williams R J. Learning representations by back-propagating errors[J]. Nature,1986,323(6088):533-536.

[17] Hawkins N M. Strength of concrete-encased steel beams[J]. Institution of Engineers(Australia)Civ Eng Trans,1973,15(1/2):29-45.

[18] Sato M,Hara M,Ishiwata M,et al. Introducing composite structures using newly developed checkered steel pipe and deformed flange H-shapes[J]. Kawasaki Steel Tech. Rep. ,1982(5):94-104.

[19] Wium J A,Lebet J P. Simplified calculation method for force transfer in composite columns[J]. Journal of Structural Engineering,1994,120(3): 728-746.

[20] Jianwen Z,Shuangyin C,Kun L. Experimental study on bond behavior of steel reinforced lightweight concrete[J]. Journal of Southeast University (natural science edition),2009,39(3):541-545.

[21] 陈宗平,应武挡. 型钢高强混凝土界面黏结滑移推出试验及其本构关系研究[J]. 建筑结构学报,2016,37(02):150-157.

[22] Zheng H, Chen Z, Xu J. Bond behavior of H-shaped steel embedded in recycled aggregate concrete under push-out loads[J]. International Journal of Steel Structures,2016,16(2):347-360.

[23] Wang W H,Han L H,Tan Q H,et al. Tests on the steel-concrete bond strength in steel reinforced concrete(SRC)columns after fire exposure[J].

Fire Technology,2017,53(2):917-945.

[24] Liu C, Lv Z, Bai G, et al. Experiment study on bond slip behavior between section steel and RAC in SRRC structures[J]. Construction and Building Materials,2018(175):104-114.

[25] Chen L, Wang S, Yin C, et al. Experimental study on constitutive relationship between checkered steel and concrete[J]. Construction and Building Materials,2019(210):483-498.

[26] Wang M, Zhang Y, Yu L, et al. Experimental study on bond-slip behavior between corroded I-shaped steel and concrete in subsea tunnel[J]. Materials,2019,12(18):2863.

[27] Bai L, Yu J, Zhang M, et al. Experimental study on the bond behavior between H-shaped steel and engineered cementitious composites[J]. Construction and Building Materials,2019(196):214-232.

[28] 戴公连,王蒙,唐宇.型钢混凝土界面试验研究及损伤分析[J].铁道工程学报,2019,36(05):77-84.

[29] Liu C, Fan Z, Chen X, et al. Experimental study on bond behavior between section steel and RAC under full replacement ratio[J]. KSCE Journal of Civil Engineering,2019,23(3):1159-1170.

[30] Ren R, Qi L, Xue J, et al. Cyclic bond property of steel reinforced recycled concrete (SRRC) composite structure[J]. Construction and Building Materials,2020,245:118435.

[31] Taylor K E. Summarizing multiple aspects of model performance in a single diagram[J]. Journal of Geophysical Research: Atmospheres, 2001, 106(D7):7183-7192.

[32] Garson G D. Interpreting neural-network connection weights[J]. AI Expert,1991:47-51.

本章作者简介

刘玉擎　教授

同济大学桥梁工程系教授、博士研究生导师，1996年毕业于日本九州大学并获得博士学位。致力于组合结构桥梁方向的研究，出版《组合结构桥梁》《组合折腹桥梁设计模式指南》等专著。参加《公路钢结构桥梁设计规范》《公路钢混组合桥梁设计与施工规范》等行业标准的编制工作。主持国家自然科学基金、国家高技术研究发展计划（863计划）、交通运输部等国家和省部级科研项目多项，并负责承担苏通长江公路大桥、上海长江大桥、鄂东长江大桥、荆岳大桥、九江二桥、望东长江大桥、石首长江大桥、深中通道、厦门第二东通道等工程中有关钢与组合结构方面的专题研究。

王贤林　博士研究生

1996年2月出生，现为同济大学桥梁工程系博士研究生。致力于钢与组合结构、土木工程高性能材料与机器学习应用等研究，在 Construction and Building Materials 等国际期刊已发表多篇 SCI 收录论文，参加上海市工程建设规范《型钢混凝土组合桥梁设计标准》等的编制工作，作为第四完成人荣获上海市土木工程科技进步奖三等奖。

第 2 章 工程结构表观性态标准化智能识别方法

王达磊[1], 潘玥[2], 陈艾荣[1]

1 同济大学土木工程学院,上海,200092
2 同济大学电子与信息工程学院,上海,201804

2.1 引言

结构检测与监测是土木工程运维的重要组成部分。科学化的结构管理养护,应是通过结构性态参数的长期获取,关注从局部构件到全局结构的关键性指标及其变化,从而准确把握结构的性能、预测结构的寿命,以便科学合理地指导构件及全局结构的养护、维护以及加固和更新等。

当前,人工检测和健康监测系统是结构运维决策的主要数据来源。人工检测方法虽然灵活性高,但不可避免地存在效率低下、主观性强等问题;健康监测系统虽然产品成熟且成果丰富,但系统本身具有冗余度大、不够直观等局限性。近年来,以计算机视觉为主要代表技术的人工智能领域快速发展[1],通过以机代人的系统思维,能够有效实现标准化的数据采集、分析和评价,对已有检测和监测的模式、方法和目标等都产生了重要影响,从而为土木工程结构的性态智能识别提供了新的思路。

计算机视觉作为一种仿生学产物,旨在研究如何通过视觉传感和计算机,实现对人眼感知行为的模拟,包括对人眼目标检测、识别、跟踪、测量等功能的模拟[2]。近年来由于硬件设备和软件算法的快速发展,计算机视觉开始渗透于人类社会的各个角落[3]。在结构工程领域,与传统传感器相比,机器视觉方法具有突出的非接触性、观测性、直观性以及价格低等优势,使其快速适应各种结构形式的监测需求[4-5],相关研究层出不穷[6-7]。

由于机器视觉方法的众多优势,通过视觉方法对结构表观性态的智能识别已有多年研究,最初由于算力和算法限制,多采用数字图像处理的方法,实现了简单背景下的病害检测和尺寸提取[8-9],但往往鲁棒性一般,工程适应性较差。近年来,随着高性能计算机、图形处理器和并行算法的快速发展,以机器学习技术突破为引领,尤其是深度学习方法为结构图像识别带来新的工具[10],出现了高度适配场景的标准化结构病害检测设备[11-12],以及更高精度和泛化能力的病害识别算法[13-14]。相关成果的不断涌现,推动了以计算机视觉为核心的结构智慧检测技术快速发展。

2.2 基于计算机视觉的结构智慧检测框架

基于计算机视觉的结构智慧检测框架如图 2.1 所示。首先针对结构场景研发表观图像的标准化采集系统,通过相机标定方法获取重要标定参数和像素尺寸,形成标准化图像;其次对于标准化图像按场域需求开展图像拼接工作,从而获得当次检测任务结果;最后,通过初次获取标准图像训练得到病害识别模型,应用于后续检测任务的病害识别及定量描述,并最终服务于不同需求的结构性能评估。

2.2.1 标准化采集系统

通过采集过程和设备系统的标准化,从根本上对传统人工目检的弊端进行改进。对于仍以人工检测为主的检测场景,通过点位、姿态等预设规程的制定,辅助检测工人采用手持相机进行病害的标准采集。此外,对于标准姿态任务的检测场景,通过可靠设计走行系统,结合物联网等数字化技术的采集控制手段,搭载高清工业相机组成无人标准化采集系统,对病害区域按精度要求进行标准扫描。

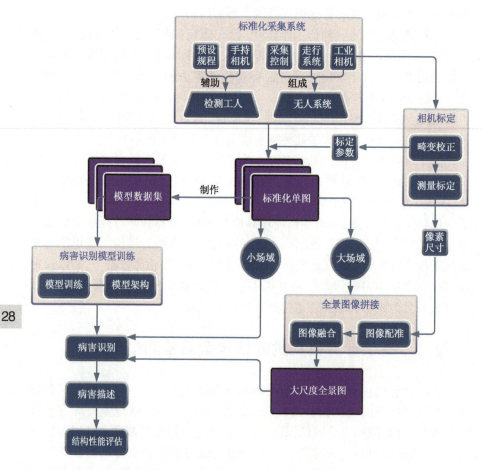

图2.1　基于计算机视觉的结构智慧检测框架

2.2.2　相机标定

工业相机不可避免地存在镜头畸变(图2.2)和拍摄误差,因此需进行相机标定。首先,通过标准标定板对相机镜头开展畸变校正,获取相应的标定参数;其次,根据已知物理尺寸的实拍标定,获取相机所摄图像的像素尺寸。

2.2.3　病害识别模型

使用计算机视觉的相关算法,对采集到的标准化图像进行病害识别和定量分析。首先,通过标准化图像制作模型数据集,合理定义病害识别模型架构,并训练识别模型;其次,对于获取的标准化草图进行使用环境判断,在大场域条件下需进行全景图像拼接,得到大尺度全景图;最后,通过优化参数的病害识别模型,对输入图像进行病害识别,得到病害体量的描述,以此服务于结构性能评估。

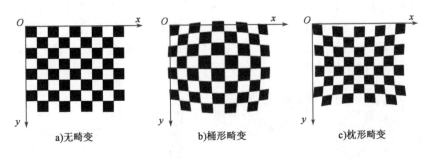

图 2.2 相机径向畸变

2.3 钢结构锈蚀区域分割与定量分析方法

2.3.1 研究背景

钢箱梁是大跨缆索承重桥主梁的主要形式之一,由于直接暴露于外部空气中,梁底往往易受环境侵蚀,产生劣化问题。由于主梁直接承受通行车流,因此对其定期养护是桥梁管养的重要方面。然而由于检测面广、量大,通过人工目检配合桥梁检测车的方式在检测成本、功效、质量等方面难以保障,且检测信息化程度低,难以对主梁形成长期有效的劣化行为描述和性能监测,从而难以指导工程运维及形成科学认知。

因此本章提出一种钢结构锈蚀区域分割与定量分析方法[14]。首先,布设依附于桥检车的标准化图像采集系统,在相机标定的基础上获取无畸变标准图像。接着,通过基于特征的图像配准方法,结合光束法进行全局配准,以实现长序列的梁底纵向图像拼接。然后,人工标注并训练基于 U-Net 的病害识别语义分割网络,实现高精度的像素级病害区域提取。最后,将全景图像按非重叠滑窗法输入识别网络,得到梁底病害沿全桥的定量化分布状况,形成评价结果。

2.3.2 标准化扫描成像系统

采用的标准化扫描成像系统硬件由工业相机组和可调式滑轨组成,布置在钢箱梁底部的检测车上,如图2.3所示。工业摄像机采用 Basler acA2040-120uc 摄像机,配备 20~60mm 镜头,核心参数见表2.1。滑轨由导轨、平台、支架等部件组成,导轨可靠固定于桥梁检测车上,通过支架进行稳定。摄像机平台置于导轨上,其上固定工业摄像机,平台可在导轨上滑动以调整摄像机的拍摄位置。

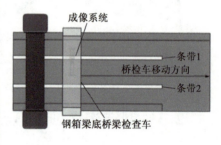

图2.3 标准化扫描成像系统

工业相机参数　　　　表2.1

参 数	取 值
目标平面尺寸	1/1.8in
感应芯片尺寸	$7.1mm \times 5.3mm$
图像分辨率	$2048px \times 1536px$
像元大小	$3.45\mu m \times 3.45\mu m$
最大帧率	120fps

注:1in = 0.0254m。

2.3.3 相机标定

相机标定采用张正友棋盘格标定法[15]。相机标定首先对已知格子大小的棋盘格进行各个位姿的拍照,根据投影关系,相机的内参数采用式(2.1)计算:

$$\begin{pmatrix} x \\ y \\ 1 \end{pmatrix} = K \begin{pmatrix} X \\ Y \\ Z \end{pmatrix} \quad (2.1)$$

$$K = \begin{pmatrix} f_x & 0 & u_0 \\ 0 & f_y & v_0 \\ 0 & 0 & 1 \end{pmatrix}$$

式中,f_x 为 x 轴的焦距;f_y 为 y 轴的焦距;(u_0, v_0) 为像素坐标系中的光轴中心。

实际照片往往存在一定的径向畸变和切向畸变,导致角点扭曲,坐标失真。径向畸变后的角点坐标与不畸变的角点坐标可由下式换算:

$$\begin{cases} x_d = x(1 + k_1 r^2 + k_2 r^4 + k_3 r^6) \\ y_d = y(1 + k_1 r^2 + k_2 r^4 + k_3 r^6) \end{cases} \tag{2.2}$$

切向畸变后的角点坐标与不畸变的角点坐标可由下式换算:

$$\begin{cases} x_d = x + [2p_1 xy + p_2(r^2 + 2x^2)] \\ y_d = y + [p_1(r^2 + 2y^2) + 2p_2 xy] \end{cases} \tag{2.3}$$

式中,(x_d, y_d) 为畸变后的角点坐标;(x, y) 为不畸变的角点坐标。

在相机调焦完成后,拍摄了一组不同位姿的棋盘格标定板,如图 2.4 所示,根据上述方法进行解算,可得相机畸变校正参数,见表 2.2。

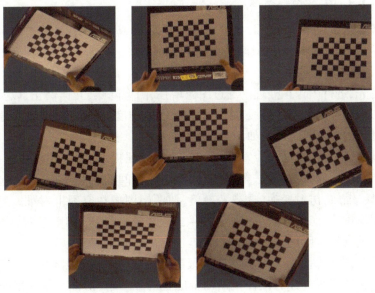

图 2.4 基于棋盘格标定板的相机畸变校正

相机畸变校正参数 表2.2

参数	k_1	k_2	k_3	p_1	p_2
取值	-1.095	10.325	-200.578	2.979×10^{-3}	-3.933×10^{-3}

为定量描述梁底病害并进行分析评价,像素与实际物理尺寸的对应关系非常重要,图2.5所示的相机视野实际大小为474mm×353mm,图像大小与实际区域的比例为1:0.231,即单个像素的实际大小为0.231mm。

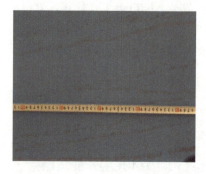 

图2.5 相机视场的实际度量

2.3.4 全景图像拼接

图像拼接技术是指将含有重叠部分的两幅或多幅图像,通过图像预处理技术、图像配准技术和图像融合技术,拼接成一幅高分辨率、宽视角的图像[16]。具体步骤如下:

首先,进行图像预处理。通过图像增强、图像降噪、几何修正,以及将图像投影到同一坐标系等手段,降低图像配准的难度,提高配准精度。原图经过预处理的畸变校正示例如图2.6所示。

其次,进行图像配准。对相邻图像进行特征提取,常采用模板匹配法、特征点匹配法、相位相关法等,计算出两幅图像间的空间变换关系,包括平移、旋转、缩放、仿射变换、透视变换等,使两幅图像在空间上对准。对于长序列图像拼接,尚需考虑对于所有图像的全局最优匹配,采用光束法[15]对配准误差进行整体优化,以避免特征点匹配后的误差累积。

最后,进行图像融合。通过多波段融合算法[16-17],对拼接图像的重叠区域构造图像高斯差分的拉普拉斯(Laplacian)金字塔,对同一层次的金字塔进行加权融合,实现两幅图像拼接边界的平滑处理,消除接缝处的亮度差异,得到无缝的高质量图像。

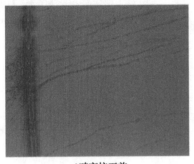 

a)畸变校正前　　　　　　　　b)畸变校正后

图 2.6　畸变校正示例

对梁底长序列图像进行图像拼接,得到全景图像拼接结果,如图 2.7 所示。

2.3.5　病害识别模型

基于深度学习的病害识别方法在精度和效率等方面具有显著优势。对于梁底病害区域的检测而言,其本质上是计算机视觉领域的语义分割任务。

本章提出了基于 U-Net 架构的钢箱梁梁底病害语义分割网络(图 2.8),其输入为网格化裁剪的低分辨率子图,通过编码器的降采样作用,经由多个卷积-池化层,进行特征提取和降维;进而通过解码

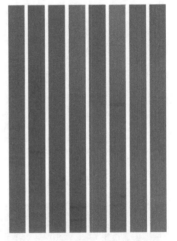

图 2.7　梁底长序列全景图像拼接结果

器的升采样作用,经由多个转置卷积层进行升维。在每次进行特征图降维时,将结果保留且与升维的特征图进行叠加。U-Net 作为语义分割网络的典型架构,已在诸多应用场景中显示了其精度优势[18]。

网络训练采用了现场采集并人工标注的 100 张 2048px × 1536px 的梁底图像作为训练数据集,基于病害和背景两种类别构造分割模板,部分原始图像及其分割模板如图 2.9 所示。为防止网络训练中内存溢出,将每幅原始图像分成 128px × 128px 的 192 幅图像,因此共得到 19200 幅图像作为总数据

集。按照9∶0.5∶0.5 的比例,将整个数据集分为训练集、验证集和测试集,即17280 幅图像作为训练集,960 幅图像作为验证集,960 幅图像作为测试集。其中,训练集用于实际数据训练,验证集用于调整网络超参数设置,测试集用于测试网络分割性能。

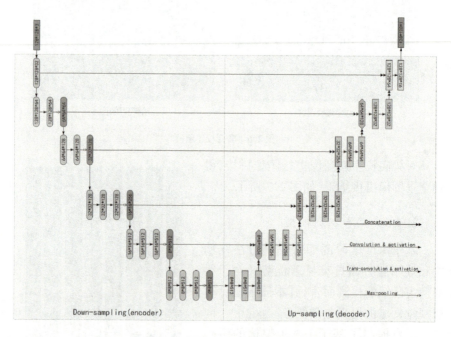

图2.8　基于U-Net 架构的钢箱梁梁底病害语义分割网络

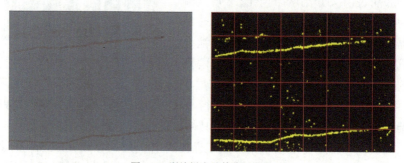

图2.9　训练样本及其分割模板

为进行精度比较和评价,使用平均精度均值(mean Average Precision, mAP)为指标进行模型评价。本章采用4 种具体的网络模型,分别为:①以

VGGNet 为骨干网络的 U-Net 分割模型;②以 ResNet 为骨干网络的 U-Net 分割模型;③以 VGGNet 为骨干网络的全卷积神经网络(FCN)分割模型;④以 ResNet 为骨干网络的 FCN 分割模型。病害分割模型训练过程及精度评价曲线如图 2.10 所示,可见模型准确率都达到 90% 以上,但表明模型泛化能力的平均精度差别较大,U-Net 架构的性能优于相同骨干网络的 FCN 架构,在最优时 U-Net 架构的 mAP 可达 0.9619。

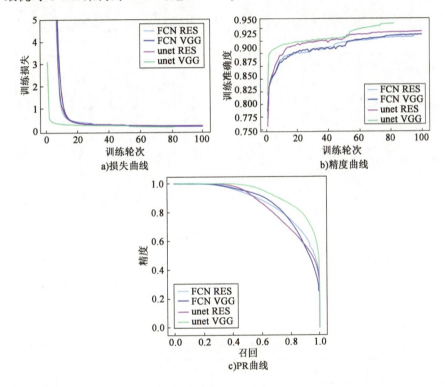

图 2.10 病害分割模型训练过程与精度评价曲线
FCN RES-以 ResNet 为骨干网络的 FCN 分割模型;FCN VGG-以 VGGNet 为骨干网络的 FCN 分割模型

2.3.6 病害检测与描述

取分割阈值为 0.5,采用滑窗法对测试集图像按网格逐行逐列进行子图识别,得到结果如图 2.11 所示,其中绿色区域表示病害识别区域,可见病害区域已被准确感知。

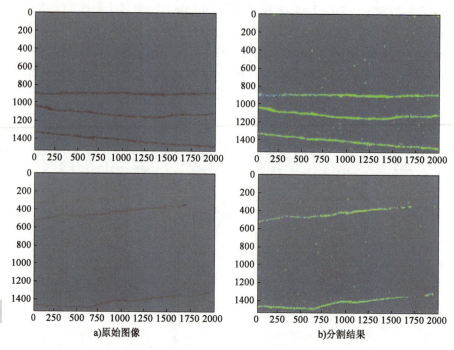

图 2.11 病害检测识别结果

对梁底扫描拼接全景图实施基于深度学习的病害检测,将结果投影到钢箱梁梁底相应位置,得到全桥梁底健康状况分布云图,如图 2.12 所示。图中红色块代表病害率较高,蓝色块代表病害率较低,云图颜色分块所代表的病害率信息见表 2.3。

病害图分布的数值定义　　　表 2.3

病害率(%)	0~2	2~4	4~6	6~8	8~10	10~12	>12
分块数量	24	62	26	16	7	2	1
比例(%)	17.39	44.93	18.84	11.59	5.07	1.45	0.72

统计结果表明,钢箱梁梁底大部分部位病害率在 2%~4% 之间,只有少数区域大于 10%,表明大桥钢箱梁底整体状况良好。同时,根据两条带的病害分布,发现下游区域钢箱梁底层涂装的健康状况不如上游区域,此外,涂装的桥梁北侧健康状况比南侧差,因为桥梁北侧为工业区,南侧为居住区,表明病害结果与实际情况吻合良好。

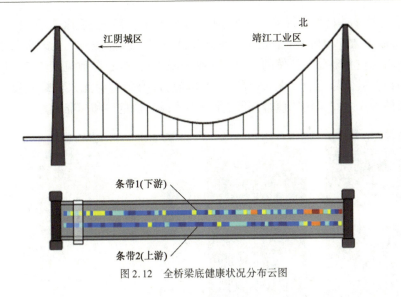

图 2.12　全桥梁底健康状况分布云图

2.4　混凝土表观病害标准化识别方法

2.4.1　研究背景

对于大跨度缆索承重桥梁,其高耸构件往往位于水中或堤岸上且具有大尺度的特点,因此常规的表观病害检测方法无法直接应用在高耸桥梁构件的检测中。目前工程中的主要解决方案是在两岸架设望远镜对高耸构件表面病害进行检测,其检测效率相对较低且存在视野盲区,对裂缝等细微病害的检测效果较差。为解决传统人工目检方法的各种缺陷,一种可行的方法是利用自动化成像设备来代替人工进行表观病害的检测。

鉴于此,本章提出一种混凝土表观病害标准化识别方法[4],利用无人机对桥梁高耸构件进行检测,在相机标定的基础上获取无畸变标准图像。通过无人机搭载的卫星定位系统(GPS)等可以自动记录下无人机拍照时的位置信息,以便确认照片对应的实际构件位置,还可通过搭载红外相机等成像设备对结构构件的内部缺陷进行检测,具有很高的可拓展性。

2.4.2　基于飞行平台的标准化扫描成像系统

采用的标准化成像硬件系统由工业相机组和无人机飞行平台组成,对混凝土桥墩构件进行扫描,如图 2.13 所示。工业摄像机采用禅思(Zenmuse)Z30 相机,30 倍光学变焦镜头,核心参数见表 2.4。无人机采用大疆创新科技有限公司开发的 M210 行业级无人机,核心参数见表 2.5。远距离高精度成像与行业级无人机的飞行性能可以有效避免无人机螺旋翼与桥梁构件本身之间风场的耦合问题,保证了成像的稳定性和标准化。

图 2.13　标准化扫描成像系统与成像策略

工 业 相 机 参 数　　　　　　　　表 2.4

产品名称	Zenmuse Z30
尺寸	152mm×137mm×61mm
质量	556g
传感器	互补金属氧化物半导体(CMOS),1/2.8in 有效像素:213 万
镜头	30 倍光学变焦镜头 $F=4.3 \sim 129mm(29 \sim 872mm$ 等效焦距) F1.6～F4.7 变焦移动速度:光学广角—光学长焦为 4.6s;光学广角—数码长焦为 6.4s;数码广角—数码长焦为 1.8s 聚焦移动时间:无限远—最近端(∞ - near)为 1.1s
视场角(FOV)	2.3°～63.7°
数字变焦	6 倍
最小对焦距离	10～1200mm
工作温度	-10～45℃

无人机飞行平台参数　　　　　　　　　　　　　表2.5

产品名称	M210
轴距	643mm
最大载重	小电池:2.30kg;大电池:1.57kg
飞行时间	空载,普通容量电池为27min,大容量电池为38min
悬停精度	垂直:±0.5,下视启用±0.1; 水平:±1.5,下视启用±0.3
最大上升速度	P模式/A模式/S模式:5m/s
最大下降速度	垂直:3m/s
最大水平飞行速度	S模式:23m/s;P模式:17m/s;A模式23m/s
最大旋转角速度	俯仰轴:300°/s;航向轴:150°/s
最大可承受风速	10m/s
工作环境温度	−20~45℃
感应系统	视觉定位系统,前视障碍物感知系统
云台安装方式	下置,上置,下置双云台

2.4.3 相机标定

本案例中,该相机具备自动调焦与内置畸变矫正功能,因此无须额外使用棋盘格标定板进行矫正。

为定量描述梁底病害并进行分析评价,需要建立图像坐标系与物理坐标系之间的换算关系,即需要对相机进行标定,考虑到对混凝土裂缝进行测量需要0.2mm的精度,在使用无人机进行拍摄时需要保证图像中任一像素对应的实际物理尺寸不大于0.2mm。因此在进行实际图像拍摄前首先需要通过室内标定试验建立成像距离、变焦倍率及测量精度的关系。

考虑到实际场地限制,进行标定试验时成像距离控制为5m、6m、7m、7.5m,通过米尺读数来计算单位像素对应的测量精度。部分试验图片及试验数据如图2.14所示。

5m成像距离下的相机标定测量结果见表2.6。

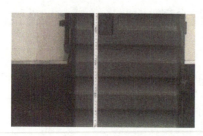 

图 2.14 相机视场的实际度量(左:10×变焦,右:30×变焦)

表 2.6 5m 成像距离下的相机标定测量结果

变焦倍率	测量长度(mm)	测量精度(mm)
10	348	0.322
11	312	0.289
12	288	0.267
13	272	0.252
14	251	0.232
15	232	0.215
16	218	0.202
17	209	0.194
18	188	0.174
19	188	0.174
20	182	0.169
21	173	0.160
22	168	0.156
23	159	0.147
24	154	0.143
25	155	0.144
26	150	0.139
27	142	0.131
28	140	0.130
29	134	0.124
30	130	0.120

标定试验数据表明,测量精度、程序距离及放大倍数之间存在线性关系,因此可通过建立线性回归方程来估计给定距离和放大倍率条件下的成像精度,如式(2.4)所示:

$$P = 0.0225D - 0.0082M + 0.2358 \tag{2.4}$$

式中,P 为成像精度(mm);D 为成像距离(m);M 为变焦倍率。

式(2.4)的可视化结果如图 2.15、图 2.16 所示。根据该结果,还可以通过规定成像精度来计算不同成像距离下所需的变焦倍率,如图 2.17 所示。

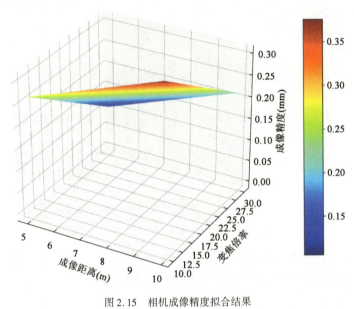

图 2.15 相机成像精度拟合结果

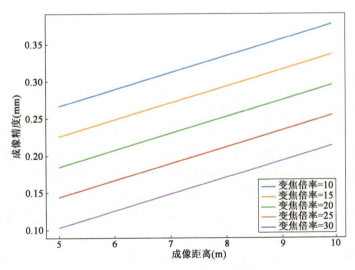

图 2.16 成像精度-成像距离曲线

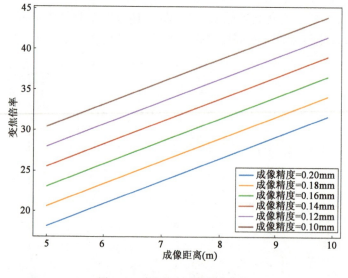

图 2.17 变焦倍率-成像距离曲线

本案例中,固定起飞前成像距离为 5m,变焦倍率为 30,对应成像精度为 0.102mm,满足混凝土表观病害检测的基本精度要求。

2.4.4 病害识别模型

基于深度学习的病害识别方法在精度和效率等方面具有显著优势。对于混凝土表观病害的检测而言,其本质上是计算机视觉领域的语义分割任务。

图像识别模型输入一张彩色图像,输出一个 N 维向量,用来表示图像所对应的类别,因此需要将图像数据集转换为可以利用的形式。本章中,对于采集到的高分辨率(1920px×1080px)图像首先以 128px×128px 作为基准尺寸进行裁剪,将每张高分辨率图像裁剪成 120 张 128px×128px 的低分辨率图像,然后根据低分辨图像分割模板上不同类别病害信息的比例对低分辨率图像进行自动标注。考虑到不同类型病害的差异,各类别病害划分的比例阈值分别为 0.005、0.01、0.1、0.1、0.3,即当图片中对应病害所占的比例超过给定阈值时将其划分到指定类别,否则划分为背景。由此将 596 张高分辨率图像拆分为 71520 张低分辨率图像。病害类型分布如图 2.18 所示。

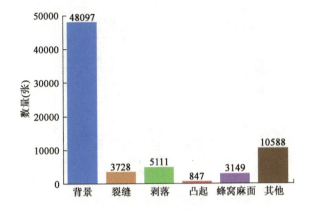

图 2.18 病害类型分布

获得图像数据后,按照 8∶1∶1 的比例将数据集划分为训练集、验证集和测试集。其中训练集用来训练识别模型,验证集用来选择识别模型,测试集用来评估模型的泛化性能。经随机抽样后获得训练集图像 57216 张、验证集图像 7152 张及测试集图像 7152 张。

本书分别使用了基于 AlexNet[19] 网络架构、GoogLeNet 网络架构及 ResNet 网络架构设计的病害识别模型,各模型在训练过程中的损失曲线如图 2.19 所示。训练过程结束后,可设定一定的性能度量指标,并根据模型在验证集上的表现来评估其效能。

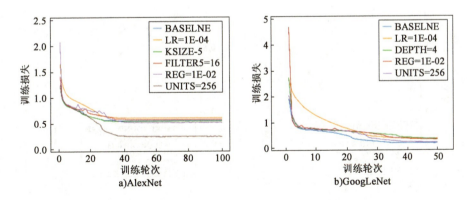

图 2.19

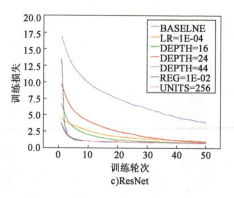

c) ResNet

图 2.19 各模型在训练过程中的损失曲线

BASELNE-原始参数；LR-学习率；KSIZE-卷积核尺寸；FILTER-首层卷积核数；DEPTH-模型深度；REG-正则化系数；UNITS-全连接层的单元数

对于二分类问题，常见的性能评估指标是基于混淆矩阵定义的"精度"(Precision)和"召回"(Recall)，并相应的得到 P-R 曲线。通过计算 P-R 曲线下包围的面积可以得到模型的"平均精度"(Average Precision，AP)，AP 是模型精度和召回的一种综合评价指标，AP 高说明模型的精度和召回都很高，否则说明模型在精度和召回中至少有一个指标存在欠缺。对于多分类问题，则可以将其视为 N 个二分问题，在不同类别上计算 AP 即可。综合考虑整体的分类精度时，可将各类别上的 AP 取平均值得到平均精度均值(mAP)。三种基准模型的 P-R 曲线如图 2.20 所示。

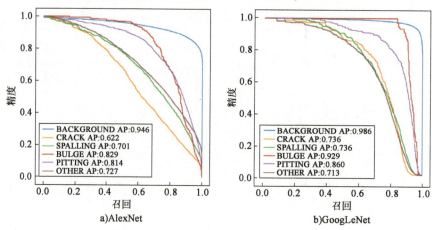

图 2.20

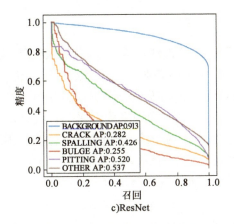

c)ResNet

图 2.20 三种基准模型的 P-R 曲线

BACKGROUND-背景;CRACK-裂缝;SPALLING-剥落;BULGE-凸起;PITTING-蜂窝麻面;OTHER-其他

除识别精度外,本章还考虑不同模型的计算代价,统计分析了各模型的计算耗时,计算标准取计算 120 张 128px×128px 低分辨率图像所需的时间,由此得到各模型的计算效率。通过比较 mAP 和计算效率,得出以下基本结论:对于相同类型的识别模型,模型越复杂识别精度越高,但相应的计算代价就越大;对于不同类型的识别模型,由于 GoogLeNet 使用了初始模块(Inception Module),其计算代价要远大于 AlexNet 及 ResNet。因此若不考虑模型计算代价仅考虑识别精度,则可以选择 GoogLeNet 作为混凝土病害的识别模型,其最高 mAP 可达 0.897;若同时考虑模型计算代价,则推荐使用 AlexNet 作为识别模型,其最高 mAP 精度为 0.809。

部分混凝土病害识别结果如图 2.21 所示。

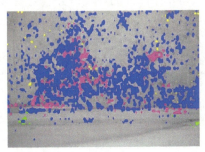

图 2.21 混凝土病害识别结果

2.4.5 病害检测与描述

训练得到的混凝土病害识别模型除了可以识别不同类型的混凝土病害外,还可以基于识别模型的结果对混凝土外观进行评价。对于给定尺寸的输入图像($128\text{px} \times 128\text{px}$)识别模型会将图像转换为一个6维向量($x_1, x_2, x_3, x_4, x_5, x_6$),分别表示该处图像识别为背景、裂缝、剥落、凸起、蜂窝麻面、其他病害6个类别的概率。对于给定输入图像,其图像范围内可包含多种不同类型的病害,因此可将类别向量($x_1, x_2, x_3, x_4, x_5, x_6$)视为图像中像素分布到不同类别中的比例,进而建立病害得分公式:

$$\text{Score} = 100 - \sum_i w_i x_i \tag{2.5}$$

式中,Score 为图像得分,满分为 100 分;w_i 为病害类别 i 对应的权重;x_i 为病害类别 i 对应的比例。

根据《公路桥梁技术状况评定标准》(JTG/T H21—2011),各病害类别的权重见表2.7。

表2.7 病害类别权重

病害类型	类别号	权重	病害类型	类别号	权重
背景	1	0	凸起	4	30
裂缝	2	50	蜂窝麻面	5	40
剥落	3	40	其他病害	6	20

进行混凝土表面评价时,首先按 $128\text{px} \times 128\text{px}$ 将原始图像划分为网格,并运用滑窗法在网格上使用所训练的病害识别模型,计算网格对应的病害类别向量,进而计算混凝土表面得分。将各网格的得分绘制到一张图上,即可获得单张图片的外观得分热力图,如图2.22所示。

a) 原始图片

b) 得分热力图

图2.22 混凝土外观得分热力图

除此之外,在桥梁管理养护工作中还需要对整个构件进行评价,因此需将单张图像的评价方法拓展到整个构件的评价上。本章中由于采用无人机录像的方式来获取混凝土构件表面图像,因此在对整个构件进行评价时采用对视频抽帧的方式来获取图像,假定无人机匀速飞行,按 1 帧/s 来获取混凝土桥墩表面图像,计算单张图像的得分时取所有网格得分的平均值,进而得到混凝土桥墩构件整体的得分分布,如图 2.23 所示。

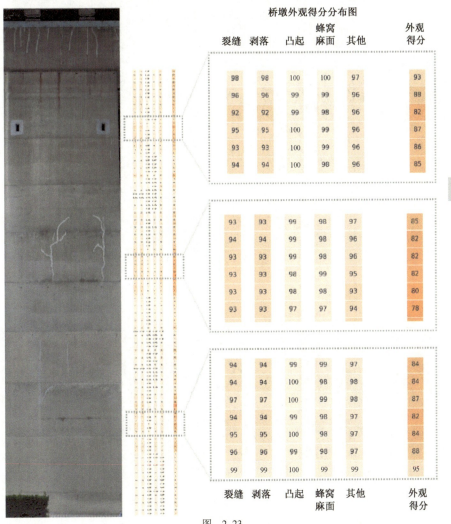

图 2.23

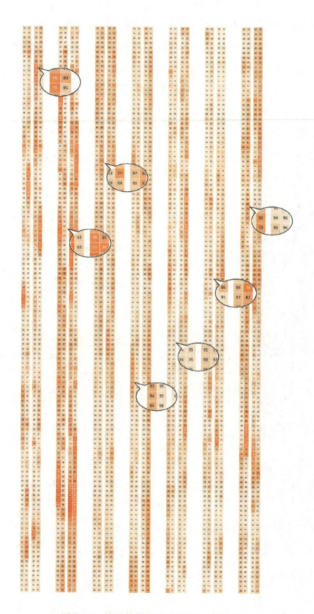

图 2.23 桥墩构件立面全景与得分热力图

2.5 钢结构裂纹机器视觉监测方法

2.5.1 研究背景

正交异性钢桥面板具有承载力强、自重轻、施工方便等突出优点，在中、大跨度桥梁建设中极具竞争性。然而由于初始缺陷和焊接残余应力的影响，加上反复的车轮动荷载作用，正交异性钢桥面板在成桥后不可避免地发生疲劳损伤，国内外多座采用了正交异性钢桥面板的大跨度桥梁都发生了较为严重的疲劳开裂。由于疲劳损伤产生的裂纹将导致桥面变形加大、铺装损坏，甚至使得钢桥面顶板开裂渗水，降低了桥梁的使用性、耐久性和可靠性。在正交异性钢桥面板的日常管理和养护中，一般通过检测工人定期检查，采用磁粉检测、超声波检测等无损检测方法检测实际桥梁的裂纹，从而获取裂纹尺寸及扩展情况。但是基于人工的检测方法存在效率低、标准化程度低、主观性高等弊端。

本章提出一种基于机器视觉的裂纹智能监测方法[11]，针对最常见的U形肋纵向焊缝裂纹，开发了一套视觉智能监测系统。首先，通过物联网和云计算技术，实现箱梁内部裂纹的远程监测感知，达到更高的检测频率。其次，提出一种基于编码标定板的裂纹标准全景图获取方法，以自定义编码盘为子图校正和配准特征，进而融合为可量测裂纹的全景图。再次，基于"检测-分割"的级联式病害识别方法，训练两类深度神经网络模型，实现裂纹区域的像素级提取。最后，对几类模型进行超参数对比试验，并对比人工检测结果，获取识别准确率。

2.5.2 标准化扫描成像系统

物联网（Internet of Things，IoT）是一种通过各种传感器装置，进行指定信息采集，并通过网络接入实现物与物、人与物的泛在连接，从而形成对物品和过程的智能化感知和识别。在过去十几年间，物联网技术实现了成千上万的实际应用，且在结构监测方面已有相关初步性成果[20-21]。

然而，考虑到焊缝图像的高精度、可量测、可视化等需求，目前尚缺少针对钢桥面板焊缝疲劳裂纹图像采集的方法和装置。因此，本节研发了一种基于物联网的疲劳裂纹标准化扫描成像系统，其主要由图像采集模块、机械传动模块、基于物联网的控制模块等组成,如图 2.24 所示。

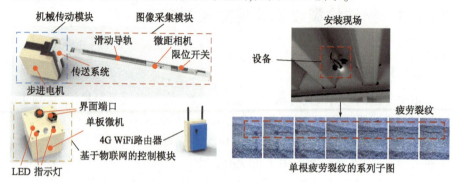

图 2.24　疲劳裂纹标准化扫描成像系统

通过磁吸式方法,设备模块可以可靠安装于 U 形肋和顶板处,以实现对焊缝裂纹的观测。实测条件下的设备模块参数见表 2.8。

设备模块参数　　　　　　　　　　表 2.8

参　　数		数　　值
采集参数	最大采集长度(cm)	20
	序列图像数量(张)	50
图像参数	最大分辨率 $H \times V$(px×px)	640×480
	像素数量(px)	300000
	焦距 f(mm)	4
	光圈大小 F(mm)	1
	视场角(°)	40
量测参数	标定板尺寸 $L \times W \times T$(mm×mm×mm)	500×12×1
	棋盘格边长(mm)	1.60

2.5.3　图像校正与全景图像生成

与常规场景图像不同,疲劳裂纹图像精度高、特征稀疏(图像颜色均匀,特征不明显),普通拍摄一方面不具有可量测性,另一方面将难以实现长序列子图的拼接。因此提出一种新型的图像校正与拼接方法,如图 2.25 所示。

首先,在裂纹所在区域覆盖并拍摄一组编码标定板图像。标定板由用于校正的棋盘格图案以及用于序列图像匹配的同心圆标记组成,如图 2.26 所示。

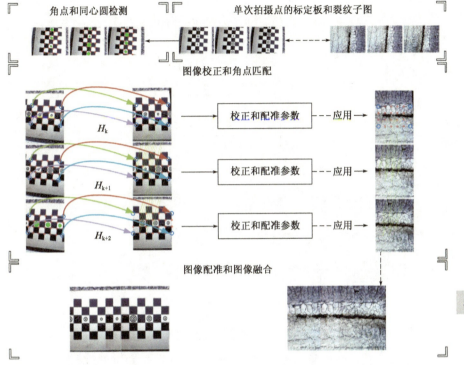

图 2.25 基于编码标定板的图像校正与拼接方法

图 2.26 编码标定板

由于相机光轴难以与裂纹拍摄面垂直,因此不可避免地产生透视畸变,导致拍摄图像无法直接量测。因此,以所摄标定板的棋盘格为检测角点,使用透视变换来校正透视图像,如式(2.6)~式(2.8)所示,根据 4 对角点的对应关系,解算用于校正的单应性矩阵 H。

其次,由于编码标记是从 2~5 的同心圆,因此通过对相邻图像的同心圆顺序解算,按照最小二乘法进行多个同心圆位置的匹配,从而获取已校正图像的水平位移值,即可获取图像配准参数,如图 2.27 所示。

$$x' = Hx \tag{2.6}$$

$$\begin{pmatrix} x' \\ y' \\ 1 \end{pmatrix} = \begin{bmatrix} a_1 & a_2 & a_3 \\ b_1 & b_2 & b_3 \\ c_1 & c_2 & c_3 \end{bmatrix} \begin{pmatrix} x \\ y \\ 1 \end{pmatrix} \tag{2.7}$$

$$\begin{cases} x = \dfrac{a_1 x' + a_2 y' + a_3}{c_1 x' + c_2 y' + 1} \\ y = \dfrac{b_1 x' + b_2 y' + b_3}{c_1 x' + c_2 y' + 1} \end{cases} \tag{2.8}$$

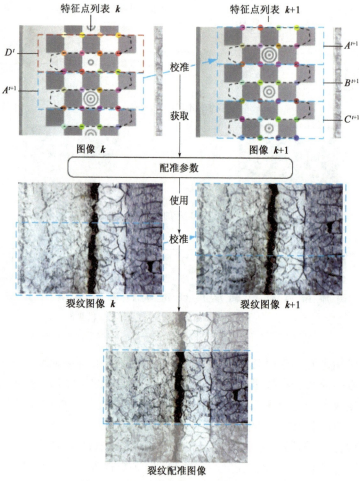

图 2.27 基于编码的图像配准

最后,考虑到多次拍摄光照条件和曝光时间的不一致,配准图像在拼接边界将存在拼接缝,因此需进行图像融合操作,消除拼接缝。本章比较了加权方法和多段融合方法,由于加权方法存在局部模糊和像素级误差,本章采用多段融合方法,如图 2.28 所示。

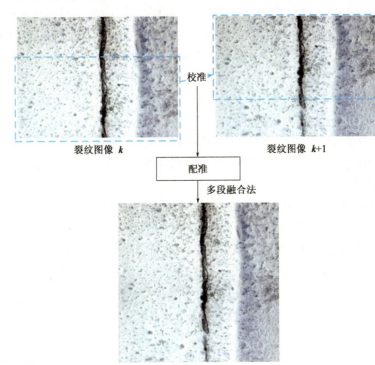

图 2.28 配准图像的图像融合

按上述方法获取裂纹标准全景图,如图 2.29 所示。

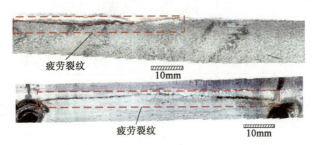

图 2.29 疲劳裂纹标准全景图

2.5.4 裂纹识别和特征提取

为实现裂纹的精确测量，需对裂纹所在区域进行像素级分割，并进一步提取裂纹的宏观特征。然而，对于大尺寸图像的语义分割往往耗时而且效率低，在裂纹识别中由于裂纹区域远小于背景部分，因此在对裂纹进行精确分割之前，先检测出可疑裂纹区域可以有效提高整个裂纹识别过程中的计算速度。因此，本章提出了一种级联式裂纹识别方法，如图2.30所示，共分为数据集制作、分类模型训练和评估、分割模型训练和评估三个主要的阶段。具体步骤如下：

(1) 通过随机选取视窗的方法，大量选取全景图的局部子图，通过人工标注和数据增广的方法，获得用于检测和分割的数据集。在检测数据集中，将子图划分为裂纹、非裂纹两类；在分割数据集中，将子图及其分割模板构成图像-模板对。

(2) 使用检测数据集训练深度分类网络模型，实现裂纹和非裂纹子图的二分类，并通过不重叠滑窗法，得到被测裂纹全景图中的裂纹定位。

(3) 使用分割数据集训练深度语义分割网络模型，实现对裂纹子图的像素级分割，通过对已定位裂纹子图进行检测，获取裂纹全景图的像素级分割模板。

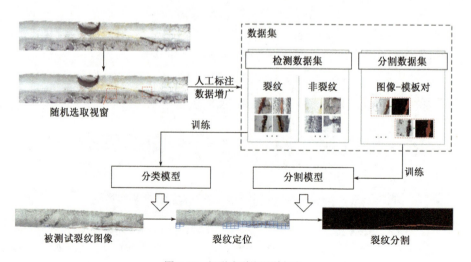

图2.30 级联式裂纹识别方法

(4)考虑到裂纹分割误差将导致裂纹区域的碎片化,因此采用图像处理中的闭运算对裂纹语义分割模板进行处理,获得去碎片化的裂纹区域,并通过采样测量,获得裂纹的面积、宽度信息。

(5)对提取出的裂纹区域采用图像处理的细化运算,获得其沿主要路径的骨架信息,从而提取得到裂纹长度。

被测全景图的裂纹识别和特征提取过程如图2.31所示。

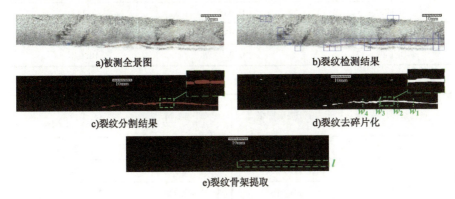

图2.31 被测全景图的裂纹识别和特征提取过程

2.5.5 模型比较和精度分析

在裂纹子图的分类和分割方面,对不同的深度神经网络架构进行了试验比较,结果见表2.9、表2.10。根据表格可以看出,对于分类模型来说,VGG-13 模型的平均分类精度最高,为 0.978,VGG-11 模型的推断时间最短,为 1.748ms;对于分割模型,以 VGG-13 为特征提取网络的 FCN 模型及以 VGG-16 为特征提取网络的 PSPNet 模型的图像分割平均精度最高,为 0.932,以 VGG-11 为特征提取网络的 FCN 模型的推断时间最短,为 2.500ms。

分类模型比较　　　　　　　表2.9

模型架构	平均精度	推断时间(ms)(128px×128px)
VGG-11	0.962	1.748
VGG-13	0.978	2.022
VGG-16	0.954	2.431
VGG-19	0.967	3.024
ResNet_v2-18	0.948	3.368

续上表

模型架构	平均精度	推断时间(ms)(128px×128px)
ResNet_v2-34	0.930	5.777
ResNet_v2-50	0.950	7.492
ResNet_v2-101	0.952	14.237
MobileNet_v1	0.944	3.825
MobileNet_v2	0.966	7.113
Inception_v3	0.939	14.607
DenseNet-121	0.959	18.646

分割模型比较　　　　表2.10

模型架构	特征提取网络	平均精度	推断时间(ms)(64px×64px)
FCN	VGG-11	0.928	2.500
FCN	VGG-13	0.932	3.014
FCN	VGG-16	0.926	3.451
FCN	VGG-19	0.924	3.905
FCN	MobileNet_v1	0.647	6.608
FCN	MobileNet_v2	0.666	13.296
DeepLab	VGG-11	0.929	4.881
DeepLab	VGG-13	0.923	5.493
DeepLab	VGG-16	0.917	6.470
DeepLab	VGG-19	0.921	7.332
DeepLab	MobileNet_v1	0.646	14.735
DeepLab	MobileNet_v2	0.617	22.992
PSPNet	VGG-11	0.929	2.963
PSPNet	VGG-13	0.930	3.321
PSPNet	VGG-16	0.932	3.945
PSPNet	VGG-19	0.928	4.895
PSPNet	MobileNet_v1	0.648	7.275
PSPNet	MobileNet_v2	0.627	14.146

此外,对于3张测试图像,通过上述方法提取其表观特征,包括长度、四分点宽度和平均宽度,并与人工检测报告中的结果进行对比,见表2.11,可见长度的平均误差为14.57%,宽度的平均误差为7.91%。长度和宽度的均方根误差分别为3.0195mm和0.003mm。

测试图像提取的裂纹长度和宽度　　　　表2.11

序号	结　果　项	识别结果	真实值(mm)	偏差值(mm)	误差率(%)
1	l	43.10	50	-6.90	13.80
	w_1	0.30	0.28	0.02	7.14
	w_2	0.58	0.68	-0.10	14.71
	w_3	0.78	0.78	0.00	0.00
	w_4	0.62	0.68	-0.06	8.82
	w_{avg}	0.47	—	—	—
2	l	33.84	40	-6.16	15.40
	w_1	0.54	0.52	0.02	3.85
	w_2	0.64	0.54	0.10	18.52
	w_3	0.34	0.36	-0.02	5.56
	w_4	0.54	0.54	0.00	0.00
	w_{avg}	0.43	—	—	—
3	l	17.10	20	-2.90	14.50
	w_1	0.74	0.70	0.04	5.71
	w_2	0.30	0.32	-0.02	6.25
	w_3	0.44	0.54	-0.10	18.52
	w_4	0.36	0.34	0.02	5.88
	w_{avg}	0.41	—	—	—
平均误差(长度)					14.57
平均误差(宽度)					7.91
均方根误差(长度)				3.0195	
均方根误差(宽度)				0.0030	

本章提出的机器视觉方法实现了较为精准的焊缝疲劳裂纹识别。首先,研发了基于物联网的模块式细观图像采集系统,实现了裂纹的标准化快速扫描;其次,通过基于编码标定板的图像拼接技术,获得了裂纹可量测全

景图像;最后,开展基于深度学习和图像处理的裂纹区域检测和特征提取,从而实现了对裂纹的长期监测。

2.6 结语

随着土木工程保有量的增加以及服役时间的增长,结构检测和监测任务量急剧增长。传统以人工检测为主的结构性态获取方法,从检测效率、准确性和可靠性方面都已不适应现实需要;主流健康监测系统以接触式传感器网络为主,在结构和构件表观性态特征获取方面往往存在仅关注宏观和整体、覆盖范围有限、信息提取不及时等局限性。计算机视觉技术的应用能够获取不同尺度场域下结构和构件的多层次信息,通过与人工智能算法的有效融合,能够高效、精准、及时地提取结构表观性态特征信息,检测与监测的智能化方法呼之欲出。

本章针对土木工程结构表观检测中的现实需求,结合钢箱梁底板表观大范围涂装劣化和锈蚀、混凝土高墩表面缺陷和劣化,以及钢箱梁疲劳裂纹扩展状态等多个具体场景,通过计算机视觉技术与人工智能算法的有机融合,从数据采集装置研发与适配、系统搭建,到采集标准化和数据校准,再到图像特征智能化提取方法与算法实现,以及结合性态指标完成标准化评价,从而提出了与具体场景相适应的土木工程结构表观性态智能识别系统解决方案。

可以预见,随着智能算法、云端边计算、物联网和新基建等的不断迭代升级,及其与土木工程检测和监测现实需求的不断融合,必将产生更加智能化的新装备、新技术和新方法,引领未来土木工程运维不断向数字化、网联化和智能化方向发展。

本章参考文献

[1] Cebollada S, Payá L, Flores M, et al. A state-of-the-art review on mobile robotics tasks using artificial intelligence and visual data [J]. Expert Systems with Applications, 2021(167):114195.

[2] Hartley R, Zisserman A. Multiple view geometry in computer vision [M]. Cambridge: Cambridge University Press, 2004.

[3] Szeliski R. Computer Vision: Algorithms and applications[M]. Berlin, Heidelberg: Springer-Verlag, 2010: 832.

[4] Zhuang X, Wang D, Peng B, et al. Inspection and evaluation of apparent damage in concrete pier based on computer vision[C] // Shanghai: CRC Press/Balkema, 2020.

[5] Gu Z, Dong Y, Wang D, et al. A novel system for the looseness monitoring of high-strength bolts based on machine vision[C] // Shanghai: CRC Press/Balkema, 2020.

[6] 中国公路学报编辑部. 中国桥梁工程学术研究综述·2021[J]. 中国公路学报. 2021, 34(02): 1-97.

[7] 鲍跃全, 李惠. 人工智能时代的土木工程[J]. 土木工程学报. 2019, 52(05): 1-11.

[8] Iyer S, Sinha S K. A robust approach for automatic detection and segmentation of cracks in underground pipeline images[J]. Image and Vision Computing, 2005, 23(10): 921-933.

[9] Abdel-Qader I, Abudayyeh O, Kelly M E. Analysis of edge-detection techniques for crack identification in bridges[J]. Journal of Computing in Civil Engineering, 2003, 17(4): 255-263.

[10] Lecun Y, Bengio Y, Hinton G. Deep learning[J]. Nature, 2015(521): 436-444.

[11] Wang D, Dong Y, Pan Y, et al. Machine Vision-Based Monitoring Methodology for the fatigue cracks in u-rib-to-deck weld seams[J]. IEEE ACCESS, 2020, 8: 94204-94219.

[12] Jang K, An Y K, Kim B, et al. Automated crack evaluation of a high-rise bridge pier using a ring-type climbing robot[J]. Computer-Aided Civil and Infrastructure Engineering, 2021, 36(1): 14-29.

[13] 王达磊, 彭博, 潘玥, 等. 基于深度神经网络的锈蚀图像分割与定量分析[J]. 华南理工大学学报(自然科学版), 2018, 46(12): 121-127, 146.

[14] Wang D, Zhang Y, Pan Y, et al. An automated inspection method for the steel box girder bottom of long-span bridges based on deep learning[J]. IEEE Access, 2020(8): 94010-94023.

[15] Zhang Z Y. A flexible new technique for camera calibration[J]. IEEE

Transactions on Pattern Analysis and Machine Intelligence,2000,22(11):1330-1334.

[16] Brown M,Lowe D G. Automatic panoramic image stitching using invariant features[J]. International Journal of Computer Vision,2007,74(1):59-73.

[17] Lourakis M I A,Argyros A A. SBA:A software package for generic sparse bundle adjustment[J]. ACM Trans. Math. Softw,2009,36(1):2.

[18] Liu Z,Cao Y, Wang Y, et al. Computer vision-based concrete crack detection using U-net fully convolutional networks[J]. Automation in Construction,2019(104):129-139.

[19] Krizhevsky A,Sutskever I,Hinton G. Imagenet classification with deep convolutional neural networks[J]. Neural Information Processing Systems,2012,25.

[20] Hou S,Wu G. A low-cost IoT-based wireless sensor system for bridge displacement monitoring[J]. Smart Materials and Structures,2019,28(8):85047.

[21] A. A,M. G, M. M, et al. Internet of Things:A survey on enabling technologies, protocols, and applications[J]. IEEE Communications Surveys & Tutorials,2015,17(4):2347-2376.

本章作者简介

王达磊　教授

同济大学土木工程学院教授、博士研究生导师、院长秘书，兼任国际桥梁维护与安全协会（IABMAS）结构健康监测委员会委员及中国团组理事、中国公路学会桥梁和结构工程分会理事、中国公路学会青年专家委员会委员、教育部学位中心评审专家、上海市科技进步奖评审专家、上海市交通建设综合评审专家等。主要从事桥梁维护与安全、钢桥面板疲劳与组合结构、计算机视觉智能识别、桥梁结构造型与景观、车致空气动力学与结构风工程等方面的研究。主持国家自然科学基金项目3项、国家重点研发计划子课题1项，作为主要完成人参与国家自然科学基金项目、国家科技支撑计划项目、交通运输部西部交通建设科技计划项目以及省部级课题10余项。获省级政府科技进步二等奖3项，中国公路学会科学技术一等奖4项、二等奖和三等奖各1项，中国钢结构协会科学技术一等奖1项，参编著作1部、标准规范8部（已颁5部），授权发明专利10项，发表学术论文80余篇，其中SCI和EI收录40余篇。

潘玥　讲师

同济大学电子与信息工程学院讲师，博士，国际桥梁维护与安全协会（IABMAS）、国际全寿命土木工程大会（IALCCE）会员。主要从事计算机视觉理论与技术、基础设施健康智能感知、结构标准化检测与监测等方面的研究。作为主要完成人参与国家自然科学基金项目3项、省部级课题2项。授权发明专利2项，发表学术论文20余篇，其中SCI和EI收录10余篇。

陈艾荣　教授

博士，博士生导师，同济大学桥梁工程系教授，兼任国际桥梁维护与安全协会（IABMAS）中国团组主席、国际结构与建筑协会（IASA）副主席、世界交通运输大会（WTC）桥梁工程学部主席、中国公路学会桥梁与结构工程分会副理事长等职务。

陈艾荣教授的研究领域主要为桥梁造型及设计伦理、桥梁寿命周期设计理论、多尺度多物理场数值模拟技术、桥梁维护、安全及管理、极端事件下的桥梁安全性能、多尺度结构拓扑优化理论等。先后主持国家科技支撑计划项目、国家自然科学基金项目、国家863计划项目、交通运输部西部交通建设科技计划项目等十余项国家及部委科研项目。主持编制和修订行业标准和规范4部，出版学术专著18部，发表学术期刊论文300余篇。

第 3 章 桥梁钢结构数字疲劳模拟方法

王春生[1], 王雨竹[1], 冯金强[1], 翟慕赛[2], 段兰[1]
1 长安大学公路学院桥梁系, 陕西　西安, 710064
2 苏州科技大学土木工程学院, 江苏　苏州, 215009

3.1 引言

现代钢桥的疲劳裂纹常见于钢板梁桥腹板间隙面外变形细节、正交异性钢桥面板典型细节等疲劳敏感部位。钢板梁桥在设计中, 为了避免腹板竖向加劲肋和受拉翼缘板的焊接细节发生疲劳失效, 常在腹板竖向加劲肋和翼缘板之间留有一定高度的腹板间隙。车辆活载作用下, 相邻主梁之间出现相对挠度差, 主梁间的横向连接系会传递给竖向加劲肋一个作用力, 使面外刚度较小的腹板在间隙处发生面外弯曲变形, 引起较高的疲劳应力幅, 从而导致该处细节萌生疲劳裂纹。美国学者研究表明, 钢桥中约 90% 的疲劳裂纹是由面外变形引起的[1]。某铁路钢板梁桥在运营 20 余年后发现多处面外变形疲劳裂纹[2]。正交异性钢桥面板因具有自重轻、承载能力大、施工周期短、结构造型美观等特点, 被广泛应用于现代大、中跨径桥梁[3-4], 但由于其构造复杂, 应力集中程度和焊接残余应力高, 在车辆荷载作用下易产生疲劳损伤[5]。正交异性钢桥面板的疲劳开裂现象最早出现在英国的赛文(Severn)桥,该桥于1971年发现疲劳裂纹[6]。于1960年和1968年分别投入使用的德国哈塞塔尔(Haseltal)桥和辛塔尔(Sinntal)桥,运营后不久在钢桥面板中发现了疲劳裂纹[7]。此外,荷兰、日本等国家也有正交异性钢桥面板疲劳开裂的情况发生[8-12]。中国自广东虎门大桥开始,新建的大跨度桥梁开始大量采用正交异性钢桥面板[13]。与国外情况相近,中国采用正交异性钢桥面板的桥梁也面临着同样的疲劳开裂问题,在虎门大桥、江阴长江大桥等桥梁的正交异性钢桥面板中已发现疲劳裂纹[3,14]。

在过去的半个多世纪中,国内外学者针对钢桥典型构造细节开展了大量模型疲劳试验,确定了细节的疲劳抗力 S-N 曲线,为抗疲劳设计提供了技术依据。疲劳试验是一项费用高、耗时长、人力投入大的研究工作,而且通常采用的缩尺模型和局部模型很难把实桥疲劳细节的制造与安装缺陷、焊接残余应力等因素真实计入,且基于 S-N 曲线的抗疲劳设计方法认为疲劳裂纹出现后即为失效,一般不涉及裂纹扩展阶段的工作性能,这与钢桥常常带裂纹工作的实际状态不符。而断裂力学能够回答实际桥梁带裂纹工作的问题,因为断裂力学认为材料本身存在初始缺陷,建立了描述疲劳裂纹稳定扩展阶段的理论模型,为疲劳裂纹从微观到宏观的跨尺度研究提供了具有严谨理论基础的分析方法。目前采用断裂力学对钢桥进行疲劳分析主要是通过解析方法,其参数取值多来源于单一型裂纹的疲劳试验,而钢桥疲劳裂纹存在复合型,采用单一型裂纹解析计算模型往往不能准确模拟实桥复合型疲劳裂纹的扩展行为。

随着计算机数值模拟技术的发展,国内外学者开始尝试采用有限元方法对疲劳裂纹萌生与扩展行为进行数值模拟分析[15-16]。常规有限元方法为保证求解精度,裂纹尖端单元采用奇异退化单元,裂纹尖端网格需要进行局部加密。另外,常规有限元中必须将裂纹面设置为单元的边,裂尖设置为单元的节点,裂纹路径无法通过单元内部。在进行裂纹扩展分析时需要不断进行网格重新划分,使得单元边界适应裂纹扩展路径,因此计算效率较低、成本较大。扩展有限元(XFEM)将网格剖分与结构内部的裂纹、孔洞等不连续界面分离[17-19],在模拟裂纹扩展过程中无须对网格进行重划分,大大提高了求解效率,为高效模拟疲劳裂纹扩展行为提供了新的技术途径。

已有学者采用断裂力学方法对钢桥疲劳裂纹及其扩展行为进行模拟,

如鞠晓臣以某公铁两用钢桥的工字形横梁腹板为对象,建立带裂纹的有限元模型,基于位移外推法和最大能量释放率法有效预测了贯通疲劳裂纹的扩展行为[20]。Kiss针对正交异性钢桥面板中的疲劳裂纹,提出裂纹尖端应力强度因子与裂纹长度的关系可以通过整体应力分析和局部断裂力学分析两种途径得到[21]。一些研究工作仅考虑车辆活载作用,部分疲劳开裂细节以承受活载压应力为主(如纵肋-顶板焊缝细节、横隔板挖孔细节),显然这无法合理解释钢桥面板中这些细节的疲劳开裂现象。文献[20]通过足尺疲劳试验发现纵肋与横隔板连接细节在压-压疲劳(最大应力/最大应变和最小应力/最小应变均为压缩应力/压缩应变时的疲劳)应力循环作用下也会疲劳开裂,究其原因是该细节存在较大的焊接残余拉应力[22]。赵秋通过数值模拟和模型试验对U形肋加劲板焊接残余应力进行了实测和分析,结果表明U形肋加劲板近焊缝区残余拉应力可达到材料屈服强度[23]。卫星采用有限元热-力耦合分析技术对焊接温度场和应力场进行数值模拟,分析得到了正交异性钢桥面板U形肋与顶板焊接残余应力场[24]。张清华等基于线弹性断裂力学理论,建立多裂纹扩展模拟方法,对不同初始焊接缺陷条件下,正交异性钢桥面板纵肋双面焊构造疲劳裂纹扩展特性进行研究,通过多裂纹扩展试验验证了该方法的可行性[25]。焊接残余应力对正交异性钢桥面板疲劳性能影响显著,但已有研究仅分析了残余应力场的分布,并没有对残余应力和活载耦合作用下细节疲劳累积损伤行为进行数值模拟,未能完全揭示正交异性钢桥面板疲劳机理。王春生、翟慕赛等对正交异性钢桥面板中疲劳裂纹在焊接残余应力和活载耦合作用下的扩展行为进行了数字疲劳试验[26]。王春生、王雨竹、马乃轩等对钢桥腹板间隙面外变形足尺疲劳试验进行了数字疲劳模拟[27-28]。

为了真实、高效地实现对钢桥疲劳裂纹及其扩展行为的模拟研究,本章针对钢板梁桥腹板间隙和正交异性钢桥面板典型焊缝的焊接过程进行了数值模拟,计算得到了各焊接细节的残余应力分布场;基于线弹性断裂力学理论和扩展有限元方法,分别对腹板间隙面外变形细节和正交异性钢桥面板典型细节建立了考虑焊接残余应力的数字疲劳模型,分析了典型裂纹的扩展模式与扩展机理,并与实际工程和疲劳试验结果进行对比,验证了运用数值断裂力学方法对钢桥疲劳裂纹跨尺度分析的有效性,为钢桥疲劳研究开辟了一个高效、低廉的新技术途径,研究成果为钢桥抗疲劳设计与维护提供了技术支撑。

3.2 裂纹扩展数值模拟基本原理

3.2.1 断裂力学理论

3.2.1.1 线弹性断裂力学

断裂力学包括线弹性断裂力学（LEFM）和弹塑性断裂力学（EPFM）两类，其中 LEFM 适用于裂尖只有小范围塑性区的情况，而对裂尖塑性区相对较大的情况应采用 EPFM 进行分析。钢材和合金材料的断裂一般都属于弹塑性断裂，但是当裂尖塑性区远小于裂纹本身的尺寸时，线弹性断裂力学便同样适用且计算误差较小。LEFM 的理论基础比较严谨、成熟，大量研究和实践表明它是分析疲劳裂纹扩展的有效方法[29]。

根据受力形式不同，断裂力学将宏观裂纹分为三种基本形式（图 3.1）：①Ⅰ型裂纹：张开型，裂纹受垂直于裂纹面的拉应力而上下张开；②Ⅱ型裂纹：滑开型，裂纹受平行于裂纹面并且垂直于裂纹前缘的剪应力而在平面内相对滑开；③Ⅲ型裂纹：撕开型，裂纹受平行于裂纹面且平行于裂纹前缘的剪应力而相对错开。Ⅰ型裂纹是最危险的破坏模式。实际工程中，裂纹时常是复合型裂纹，在进行安全评估时需根据具体受力状态采用合理的简化模式。

a) Ⅰ型　　b) Ⅱ型　　c) Ⅲ型

图 3.1　宏观裂纹基本形式

按弹性力学方法可得平面无限大平板中的Ⅰ型裂纹尖端附近应力场的表达式：

$$\begin{cases} \sigma_x = \dfrac{K_\text{I}}{\sqrt{2\pi r}} \cos\dfrac{\theta}{2}\left(1 - \sin\dfrac{\theta}{2}\sin\dfrac{3\theta}{2}\right) \\ \sigma_y = \dfrac{K_\text{I}}{\sqrt{2\pi r}} \cos\dfrac{\theta}{2}\left(1 + \sin\dfrac{\theta}{2}\sin\dfrac{3\theta}{2}\right) \\ \tau_{xy} = \dfrac{K_\text{I}}{\sqrt{2\pi r}} \cos\dfrac{\theta}{2}\sin\dfrac{\theta}{2}\cos\dfrac{3\theta}{2} \end{cases} \quad (3.1)$$

式中,r 为某点到裂纹尖端的距离;θ 为该点与水平方向(裂纹面)的夹角;K_I 为 I 型裂纹尖端附近的应力强度因子 $K_\mathrm{I} = \sigma(\pi a)^{1/2}$,平面应变情况有:$\sigma_z = \nu(\sigma_x + \sigma_y)$,$\tau_{xz} = \tau_{yz} = 0$。裂纹尖端附近应力场主要由三部分构成:材料常数(弹性模量、泊松比等)、裂纹尖端位置坐标(r、θ 等)及应力强度因子 K。随着外力的增大,应力强度因子随之增大,但当外力增加到一定程度,即使外力不再增加裂纹也会迅速扩展,此时的应力强度因子值即为材料的断裂韧性 K_IC。判断裂纹体是否发生破坏的判据为:

$$K_\mathrm{I} \geqslant K_\mathrm{IC} \tag{3.2}$$

式(3.2)为线弹性断裂力学的 K 准则,即当裂纹尖端的应力强度因子 K 大于材料断裂韧性 K_IC 时,裂纹进入失稳扩展阶段。

根据能量平衡原理,裂纹扩展需要吸收一定能量 S,主要用于形成新表面和材料塑性变形。当裂纹形成后,裂纹表面应力消失,便会释放出部分弹性应变能 U。若应变能释放率 $\mathrm{d}U/\mathrm{d}A$ 恰好等于新表面吸收的能量率 $\mathrm{d}S/\mathrm{d}A$,则裂纹达到临界状态,此时,稍有干扰裂纹便会不稳定扩展,I 型裂纹的临界条件为:

$$G_\mathrm{I} = G_\mathrm{IC} \tag{3.3}$$

式(3.3)为线弹性断裂力学的 G 准则,当裂纹扩展单位面积所释放的能量 G_I 小于裂纹扩展单位面积所需要的能量 G_IC 时则裂纹不会失稳扩展,当 $G_\mathrm{I} > G_\mathrm{IC}$ 时裂纹才会失稳扩展。G_IC 是材料常数,表示 I 型裂纹临界应变能释放率,通常由试验测定。在线弹性条件下,应变能释放率 G_I 与应力强度因子 K_I 存在以下关系:

$$G_\mathrm{I} = \begin{cases} \dfrac{K_\mathrm{I}^2}{E} & \text{平面应力} \\[6pt] \dfrac{(1-\nu^2)K_\mathrm{I}^2}{E} & \text{平面应变} \end{cases} \tag{3.4}$$

在线弹性断裂力学中,采用 G 准则和 K 准则是等效的,但工程中 G_IC 相较于 K_IC 更难测定,因而 K 准则应用更为广泛。

3.2.1.2 疲劳裂纹扩展

采用中心贯穿裂纹板拉伸试样或紧凑拉伸试样,在恒幅循环荷载作用下进行疲劳试验[图 3.2a)],测定材料疲劳裂纹扩展速率($\mathrm{d}a/\mathrm{d}N$)。由试验结果可以得到图 3.2b)所示的曲线,该曲线可以分为三个区段:①Ⅰ区:低速率区,直线很陡,将直线向下延伸,得到应力强度因子幅门槛值 ΔK_{th},当 $K_{I} < \Delta K_{th}$ 时裂纹不扩展;②Ⅱ区:中速率扩展区,此阶段 $\lg(da/dN)$ 与 $\lg(\Delta K)$ 基本呈线性关系,一般根据这一线性关系预测结构疲劳寿命;③Ⅲ区:高速率区,裂纹在该阶段会快速扩展,当裂纹尖端的 K 值达到材料的 K_{IC} 时,裂纹会失稳扩展甚至发生断裂。

a)紧凑拉伸试验[22,30]   b)疲劳裂纹扩展曲线

图 3.2 疲劳裂纹增长速率曲线

Paris 于 1963 年提出适用于Ⅱ区裂纹扩展的经典公式[31]:

$$\frac{da}{dN} = C(\Delta K)^m \tag{3.5}$$

式中,a 为裂纹长度;N 为循环次数;ΔK 为应力强度因子幅;C 和 m 为材料常数。研究表明 Paris 公式可以较好地反映焊接钢桥结构细节的裂纹扩展特性,目前主要采用该公式进行疲劳寿命估算。

3.2.1.3 复合断裂准则

目前复合型裂纹通常以复合开裂准则为基础,建立 K_{IIC}、K_{IIIC} 与 K_{IC} 三者之间的关系,然后再进行评估。复合型裂纹主要研究两个问题:①裂纹沿什么方向开裂,即求开裂角;②裂纹满足什么开裂条件,即断裂准则,目前常用的复合断裂准则包括最大切向应力准则、应变能释放率准则和应变能密度因子准则等。

(1)最大切向应力准则

Erdogan 和薛昌明(Sih)根据中心斜裂纹受均匀拉伸树脂玻璃板的试

验[32],提出Ⅰ-Ⅱ型复合裂纹尖端应力场公式：

$$\sigma_r = \frac{\cos(\mu/2)}{2\sqrt{2\pi r}} K_I (1 - \cos 3\mu) + \frac{\sin(\mu/2)}{2\sqrt{2\pi r}} K_{II} (3\cos\mu - 1) \quad (3.6)$$

$$\sigma_\mu = \frac{\cos(\mu/2)}{2\sqrt{2\pi r}} [K_I (1 + \cos\mu) - 3K_{II} \sin\mu] \quad (3.7)$$

$$\tau_\mu = \frac{\cos(\mu/2)}{2\sqrt{2\pi r}} [K_I \sin\mu - K_{II} (3\cos\mu - 1)] \quad (3.8)$$

式中,r 为某点到裂纹尖端的距离;μ 为该点与水平方向(裂纹面)的夹角。假定裂纹沿最大周向应力(最大拉应力)$\sigma_{\mu max}$方向开裂,即满足$\partial \sigma_\mu / \partial_\mu = 0$,则开裂角为：

$$\mu_0 = \cos^{-1}\left(\frac{3K_{II}^2 + \sqrt{K_I^4 + 8K_I^2 K_{II}^2}}{K_I^2 + 9K_{II}^2} \right) \quad (3.9)$$

裂纹开裂的条件通常由Ⅰ型裂纹开裂条件给出,即满足下式要求：

$$\cos(\mu_0/2)[K_I \cos^2(\mu_0/2) - 3/2 K_{II} \sin\mu_0] = K_{IC} \quad (3.10)$$

(2) 最大应变能释放率准则

Griffith 最早从能量观点研究了含裂纹体的断裂问题,他从裂缝长度增加的角度考虑到裂纹本身在能量方面的改变,从变形能释放率出发提出了断裂准则[33]。Hussain 基于 Griffith 对Ⅰ型裂纹的研究成果,提出了Ⅰ-Ⅱ型复合裂纹的应变能释放率准则[34]。假定裂纹尖端向前扩展微小长度 l,扩展角度为 μ,根据能量平衡原理求出应变能释放率：

$$G_\theta = f(K_I, K_{II}, \mu) \quad (3.11)$$

由式(3.11)可知裂尖应变能释放率与扩展角度 μ、K_I、K_{II} 相关,裂纹将沿应变能释放率最大的方向扩展,即满足$\partial \sigma_\mu / \partial_\mu = 0$即可求得开裂角 μ_0。计算应变能释放率的方法较为复杂,通常采用数值方法进行计算,如虚拟裂纹闭合法(VCCT)。裂纹开裂的条件也由Ⅰ型条件给出,即当应变能释放率的最大值 G_{max} 达到Ⅰ型裂纹应变能释放率临界值 G_{IC},则裂纹失稳扩展,即满足下式要求：

$$G_\mu |_{\mu = \mu_0} = G_{IC} \quad (3.12)$$

目前工程常用的 G 准则可表示为：

$$G_{\text{I}}/G_{\text{IC}} + G_{\text{II}}/G_{\text{IIC}} + G_{\text{III}}/G_{\text{IIIC}} = 1 \tag{3.13}$$

根据 K 与 G 之间的关系，可将式（3.13）转化为含应力强度因子的等效复合断裂准则：

$$\left(\frac{K_{\text{I}}}{K_{\text{IC}}}\right)^2 + \left(\frac{K_{\text{II}}}{K_{\text{IIC}}}\right)^2 + \left(\frac{K_{\text{III}}}{K_{\text{IIIC}}}\right)^2 = 1 \tag{3.14}$$

（3）最小应变能密度因子准则

应变能密度因子准则由薛昌明（Sih）提出[35]，简称为"S 准则"，该准则综合考虑了裂纹尖端六个应力分量，基本假定为：①裂纹沿应变能密度因子最小的方向开始扩展；②裂纹的扩展是由于小应变能密度因子达到了材料相应的临界值。根据弹性力学推出弹性体材料裂纹尖端附近的应变能密度：

$$W = \frac{S}{R} \tag{3.15}$$

式中，R 为某点到裂纹尖端的距离；S 为描述裂纹尖端应力场的应变能强度，计算公式见式（3.16）。

$$S = a_{11}K_{\text{I}}^2 + 2a_{12}K_{\text{I}}K_{\text{II}} + a_{22}K_{\text{II}}^2 + a_{33}K_{\text{III}}^2 \tag{3.16}$$

式中，a_{11}、a_{12}、a_{22}、a_{33} 为材料常数，裂纹沿 S 的最小值方向扩展并满足：

$$\frac{\partial S}{\partial \mu} = 0 \quad \text{且} \quad \frac{\partial^2 S}{\partial^2 \mu} = 0 \tag{3.17}$$

根据上式可求得开裂角度 μ_0，当 S 的最小值 $S_{\min}$ 达到其临界值 S_C 时，则满足开裂条件：

$$S_{\min} = S(\mu_0) = S_C \tag{3.18}$$

S_C 与 G_{IC} 和 K_{IC} 类似，是材料常数，需由试验测定。S 准则计算简单，具有明确的物理意义，可以处理全复合型疲劳裂纹的扩展问题，是目前应用较为广泛的复合型断裂准则。

目前各种复合型断裂理论在试验或实际工程中所得到的断裂参数相对分散，在实际工程中常使用简单的经验公式，常见的复合型断裂准则有直线型、二次曲线型和高次曲线型，可统一表示为：

$$X\left(\frac{K_{\text{I}}}{K_{\text{IC}}}\right)^\alpha + Y\left(\frac{K_{\text{II}}}{K_{\text{IIC}}}\right)^\beta + Z\left(\frac{K_{\text{III}}}{K_{\text{IIIC}}}\right)^\gamma = 1.0 \tag{3.19}$$

通常 I-II 型复合裂纹采用直线型复合断裂准则，I-III 型复合裂纹采用二次曲线型复合断裂准则。华中科技大学赵诒枢对 134 根试件进行了复合型加载断裂试验，提出基于应变能释放率准则（G 准则）的椭圆规律复合型断裂准则[36]：

$$\left(\frac{K_\mathrm{I}}{K_\mathrm{IC}}\right)^2 + 1.9\left(\frac{K_\mathrm{II}}{K_\mathrm{IC}}\right)^2 + 2.1\left(\frac{K_\mathrm{III}}{K_\mathrm{IC}}\right)^2 = 1.0 \qquad (3.20)$$

本章在分析时采用最大应变能释放率准则。

3.2.2 扩展有限元基本原理

1999 年，美国西北大学 Belytschko 研究团队提出使用独立于网格剖分的扩展有限单元的思想，来解决材料或几何的间断性问题[37-38]；2001 年，在包含裂纹面的单元内引入阶跃函数作为富集函数对裂纹面和裂尖进行描述，并将该方法正式定义为"扩展有限元法"[39]。扩展有限元的基本原理是在常规有限元的框架下，连续区域采用常规有限元，在包含不连续边界的区域内，对有限元的位移近似函数进行修正，并增加了对不连续边界的描述方法。在满足单位分解的前提下，在位移近似函数中引入富集函数来反映其不连续性，同时采用水平集方法来描述间断界面，使其独立于有限元网格，避免了计算过程中的网格重构[40]。扩展有限元法是处理不连续问题的有效数值方法，在模拟裂纹扩展时无须网格重划分，计算网格与结构内部几何或物理边界相互独立，在模拟裂纹、孔洞和夹杂等问题时计算的高效性和精确性使其得到了迅速的发展。

扩展有限元包括如图 3.3 所示的三种单元：不含裂纹的常规有限单元，被裂纹连续通过的贯穿单元，包含裂纹尖端的裂尖单元。在单元形函数中引入富集函数来反映不连续性，富集函数包括两部分，一部分是描述贯穿单元的阶跃函数，另外一部分是描述裂尖单元的裂尖渐近函数。扩展有限元位移函数可表示为：

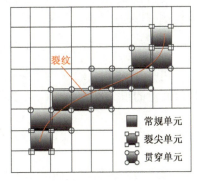

图 3.3 扩展有限元含裂纹网格单元

$$u(x) = \sum_{I \in P} N_I(x) \left[u_I + \underbrace{H(x) a_I}_{I \in P_\Gamma} + \underbrace{\sum_{\alpha=1}^{4} F_\alpha(x) b_I^\alpha}_{I \in P_\Lambda} \right] \quad (3.21)$$

式中,u_I 为连续的节点位移向量;a_I 为被裂纹贯穿单元的改进自由度;b_I^α 为裂尖单元的改进自由度;P 为所有离散节点的集合;P_Γ 为被裂纹贯穿单元节点的集合;P_Λ 为裂尖单元节点的集合;$H(x)$ 为表征裂纹不连续位移场的跳跃函数,其表达式为:

$$H(x) = \begin{cases} 1 & (x - x^*) n \geq 0 \\ -1 & (x - x^*) n < 0 \end{cases} \quad (3.22)$$

式中,x 为高斯点;x^* 为相应 x 点在距离裂纹面最近点的投影;n 为单位外法线向量。

$F_\alpha(x)$ 为描述裂纹尖端位移的裂尖渐近函数,其表达式为:

$$F_\alpha(x) = \left[\sqrt{r} \sin \frac{\theta}{2}, \sqrt{r} \cos \frac{\theta}{2}, \sqrt{r} \sin \theta \cos \frac{\theta}{2}, \sqrt{r} \cos \theta \sin \frac{\theta}{2} \right] \quad \alpha = 1 \sim 4$$

$$(3.23)$$

式中,(r, θ) 表示裂纹尖端的极坐标(图 3.4),裂纹尖端切线方向 $\theta = 0$。

扩展有限元采用水平集法来描述界面的动态运动,对于三维裂纹面的几何特性,可用两个正交的水平集函数 Φ 和 Ψ 来定义。如图 3.5 所示,采用函数 Φ 描述裂纹面,用函数 Ψ 来描述与裂纹面垂直的面,在 $\Phi = 0$ 和 $\Psi = 0$ 的位置表示裂纹前缘,n^+ 表示裂纹面的正法线,m^+ 表示裂纹前缘的正法线,水平集函数 Φ 和 Ψ 均用符号距离函数表示。以描述裂纹面的水平集函数 Φ 为例,其表达式为:

$$\Phi(x, t) = \min \| x - \bar{x} \| \text{sign}[n^+ (\bar{x} - x)] \quad (3.24)$$

式中,$x = [x, y, z]$;t 表示裂纹扩展中的某个状态或者某一扩展步;$\bar{x}$ 为 x 裂纹面上的正交投影,$\text{sign}(\cdot)$ 为符号函数,其表达式为:

$$\text{sign}(x) = \begin{cases} +1 & x \geq 0 \\ -1 & x < 0 \end{cases} \quad (3.25)$$

描述与裂纹面垂直面的水平集函数 Ψ 有着类似的定义,三维裂纹可以采用水平集函数 Φ 和 Ψ 按式(3.26)描述:

$$\begin{cases} \Phi(x,t) < 0 \text{ 在裂纹面下方} \\ \Phi(x,t) > 0 \text{ 在裂纹面上方} \\ \Phi(x,t) = 0 \text{ 在裂纹面上} \end{cases} \begin{cases} \psi(x,t) < 0 \text{ 在裂纹前缘后方} \\ \psi(x,t) > 0 \text{ 在裂纹前缘前方} \\ \psi(x,t) = 0 \text{ 在裂纹前缘} \end{cases} \quad (3.26)$$

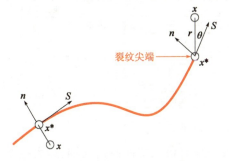
图 3.4 扩展有限元中的裂纹坐标

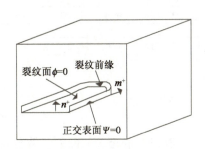
图 3.5 水平集函数描述的三维裂纹面

扩展有限元法在求解时与常规有限元一样采用高斯积分,但对于带裂纹的单元,根据单元类型(裂尖单元、贯穿单元)将带裂纹的单元划分为多个子单元,并使得裂纹的几何界面与单元的边一致,然后将各个子单元单独积分后再求和作为整个单元的积分,子单元划分示意图如图 3.6 所示。

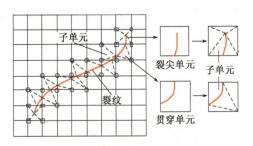
图 3.6 二维单元积分子单元划分示意图

扩展有限元计算裂纹扩展的基本流程如图 3.7 所示,通常裂纹扩展有两种类型:一类是含缺陷结构在单调荷载作用下的断裂分析;二类是循环荷载作用下的疲劳裂纹扩展,这两类裂纹扩展分析都需按流程逐步求解。

3.2.3 疲劳裂纹断裂与扩展分析

采用断裂力学和扩展有限元进行断裂分析时,主要研究两个问题:①静态裂纹分析,求解断裂参数,如应力强度因子 K、J 积分、应变能释放率 G 等;②模拟动态裂纹扩展,追踪裂纹扩展路径,分析断裂参数的变化规律等。

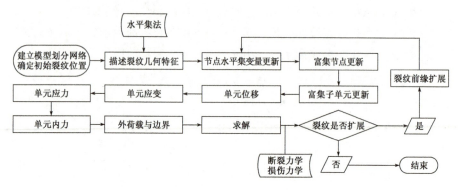

图 3.7 扩展有限元求解流程

在进行静态裂纹断裂参数分析时,一般有最大切向应力准则、最大应变能释放率准则和 $K_{\mathrm{II}}=0$ 准则三种复合型断裂准则,可计算应力强度因子 K、应变能释放率 G、J 积分和开裂角 θ 等。通过相互作用积分法来求解应力强度因子 K 时,在裂纹尖端引入人为设定的辅助场,通过辅助场、真实场与 J 积分之间的关系,分离得到真实场中的 I 型裂纹、II 型裂纹和 III 型裂纹裂尖应力强度因子。如图 3.8 所示,采用虚拟裂纹闭合法(VCCT)求解应变能释放率时,假设虚拟裂纹尖端的张开位移和实际裂纹尖端的张开位移近似相等。

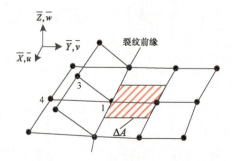

图 3.8 实体单元中的虚拟裂纹闭合

在三维含裂纹实体单元中,其应变能释放率计算公式为:

$$G_{\mathrm{I}} \cong \frac{F_{Z1}\Delta w_{3,4}}{2\Delta A} \tag{3.27}$$

$$G_{\mathrm{II}} \cong \frac{F_{X1}\Delta u_{3,4}}{2\Delta A} \tag{3.28}$$

$$G_{\mathrm{III}} \cong \frac{F_{Y1} \Delta v_{3,4}}{2\Delta A} \tag{3.29}$$

式中,G_{I}、G_{II}、G_{III}代表Ⅰ型、Ⅱ型和Ⅲ型裂纹的应变能释放率;F_{X1}、F_{Y1}、F_{Z1}表示节点1在局部坐标系中的节点力分量;$\Delta u_{3,4}$、$\Delta v_{3,4}$、$\Delta w_{3,4}$表示在局部坐标系下节点3和节点4之间的相对位移;ΔA表示裂纹区域的面积。计算过程中无须对单元进行特殊处理,只需通过常规有限元计算获取裂尖节点的节点力和节点位移便可快速计算应变能释放率。此外,还可以综合采用虚拟裂纹扩展法(VCE)和等效区域积分法(EDI)来进行J积分计算。

在进行疲劳裂纹扩展的模拟时,采用直接循环法进行疲劳分析。直接循环法是结合准牛顿法、傅里叶级数表示法和残余向量法来求解结构在循环荷载作用下的响应,相对于全牛顿法求解非线性方程计算成本更低。疲劳裂纹扩展分析以线弹性断裂力学(LEFM)为基础,采用虚拟裂纹闭合法(VCCT)计算裂尖前缘的应变能释放率。当满足$G_{\mathrm{th}} < \Delta G < G_{\mathrm{pl}}$($G_{\mathrm{th}}$为能量释放率门槛值;$G_{\mathrm{pl}}$为能量释放率上限值)时,裂纹开始扩展,分析中将Paris公式表示为:

$$\frac{\mathrm{d}a}{\mathrm{d}N} = c_1 (\Delta G)^{c_2} \tag{3.30}$$

式中,c_1、c_2为材料参数;ΔG为应变能释放率幅值。当经过N次循环之后,裂纹长度为a_N,假设裂尖前缘第j个单元完全开裂,则其虚拟裂纹扩展长度为$\Delta a_{Nj} = a_{N+\Delta N} - a_N$,采用VCCT计算应变能释放率幅$\Delta G_{Nj}$,根据式(3.30)计算所需的循环次数$\Delta N_j = \Delta a_{Nj}/[c_1(\Delta G_{Nj})^{c_2}]$,则断裂的单元为所需循环次数最少的单元,即$\Delta N_{\min} = \min(\Delta N_j)$,$\Delta a_{N\min} = \min(\Delta a_{Nj})$,最后更新循环次数和裂纹长度,进入下次循环。

3.3 焊接残余应力数值模拟方法

残余应力被认为是影响钢桥焊缝区疲劳开裂的重要因素[22],国内外模型测试和数值模拟研究均表明钢桥焊缝区域存在着较大的残余应力,甚至接近于材料的屈服强度[3]。本节对残余应力的数值模拟方法进行阐述。

3.3.1 焊接分析基本假定和简化方法

焊接分析时,有限元模型基于以下几个假定:忽略焊接过程中的制造缺陷,假定模型为各向同性连续体;焊缝与周围金属仅进行热传导;焊接过程中热量的输入均匀稳定,电流电压与焊接速度恒定不变;焊丝材料与焊接母材具有相同的热物理与热力学参数属性,并在微小时间增量范围内呈线性变化。焊接热量和焊接残余应力具有很强的局部性,有限元模型尺度的选取需要同时考虑计算精度和效率,围绕疲劳细节部位建立合理尺度的焊接分析有限元模型,在焊缝附近区域可将网格细分,在远离焊缝区域可适当增大网格尺寸,在软件中采用顺序耦合分析法,进行热分析时所采用的网格需与结构分析采用的网格一致。热分析时模型不需要力学边界条件,热学边界条件为移动热源;结构分析时,给结构施加力学边界条件是为了保证结构不出现刚体位移,但是所施加的位移约束不能阻碍焊接过程中的自由变形。

3.3.2 焊缝成形模拟

采用"生死单元法"来实现焊缝成形的模拟,生死单元是通过给钝化的焊缝单元刚度矩阵乘以极小的系数,使得单元的质量、阻尼和比热等接近于零,同时焊缝单元在外荷载作用下不会产生应力和应变。"生死单元法"在建模过程中需要将每道焊缝建立多组单元集合,通过命令控制单元的激活、钝化来实现焊接过程的模拟。

3.3.3 热源模型

钢桥焊接过程中多采用 CO_2 气体保护焊,焊接过程中通过电弧将电能转化为热能,通过热能来加热和熔化焊丝与工件,由于电能转化成的热能并不能全部用于加热焊件,因此,用于加热焊件的有效热能为[41]:

$$q = \eta UI \qquad (3.31)$$

式中,q 为焊件获得的热能(J);η 为焊接热效率,通常取 $0.65 \sim 0.9$;U 为焊接电压(V);I 为焊接电流(A)。

选用双椭球体热源模型,可以描述热源在熔深方向的分布,适用于熔透焊,如图 3.9 所示。

在软件中编制双椭球体热源模型,实现热源的移动。在焊接过程中,焊接电流、电压以及热源模型参数对焊接温度场都有较大影响,电弧将热量传递给焊件,结构局部温度迅速升高,熔化为熔池,通过熔池轮廓与实际焊接熔池对比确定参数。

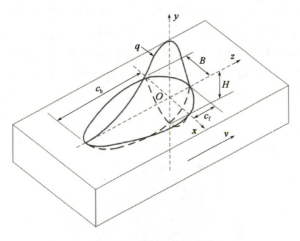

图 3.9 双椭球体热源模型

3.4 钢桥腹板间隙面外变形数字疲劳模拟

3.4.1 焊接残余应力模拟

采用顺序耦合分析法进行残余应力分析,利用大型有限元分析软件,建立钢桥腹板间隙细节连接焊缝有限元模型(图 3.10)。

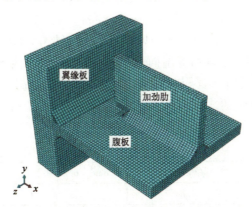

图 3.10 竖向加劲肋腹板间隙细节连接焊缝有限元模型

竖向加劲肋的腹板间隙疲劳细节残余应力分析模型翼缘板长度方向取 90mm,加劲肋长度方向取 120mm,模型共 32272 个单元,38489 个节点。热分析时采用八节点线性六面体传热单元(DC3D8),分析步采用热传递瞬态分析步;热-力分析时采用八节点线性六面体单元(C3D8R),分析步采用静力-通用分析步。热分析时,不施加任何边界条件;热-力分析时,为了避免焊件约束过多造成残余应力模拟不准确,同时保证模型计算过程中的收敛性,应根据焊接实际情况尽可能少地施加边界条件。热-力分析模型边界条件如图 3.11 所示。

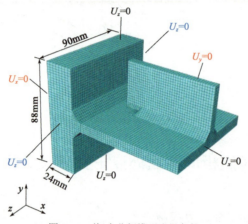

图 3.11 热-力分析模型边界条件

注:黑色字体约束只在初始分析步存在,红色字体约束在后续分析步存在,蓝色字体约束一直存在。

在焊接过程中,焊接电流、电压以及热源模型参数都对焊接温度场都有较大影响。由于钢桥腹板间隙有 8mm×8mm 及 6mm×6mm 两种尺寸的角焊缝,不同的焊缝尺寸需要不同的焊接热量来使结构局部温度迅速升高,熔化为熔池,温度等于熔点的等温面形成熔池轮廓。焊接熔池的合理性可以根据熔池的最大熔宽、熔深与焊缝融合线对比。经过试算,8mm×8mm 及 6mm×6mm 的直角角焊缝焊接热源模型参数见表 3.1,取焊缝熔点温度为 1400 ℃。

焊接热源模型参数 表 3.1

参　数	单　位	6mm×6mm 焊缝	8mm×8mm 焊缝
熔宽 B	mm	8	11
熔深 H	mm	5	8
前轴长 c_f	mm	6	8
后轴长 c_b	mm	14	15

续上表

参　数	单　位	6mm×6mm 焊缝	8mm×8mm 焊缝
速度 v	mm/s	4	5
电流 I	A	25	28
电压 U	V	250	250

图 3.12 为腹板间隙焊接热分析模型在焊接过程中的焊接熔池,从图中可以看出熔池形状与焊缝尺寸比较接近,说明所采用的热源模型参数是合理的。

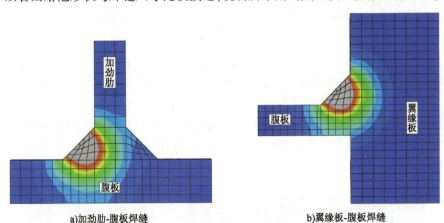

a)加劲肋-腹板焊缝　　　　　　　　b)翼缘板-腹板焊缝

图 3.12　腹板间隙焊接熔池

图 3.13 给出了焊接过程中不同时刻焊件的范式等效(Von Mises)应力,在焊接过程中,熔化的焊缝应力较小,但在熔池周围部位焊件的 Von Mises 应力接近于钢材的屈服应力,焊接完成冷却之后,整个焊缝区域的 Von Mises 应力接近钢材的屈服应力,因此,焊接过程存在很大的残余应力。

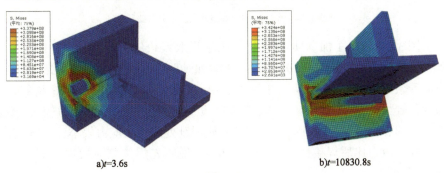

a)t=3.6s　　　　　　　　　　　　b)t=10830.8s

图　3.13

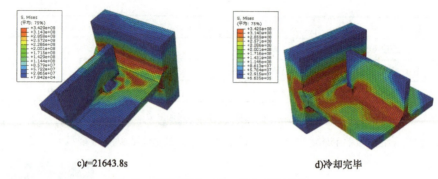

c) $t=21643.8s$ 　　　　　　　　d) 冷却完毕

图 3.13　焊接过程 Von Mises 应力云图(单位:Pa)

图 3.14 给出了翼缘板-腹板焊缝区域提取残余应力的路径 P1(P1′)、P2(P2′)。图 3.15 为翼缘板-腹板顺焊缝方向的横向和竖向残余应力分布曲线。从图中可以看出:①起弧和熄弧阶段,焊缝残余应力变化较大,中部过渡比较平缓;②位于翼缘板侧焊趾处的残余应力较大,位于腹板侧焊趾处的残余应力较小;③加劲肋-腹板焊缝的焊接对 P1 和 P1′的残余应力分布形式有较大影响。

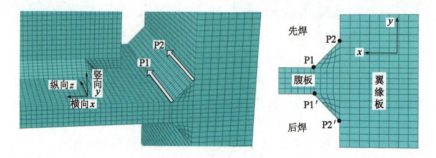

图 3.14　翼缘板-腹板焊缝残余应力分布路径

图 3.16 给出了加劲肋-腹板焊缝区域提取残余应力的路径 P1(P1′)~P4,适用于图 3.17 ~图 3.19。图 3.17 为加劲肋-腹板顺焊缝方向的竖向和纵向残余应力分布曲线,从图中可以看出:①起弧和熄弧阶段,焊缝残余应力变化较大,中部过渡比较平缓;②位于腹板侧焊趾处的残余应力较大,接近钢材的屈服强度345MPa,位于加劲肋侧焊趾处的残余应力较小;③先焊接侧的残余应力比后焊接侧的残余应力稍大,说明先焊接侧对后焊接侧有预热作用,可以减小焊接残余应力。

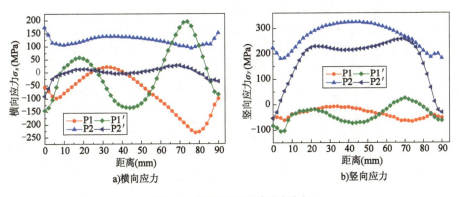

图3.15 顺焊缝方向残余应力分布

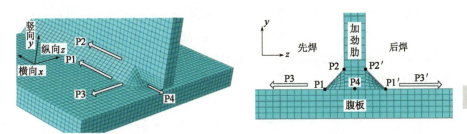

图3.16 加劲肋-腹板焊缝残余应力分布路径

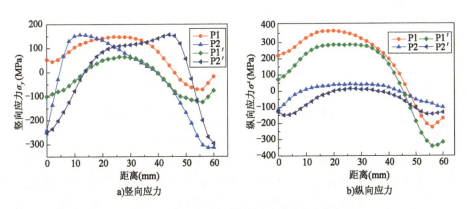

图3.17 加劲肋-腹板顺焊缝方向残余应力分布

图3.18为加劲肋-腹板垂直焊缝方向的残余主拉应力分布曲线(路径P3、P3'),从图中可以看出,在加劲肋-腹板焊缝焊趾附近区域残余拉应力较大,接近钢材的屈服强度,随着与焊缝的距离增大,残余拉应力逐渐减小。

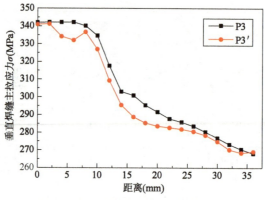

图 3.18 垂直焊缝方向残余主拉应力分布

图 3.19 为竖向加劲肋的腹板间隙在腹板上的残余应力分布曲线,从图中可以看出,在竖向加劲肋的腹板间隙处靠近加劲肋-腹板端部焊趾的位置存在较大的残余拉应力。其值接近钢材的屈服强度,在距离该焊趾 12mm 处残余拉应力下降较快。

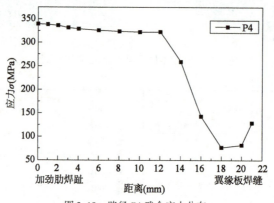

图 3.19 路径 P4 残余应力分布

在靠近翼缘板-腹板焊缝焊趾位置残余拉应力增大。由于在试验荷载的作用下,加劲肋-腹板端部焊趾位置以受拉为主,同时具有接近钢材屈服强度的残余拉应力。因此,竖向加劲肋的腹板间隙疲劳裂纹易于在此细节处萌生并扩展。

3.4.2 裂纹动态扩展模拟

图 3.20 为腹板间隙疲劳细节引入残余应力场的有限元分析模型。该模

型由节段钢板梁壳模型与局部实体子模型两部分组成。

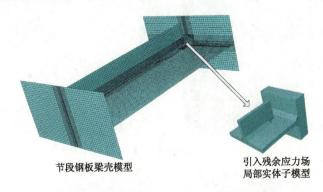

节段钢板梁壳模型　　　　　引入残余应力场局部实体子模型

图 3.20　引入残余应力场的腹板间隙有限元模型

假定加劲肋端部焊趾位置初始裂纹尺寸为 $a_0/2c_0 = 2\text{mm}/6\text{mm}$,裂纹扩展行为如图 3.21 所示。裂纹首先沿着焊趾弧段开裂,然后向腹板两侧和厚度方向扩展。图 3.22 为试验与数值断裂力学模拟的裂纹形态对比,通过对比可以看出,裂纹的模拟结果与试验结果吻合度很高,数值断裂力学能够实现对疲劳裂纹从微观到宏观的跨尺度模拟。

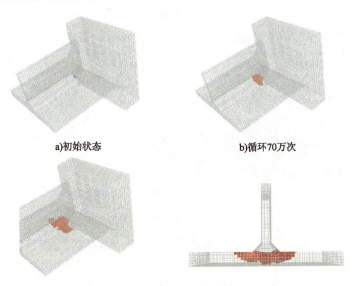

a) 初始状态　　　　　b) 循环70万次

c) 循环145万次

图 3.21　加劲肋端部焊趾裂纹动态扩展

a)SW区域

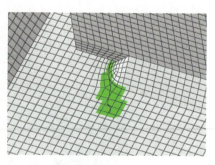

b)NW区域

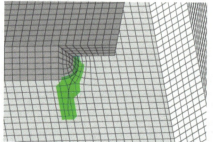

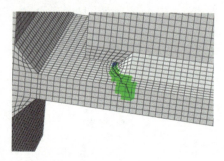

c)腹板裂纹挖孔处裂纹在腹板厚度方向的扩展形式

图3.22 数值模拟与疲劳试验裂纹对比

图3.23为试验结果与引入残余应力和未引入残余应力腹板表面裂纹形式的对比。图3.23a)为未引入残余应力在荷载累计循环作用417万次后的裂纹形式,裂纹长轴方向由6mm扩展至38mm;图3.23b)为引入残余应力在荷载累计循环作用145万次后的裂纹形式,裂纹长轴方向由6mm扩展至43mm,因此,残余应力的存在会影响裂纹的扩展形态,同时,由于残余拉应力

较大，在同等荷载幅作用下，裂纹扩展速度更快。

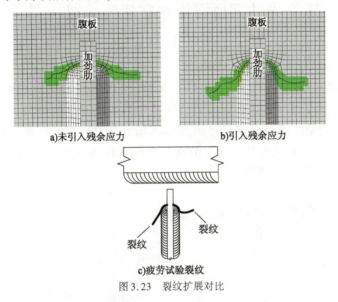

图 3.23 裂纹扩展对比

图 3.24 给出了引入残余应力时裂纹扩展过程中的累计应变能释放率 $G_Ⅰ$、$G_Ⅱ$ 和 $G_Ⅲ$，显然，Ⅰ型裂纹占据主导地位，同时，Ⅱ型和Ⅲ型裂纹占比相当，经过换算，$K_Ⅱ/K_Ⅰ$ 和 $K_Ⅲ/K_Ⅰ$ 约为 0.22，这比未考虑残余应力时的值稍大，累计应变能释放率的曲线形式也有不同，说明考虑残余应力时，Ⅱ型和Ⅲ裂纹的影响增大，裂纹扩展模式存在差异。累计应变能释放率曲线反映的裂纹扩展模式与静态裂纹分析得出的结果基本一致，即加劲肋-腹板端部焊趾处裂纹为Ⅰ型裂纹主导的Ⅰ-Ⅱ-Ⅲ复合型裂纹。

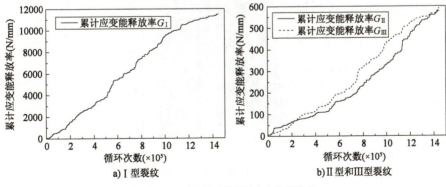

图 3.24 裂纹扩展的累计应变能释放率

3.5 正交异性钢桥面板数字疲劳模拟

3.5.1 焊接残余应力模拟

钢桥面板焊接过程构件中的热量在时间和空间上都急剧变化,属于典型的非线性瞬态传热问题,焊接应力场通常采用热弹塑性分析方法进行计算,并采用增量法逐步求解焊接构件温度场、应力场等,采用顺序耦合热力分析法进行残余应力分析。建立的钢桥面板纵肋-顶板连接焊缝、纵肋-横隔板连接焊缝有限元模型如图3.25所示。

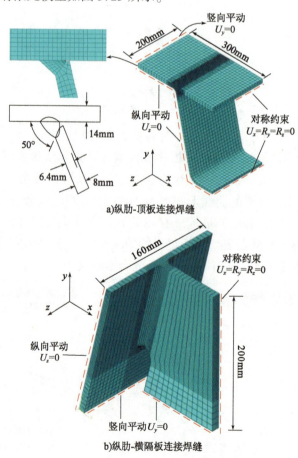

图3.25 钢桥面板焊接分析有限元模型

纵肋与顶板焊接有限元模型顶板横向长度为300mm、纵向为200mm,共28459个节点,23531个单元。热应力分析时在顶板和纵肋对称中心线处施加x方向对称约束,在顶板底面一侧约束y方向位移,在截面的一端约束z方向位移,以模拟钢桥面板工厂施工支架平台提供的支撑条件。纵肋-横隔板连接焊缝有限元模型中纵肋竖向长度取200mm、纵向取160mm,共28670个节点,22930个单元。进行热应力分析时约束纵肋和横隔板底部竖向位移,在横隔板边界施加对称约束,在纵肋腹板的一端约束纵向位移。热分析时采用DC3D8八节点线性六面体传热单元,热-力分析时采用C3D8R八节点线性六面体单元。

通过熔池轮廓与实际焊接熔池对比确定参数,通过试算最终选取焊接热源模型参数见表3.2。

焊接热源模型参数　　　　　　　　　表3.2

参　数	单　位	纵肋-顶板焊缝	纵肋-横隔板焊缝
熔宽B	mm	10	8
熔深H	mm	18	5
前轴长c_f	mm	3	6
后轴长c_b	mm	5	14
速度v	mm/s	5	4
电流I	A	35	25
电压U	V	350	250

3.5.1.1　纵肋-顶板焊接残余应力

焊接过程中不同时刻焊件的Von Mises应力如图3.26a)所示,在焊接过程中,熔化的焊缝应力较小,但在熔池周围部位焊件的Von Mises应力接近于钢材的屈服应力。焊接完成冷却之后,整个焊缝区域的Von Mises应力达到钢材的屈服应力。因此,焊缝区域存在着很大的残余应力。

选取焊件1/2截面处顶板和纵肋沿板厚方向残余应力的分布曲线,在焊缝区域顶板和纵肋纵向残余应力峰值均达到钢材屈服应力,如图3.26b)所示,与文献[24]中数值模拟和实测结果较为吻合,说明本章残余应力数值模拟较为合理。顶板横向残余应力在焊缝横向约50mm范围内变化剧烈,最大为150MPa,而纵肋竖向的残余应力在纵肋内外表面分别存在拉应力和压应力,数值相对较小。纵肋与顶板连接细节疲劳裂纹一般由顶板焊根或焊趾萌生、沿着顶板厚度方向扩展,贯穿顶板后顺着焊缝方向扩展,因此顶板横向残余应力对该细节疲劳性能影响较大。

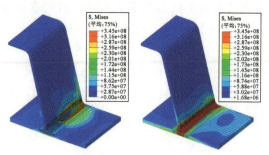

a) 焊接过程Von Mises应力云图

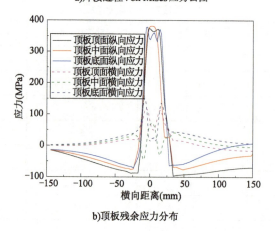

b) 顶板残余应力分布

图 3.26　纵肋-顶板焊缝1/2截面残余应力分布

3.5.1.2　纵肋-横隔板焊接残余应力

纵肋-横隔板焊接过程中焊缝区域的 Von Mises 应力如图3.27a)所示,熔化的焊缝应力较小,但熔池周围部位焊件的 Von Mises 应力接近于钢材的屈服应力。焊接完成冷却之后,整个焊缝区域和焊缝端部的 Von Mises 应力达到钢材的屈服应力。纵肋与横隔板连接焊缝区域裂纹一般在纵肋腹板焊趾、横隔板焊趾或横隔板挖孔区域萌生,为准确获取该区域的残余应力分布特征,选取 P1(P1′)、P2(P2′)、P3 共5条路径进行残余应力分析。P1、P1′分别位于横隔板两侧对称位置,残余应力主要为沿焊缝方向。在起弧和熄弧阶段焊缝的残余应力变化很大,顺着焊缝方向的残余拉应力最大已达到钢材的屈服应力,如图3.27b)所示。路径P3反映纵肋腹板焊趾处竖向残余应力分布情况,靠近焊趾位置纵肋腹板竖向残余拉应力峰值达到钢材屈服强度,随着与焊趾间距离的增加,拉应力逐渐减小,如图3.27c)所示。在车辆荷载作用下该细节以受拉为主,与残余拉应力耦合作用下该细节容易出现疲劳裂纹。

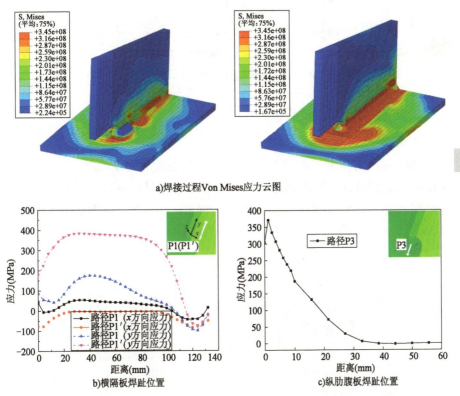

图3.27 纵肋-横隔板焊趾位置残余应力分布

路径P2(P2′)主要反映残余应力沿着挖孔边缘的分布情况(图3.28),可以看出沿着挖孔边缘的残余应力较大,随着与焊趾间距离的增加呈现先增大后减小的趋势,沿挖孔边缘距焊趾约10mm位置的残余主拉应力最大,约为200MPa。

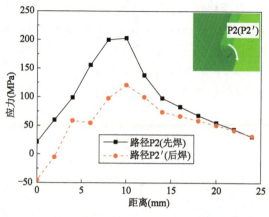

图 3.28 横隔板挖孔边缘残余应力分布

3.5.2 裂纹动态扩展模拟

3.5.2.1 纵肋-顶板焊缝裂纹动态扩展

假定纵肋与顶板连接焊缝焊趾位置初始裂纹尺寸为 $a_0/2c_0 = 2.5\text{mm}/10\text{mm}$,顶板焊趾处裂纹扩展如图 3.29 所示。纵肋焊趾处裂纹在累计循环作用 350 万次后,裂纹扩展至 $a/2c = 10\text{mm}/96\text{mm}$,半椭圆裂纹在扩展过程中其长短轴比 $a/2c$ 不断变化,但基本保持半椭圆形状;裂纹在扩展过程中并不保持平面,有轻微偏转,其中一侧裂纹往焊缝方向扩展。

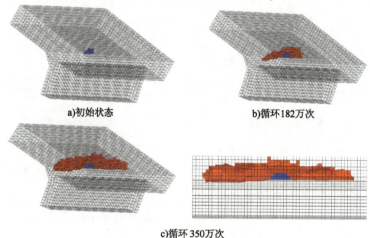

a)初始状态　　　　b)循环182万次

c)循环350万次

图 3.29 顶板焊趾处裂纹动态扩展

裂纹扩展过程中的累计应变能释放率如图3.30所示,显然Ⅰ型裂纹占据主导地位,同时Ⅱ型和Ⅲ型裂纹相当,$K_{\mathrm{II}}/K_{\mathrm{I}}$和$K_{\mathrm{III}}/K_{\mathrm{I}}$约为0.13,因此,纵肋焊趾处裂纹在扩展过程中Ⅱ型和Ⅲ裂纹的影响不能完全忽略,主要体现为裂纹面在扩展过程中发生轻微偏转。

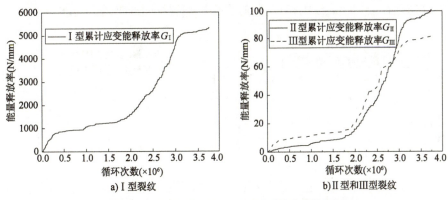

a) Ⅰ型裂纹　　　　　　　　b) Ⅱ型和Ⅲ型裂纹

图3.30　顶板焊趾处裂纹扩展的累计应变能释放率

顶板焊根处裂纹的扩展情况如图3.31所示,在给定的初始裂纹条件下,裂纹主要沿着半椭圆裂纹长轴方向扩展,裂纹在往顶板厚度方向扩展的同时也往焊缝内部扩展。

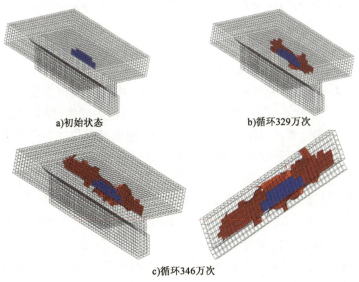

a)初始状态　　　　　　　　b)循环329万次

c)循环346万次

图3.31　顶板焊根处裂纹动态扩展

裂纹扩展过程中的累计应变能释放率变化曲线如图 3.32 所示，Ⅰ型裂纹累计应变能释放率 $G_Ⅰ$ 占据主导地位，Ⅱ型和Ⅲ型累计应变能释放率 $G_Ⅱ$ 和 $G_Ⅲ$ 在裂纹扩展前期数值大致相同，但后期Ⅱ型应变能释放率 $G_Ⅱ$ 增长较快。因此，该位置裂纹扩展过程中Ⅱ型和Ⅲ型裂纹都不容忽略，这两种类型裂纹的存在会加速裂纹的扩展，同时也会影响裂纹面的扩展方向。

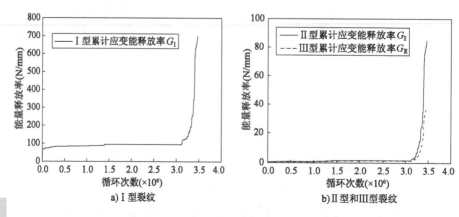

图 3.32　顶板焊根处裂纹扩展的累计应变能释放率

3.5.2.2　纵肋-横隔板焊缝裂纹动态扩展

假定纵肋腹板焊趾位置初始裂纹尺寸为 $a_0/2c_0 = 3\text{mm}/12\text{mm}$，裂纹扩展行为如图 3.33 所示。位于纵肋焊趾处的裂纹主要往纵肋腹板方向扩展，与横隔板及纵肋焊缝形成一定夹角。半椭圆裂纹长轴方向裂纹扩展速率基本相同，实际车辆经过时在横隔板两侧均会使该细节产生峰值应力，因此该细节疲劳裂纹一般在横隔板两侧同时对称扩展。纵肋腹板在荷载作用下发生面外变形而产生弯曲应力，沿板厚方向有一定的应力梯度，纵肋外侧表面为拉应力，纵肋内侧表面为压应力。因此，焊趾-纵肋处裂纹主要往半椭圆裂纹长轴方向扩展，计算裂纹扩展形态与文献[42]疲劳试验产生的疲劳裂纹基本吻合。

裂纹扩展过程中，裂纹累计应变能释放率变化如图 3.34 所示，Ⅰ型裂纹累计应变能释放率 $G_Ⅰ$ 占主导，同时 $G_Ⅱ$ 和 $G_Ⅲ$ 基本相当。经过换算，$K_Ⅱ$ 和 $K_Ⅲ$ 约占 $K_Ⅰ$ 的 20%，因此，焊趾-纵肋处疲劳裂纹为Ⅰ-Ⅱ-Ⅲ复合型裂纹。

横隔板疲劳裂纹主要分两种：萌生于横隔板焊趾处的裂纹及萌生于挖孔边缘的裂纹。假定横隔板焊趾处的初始裂纹为 5mm 贯通 1/4 椭圆的裂纹。图 3.35 为未考虑残余应力的横隔板焊趾处裂纹扩展，裂纹扩展过程中扩展方向呈逆时针偏转约 80°，这与实桥中裂纹扩展路径完全相悖。

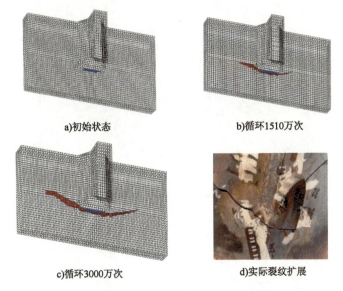

图 3.33 纵肋腹板焊趾处裂纹动态扩展

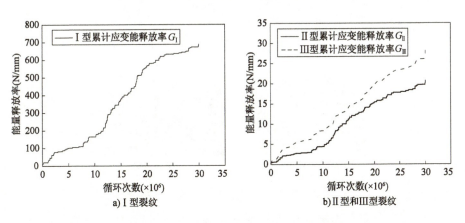

图 3.34 纵肋焊趾处裂纹扩展的累计应变能释放率

考虑纵肋与横隔板焊接残余应力影响，横隔板焊趾处的疲劳裂纹的动态扩展情况如图 3.36 所示，裂纹沿着初始裂纹方向扩展，随着循环次数增加，裂纹略微向横隔板内部偏转，与实桥中裂纹的扩展方向基本一致。

图3.37为裂纹扩展过程中的Ⅰ型、Ⅱ型和Ⅲ型裂纹累计应变能释放率,可以明显看出此处裂纹为Ⅰ-Ⅱ复合型裂纹,Ⅲ型裂纹在扩展过程中的影响可以忽略。

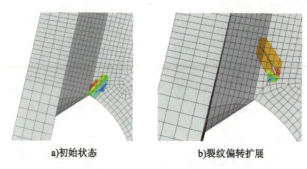

图3.35　未考虑残余应力的横隔板焊趾处裂纹扩展

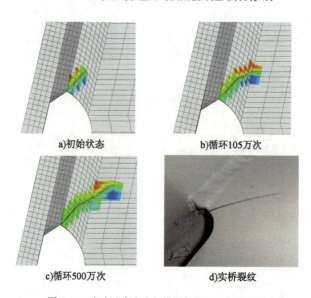

图3.36　考虑残余应力的横隔板焊趾处裂纹扩展

考虑残余应力影响的横隔板挖孔边缘处的疲劳裂纹动态扩展情况如图3.38所示,裂纹由横隔板挖孔边缘萌生向横隔板内部扩展,扩展路径与实桥基本一致。裂纹扩展过程中相应的累计应变能释放率如图3.39所示,Ⅰ型裂纹累计应变能释放率高于Ⅱ型、Ⅲ型,可以看出该细节裂纹为Ⅰ型主导的Ⅰ-Ⅱ复合型裂纹,Ⅲ型几乎可以忽略。

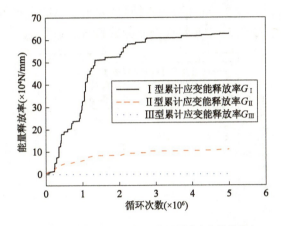

图 3.37 横隔板焊趾处裂纹扩展累计应变能释放率

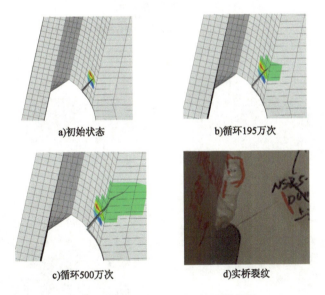

图 3.38 考虑残余应力的挖孔边裂纹扩展

3.5.2.3 纵肋对接焊缝处裂纹动态扩展

纵肋对接焊缝裂纹在活载作用下以受拉为主,根据该细节初始缺陷形态,假定初始裂纹为半椭圆裂纹,位于纵肋底板弧形过渡区,初始裂纹尺寸为 $a_0/2c_0 = 3\mathrm{mm}/12\mathrm{mm}$。纵肋对接焊缝裂纹扩展情况如图 3.40 所示,裂纹在穿透板厚之前总体保持半椭圆形状;半椭圆裂纹长轴方向裂纹扩展量有所不同,裂纹往纵肋底板方向的扩展量明显大于往纵肋腹板方向的扩展量,数值模拟结果与文献[5]中足尺模型疲劳试验结果基本一致。

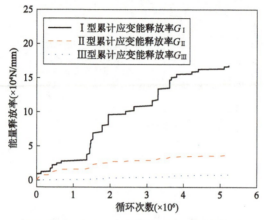

图3.39 挖孔边缘裂纹扩展的累计应变能释放率

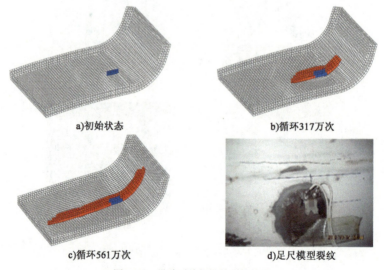

图3.40 纵肋对接焊缝处裂纹扩展

图3.41为纵肋对接焊缝处裂纹扩展过程中累计应变能释放率,可以看到:应变能释放率变化曲线在荷载循环次数超过300万次时有一个平台,在这个平台区间范围内,往纵肋腹板方向扩展裂纹扩展速率很低,应变能释放率主要由往纵肋底板方向扩展的裂纹面所提供,而当荷载循环次数超过

500万次后,裂纹往两个方向均实现扩展,整体裂纹扩展速率增加;Ⅱ型和Ⅲ型裂纹的应变能释放率$G_Ⅱ$和$G_Ⅲ$与Ⅰ型裂纹$G_Ⅰ$相比很小,可以忽略。

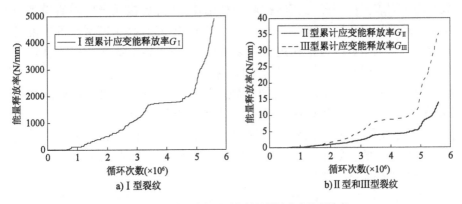

图3.41 纵肋对接焊缝裂纹扩展累计应变能释放率

3.6 结语

运用断裂力学理论和扩展有限元方法实现了钢桥疲劳数字模拟与分析,主要研究结论如下:

(1)钢板梁桥腹板间隙细节处加劲肋-腹板端部焊趾处存在较大的焊接残余拉应力,其值接近钢材的屈服强度。考虑焊接残余应力的影响后,钢板梁桥腹板间隙处动态裂纹扩展分析模型中的裂纹扩展形式与疲劳试验的裂纹形式更加接近。钢板梁桥腹板间隙细节处加劲肋-腹板端部焊趾处的典型裂纹为Ⅰ型主导的Ⅰ-Ⅱ-Ⅲ复合型裂纹,采用断裂力学进行分析和评估时,不可忽略Ⅱ型和Ⅲ型裂纹的影响。

(2)正交异性钢桥面板纵肋-顶板连接焊缝区域纵向焊接残余拉应力接近钢材的屈服强度,横向残余拉应力峰值约为150MPa。考虑焊接残余应力后,纵肋-顶板连接焊缝焊趾处疲劳裂纹为Ⅰ型主导的疲劳裂纹,Ⅱ型和Ⅲ型裂纹能量释放率较小,但会使裂纹面在扩展过程中发生轻微偏转。纵肋-顶板连接焊缝焊根处疲劳裂纹为Ⅰ-Ⅱ-Ⅲ复合型裂纹。

(3)焊接残余应力分析表明,正交异性钢桥面板纵肋-横隔板连接焊缝区域存在较大的残余拉应力,竖向焊接残余拉应力峰值接近钢材屈服强度。纵肋腹板焊趾处裂纹为Ⅰ型主导的Ⅰ-Ⅱ-Ⅲ复合型裂纹。

(4)萌生于正交异性钢桥面板纵肋-横隔板焊趾向横隔板方向扩展的裂纹,产生原因是车辆荷载致使纵肋扭转使得焊趾受拉开裂。仅考虑车辆荷载作用时裂纹扩展路径与实际扩展路径相悖,考虑焊接残余应力后得到与实桥一致的扩展路径。该细节裂纹为Ⅰ-Ⅱ复合型裂纹,Ⅲ型裂纹的影响可以忽略。萌生于横隔板挖孔边缘的裂纹,仅考虑车辆荷载作用时挖孔边缘以受压为主。但挖孔边缘存在较大的焊接残余拉应力,峰值达200MPa。考虑残余应力后横隔板挖孔边缘裂纹动态扩展路径与实桥裂纹扩展路径一致,该裂纹为Ⅰ-Ⅱ复合型裂纹,Ⅲ型裂纹的影响可以忽略。

(5)正交异性钢桥面板纵肋对接焊缝疲劳裂纹为Ⅰ型裂纹,初期裂纹向纵肋底板方向的扩展量明显大于往纵肋腹板方向的扩展量,后期向纵肋腹板方向的扩展速度有所增加。

本章内容得到了国家"万人计划"科技创新领军人才支持项目(W03020659)、973项目(2015CB057703)、国家自然科学基金项目(51578073)的支持,在此表示感谢。

本章参考文献

[1] Connor, R. J., & Fisher, J. W. Identifying effective and ineffective retrofits for distortion fatigue cracking in steel bridges using field instrumentation [J]. Journal of Bridge Engineering, 2006, 11(6):745-752.

[2] 闫生龙. 钢桥腹板间隙面外变形疲劳机理试验研究[D]. 西安:长安大学, 2013.

[3] 王春生, 冯亚成. 正交异性钢桥面板的疲劳研究综述[J]. 钢结构, 2009, 24(9):10-13, 32.

[4] Gurney, T. TRL state of art review 8: fatigue of steel bridge decks [M]. London: HMSO, 1992.

[5] Wang, C. S., Zhai, M. S., Li, H. T., et al. Life-cycle cost based maintenance and rehabilitation strategies for cable supported bridges[J]. Advanced Steel Construction, 2015, 11(3):395-410.

[6] 钱冬生. 关于正交异性钢桥面板的疲劳[J]. 桥梁建设, 1996(2):8-13, 7.

[7] Wolchuk, R. Lessons from weld cracks in orthotropic decks on three

European bridges[J]. Journal of Structural Engineering, 1990, 116(1): 75-84.

[8] 钱冬生. 钢桥疲劳设计[M]. 成都: 西南交通大学出版社, 1986.

[9] Kolstein, M. H., & Wardenier, J. A new type of fatigue failures in steel orthotropic bridge decks[C]. Seoul: Proceedings of Fifth Pacific Structural Steel Conference. 1998: 483-488.

[10] Jone, F. P. B. Renovation techniques for fatigue cracked orthotropic steel bridge decks[D]. Delft: Delft University of Technology, 2007.

[11] Miki, C. Fatigue damage in orthotropic steel bridge decks and retrofit works [J]. International Journal of Steel Structures, 2006, 6(4): 255-267.

[12] Sugioka, K., Tabata, A., Takada, Y., et al. Investigation and reinforcement for fatigue crack damages on an orthotropic steel deck bridge[C]. Wairakei: Proceedings of 8th Pacific Structural Steel Conference-Steel Structures in Natural Hazards. 2007(2): 173-178.

[13] 中国大桥编写组. 中国大桥[M]. 北京: 人民交通出版社, 2003.

[14] 吉伯海, 叶枝, 傅中秋, 等. 江阴长江大桥钢箱梁疲劳应力特征分析 [J]. 世界桥梁, 2016, 44(2): 30-36.

[15] 杨庆生, 杨卫. 断裂过程的有限元模拟[J]. 计算力学学报, 1997, 14(4): 401-412.

[16] 刘中祥. 大跨钢桥疲劳裂纹扩展的数值模拟研究[D]. 南京: 东南大学, 2015.

[17] 郭历伦, 陈忠富, 罗景润, 等. 扩展有限元方法及应用综述[J]. 力学季刊, 2011, 32(4): 612-625.

[18] 李录贤, 王铁军. 扩展有限元法(XFEM)及其应用[J]. 力学进展, 2005, 35(1): 5-20.

[19] 方修君, 金峰. 基于ABAQUS平台的扩展有限元法[J]. 工程力学, 2007, 24(7): 6-10.

[20] 鞠晓臣, 田越, 潘永杰, 等. 钢桥贯通疲劳裂纹扩展行为预测方法研究 [J]. 桥梁建设, 2015, 45(2): 53-57.

[21] Kornél, K., László, D. Fracture mechanics based fatigue analysis of steel bridge decks by two-level cracked models[J]. Computers & Structures, 2002, 80(27): 2321-2331.

[22] 王春生,付炳宁,张芹,等.正交异性钢桥面板足尺疲劳试验[J].中国公路学报,2013,26(2):69-76.

[23] 赵秋,吴冲.U肋加劲板焊接残余应力数值模拟分析[J].工程力学,2012,29(8):262-268.

[24] 卫星,邹修兴,姜苏,等.正交异性钢桥面肋-板焊接残余应力的数值模拟[J].桥梁建设,2014,44(4):27-33.

[25] 张清华,郭亚文,李俊,等.钢桥面板纵肋双面焊构造疲劳裂纹扩展特性研究[J].中国公路学报,2019,32(07):49-56,110.

[26] 王春生,翟慕赛,唐友明,等.钢桥面板疲劳裂纹耦合扩展机理的数值断裂力学模拟[J].中国公路学报,2017,30(3):82-95.

[27] Wang, C. S., Wang, Y. Z., Cui, B., Duan, L., Ma, N. X., & Feng, J. Q. Numerical simulation of distortion-induced fatigue crack growth using extended finite element method [J]. Structure and Infrastructure Engineering,2020,16(1):106-122.

[28] 马乃轩.钢桥腹板间隙面外变形疲劳机理的数值断裂力学模拟[D].西安:长安大学,2017.

[29] Barsom, J. M., & Rolfe, S. T. Fracture and fatigue control of structures: applications and fracture mechanics (Third Edition) [M]. West Conshohocken:ASTM,1999.

[30] 王春生,段兰,郑丽,等.桥梁高性能钢HPS485W疲劳裂纹扩展速率试验研究[J].工程力学,2013,30(6):212-216.

[31] Paris, P. C., & Erdogan, F. A critical analysis of crack propagation laws [J]. Journal of Basic Engineering,1963,85(4):528-533.

[32] Erdogan, F., & Sih, G. C. On the crack extension in plates under plane loading and transverse shear [J]. Journal of Basic Engineering,1963,85(4):519-527.

[33] Griffith, A. A. The phenomena of rupture and flow in solids trans [J]. Philosophical Transactions of the Royal Society A:Mathematical Physical & Engineering Sciences,1921,221(582-593):163-198.

[34] Hussain, M., Pu, S., & Underwood, J. Strain energy release rate for a crack under combined Mode I and Mode II [J]. ASTM STP 560:Fracture Analysis,1974:2-28.

[35] Sih, G. C. Strain-energy-density factor applied to mixed mode crack problems[J]. International Journal of Fracture,1974,10(3):305-321.

[36] 赵诒枢. 复合型裂纹扩展的应变能准则[J]. 固体力学学报,1987(1):69-73.

[37] Belytsehko,T.,& Blaek,T. Elastic crack growth in finite elements with minimal remeshing[J]. International Journal for Numerical Methods in Engineering,1999,45(5):601-620.

[38] Moës,N.,Dolbow,J.,& Belytschko,T. A finite element method for crack growth without remeshing[J]. International Journal for Numerical Methods in Engineering,1999,46(1):131-150.

[39] Stolarska,M.,Chopp,D. L,Moës,N,et al. Modelling crack growth by level sets in the extended finite element method[J]. International Journal for Numerical Methods in Engineering,2001,51(8):943-960.

[40] Melenk,J. M.,& Babuška,I. The partition of unity finite element method:basic theory and applications[J]. Computer Methods in Applied Mechanics & Engineering,1996,139(1-4):289-314.

[41] 谷京晨,童莉葛,黎磊,等. 焊接数值模拟中热源的选用原则[J]. 材料导报,2014,28(1):143-146.

[42] Kolstein,M. H. Fatigue classification of welded joints in orthotropic steel bridge decks[D]. Delft:Delft University of Technology,2007.

本章作者简介

王春生　教授

长安大学二级教授，国家"万人计划"科技领军人才，全国百篇优秀博士论文奖、国务院政府特殊津贴、茅以升科学技术奖——桥梁青年奖获得者。

主要从事钢与组合结构桥梁、桥梁耐损性设计方法与安全维护技术、长寿命高性能桥梁结构理论研究，主持承担了6项国家自然科学基金、2项"973"项目子题，以及教育部新世纪优秀人才基金、霍英东青年教师基金等省部级科研项目20余项，主持编制交通运输部行业技术标准《公路钢桥疲劳监测、评估与维护技术规程》，参与编制《公路钢结构桥梁设计规范》《公路工程可靠性设计统一标准》《公路钢结构桥梁养护技术规范》3部交通行业技术标准，主持编写地方与协会标准6部。发表论文被SCI、EI收录100余篇，出版专著2部，获准国家发明专利10余项。曾获国家科技进步二等奖1项、中国公路学会科学技术特等奖2项（主持），以及省级和学会科技奖10余项。

第4章 混凝土结构耐久性能数值模拟的细-宏观转译方法

阮欣[1,2],李越[1],魏祎[1]

1 同济大学土木工程学院,上海,200092

2 工程结构性能演化与控制教育部重点实验室(同济大学),
上海,200092

4.1 引言

桥梁混凝土结构耐久性问题的时间和空间变异性非常突出,是设计中的重点和难点问题之一。近年来,桥梁耐久性问题日益受到重视,从材料退化机理、作用模拟方法、性能演变规律、设计评估理论等方面开展了很多研究,取得了丰硕成果。桥梁混凝土结构耐久性问题的现状总体可概括为,现有规范指南编制正在发展完善,目前各国规范理论基础和表达方式还有所差异,且难以考虑环境、材料、结构等复杂因素,存在诸多限制。

目前的规范或指南仍不能满足实用需求。设计中对于影响桥梁混凝土耐久性能退化的各种随机因素、实际工程运营状态下的各种变异性考虑不完善是退化预测出现偏差的重要原因。采用常规的试验研究手段解决上述问题,将在效率、费用上面临难以克服的瓶颈。自 20 世纪 70 年代以来,针对混凝土水分传输、氯离子侵蚀、碳化等过程,各国学者开始探索通过数学物理方法构建混凝土耐久性能退化模型,使得耐久性退化的数值模拟成为可能[1]。桥梁混凝土结构耐久性能退化过程变异复杂、时间漫长,仅靠短期、少量的快速试验难以对其性能进行对比和评价。因此,研究建立高效的分析工具,揭示退化过程变异性与材料、作用之间的关系,提出新的桥梁混凝土结构耐久性分析方法,成为推动耐久性设计与评估发展的关键问题之一。

近年来,耐久性数值模拟方法在宏观、细观、微观等多个尺度上均得到快速发展(图 4.1):宏观尺度的模拟将混凝土视为一种各向同性的均质材料[2];细观尺度的模拟将混凝土视为水泥胶浆和骨料组成的两相复合材料(或者再考虑界面层的三相复合材料)[3];微观尺度的模拟将水泥进一步分解为水泥颗粒、水化产物等多相材料。其中宏观、细观与工程应用尺度较为接近,微观研究及其应用主要集中在材料领域。数值模拟方法的特点是效率高、成本低,并且对变异性描述充分,对工程的设计优选、对比机理研究问题具有重要意义[4]。目前,在宏观与细观尺度上均可对基本的侵蚀过程(碳化、氯离子侵蚀)进行模拟,可用于退化机理研究。

a) 混凝土材料

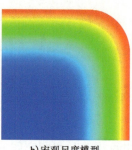
b) 宏观尺度模型

c) 细观尺度模型

图 4.1 混凝土耐久性能模拟尺度示意图

在实际工程应用中,宏观模拟方法因为其高效便捷的特点得到广泛应用,但随着基于工程可靠度的设计理论的推广,混凝土材料均质化假定消除结构耐久性能的不确定性已经不能满足设计的需求:基于宏观模拟结果的分析只能反映材料劣化的总体均值水平,难以描述具体的损伤概率和可靠度,最终导致计算分析的模糊和设计过于保守、不经济,宏观模拟结果的指导意义也受到质疑。而相应的细观模拟则能够将骨料随机性考虑在内,较好地表现出混凝土材料的变异性,但普遍计算成本较高以及细节处理上的不明确制约了该类方法的推广应用。

结合前述对于细观、宏观尺度的数值模拟研究来看,数值模拟已经比目前规范方法有了很大的改进,宏观方法对于问题特殊性的表达能力已有显著提升,如果能够综合细观对于骨料问题的表达,则可能对目前的耐久性设计理论和策略优化起到更加深远的影响。结合多尺度研究取得的经验,提炼跨尺度模拟"转译理论",将细观模拟获得的骨料随机性影响以合适的形式在宏观模拟中进行表达,则可能基于宏观模型,获得全面考虑随机因素和多因素耦合作用等复杂情况的耐久性能退化结果,达到事半功倍的效果。因此,深入调研宏观和细观模拟方法上的联系,建立跨尺度模拟方法的联系性,使得基于宏观模拟方法的基础手段获得带有细观变异性的模拟结果,将两种方法的优势相结合以适应工程可靠度研究的需求十分必要。本章的总体目标是建立桥梁混凝土结构耐久性数值模拟由细观到宏观的转译理论。基于细观数值模拟工具,研究骨料随机性对侵蚀过程的影响,揭示细观差异与宏观响应的对应规律,研究面向桥梁混凝土结构耐久性退化过程的精准、高效的细-宏观转译方法;从统计尺度,揭示数值模拟结果与退化过程随机性的相关性,为完善基于概率的耐久性设计方法提供支持。

4.2 混凝土细观建模方法的现状与瓶颈

细观建模的关键是完成混凝土各成分的空间分布模拟,而骨料决定了界面层和水泥胶浆的分布,因此建模主要是解决骨料分布模拟的问题,包括形状模拟和级配。

早期细观建模中,采用了桁架网格模型,用骨料中心连线形成桁架网格进行计算,该模型中颗粒形状对网格形态影响不大,因此建模中也大量简化了骨料形状细节信息,普遍采用圆形骨料形式。这种模型可以通过桁架内力计算模拟混凝土随机开裂,却难以实现高精度的耐久性能分析。

实际混凝土中,骨料形状随机性大,而骨料的大小和形状都会影响混凝土性质,因此必须借助特征参数进行整体控制。粒径是控制骨料大小的参数,圆形建模时,可通过骨料直径 D 控制;椭圆形和多边形建模时,一般按同等面积圆形的原则换算等效直径 D[5]。骨料的形态是另一个需要重点控制的参数。天然形成的砾石和卵石通常具有浑圆的粒形,破碎的岩石则具有较多的棱角且外形粗糙,而由破碎机加工的碎石则含有较多的扁平薄片状颗粒。早期采用球度(表面积与体积之比)来描述形态差异,但仍不够直观精准。Mora 等[6]提出使用骨料长边与短边的长度比值 β(长宽比)替代球度,并得到广泛应用。不同形状骨料建模方法如图 4.2 所示。

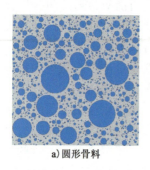 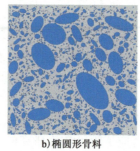 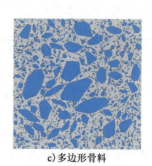

a) 圆形骨料　　　　　　b) 椭圆形骨料　　　　　　c) 多边形骨料

图 4.2　不同形状骨料建模方法

建模的另一个关键问题是对骨料级配和密实度模拟。实际工程中主要通过颗粒筛分试验控制级配:将骨料按照粒径进行筛分,然后再进行配比,以满足目标要求。建模过程中,级配模拟是通过指定密实度 γ(骨料填充面积占模拟区域的比重),使得各种粒径骨料占比满足级配要求。1980 年瓦拉文(Walraven)[7]采用球形骨料模型推导出二维富勒(Fuller)级配累积分布函数,较好地解决了这一问题,实现了高精度连续级配控制。对函数值进行蒙特卡洛抽样,求解方程即可获得满足级配要求的粒径序列[8]。根据大数定理,随着抽样次数的不断增加,理论上模型级配会无限接近目标曲线,实际上一般由模拟区域尺寸以及密实度 γ 确定目标投放面积,骨料累积面积满足要求即可。随着形状模拟和级配问题的解决,建模的主要步骤逐渐统一。

基于上述研究,细观建模的基础基本统一。骨料形状和投放方法作为主要区别,可以划分出 3 类算法:基于生成骨料的随机投放算法、基于投放骨料的随机生长算法、基于生成骨料的单向摆放算法。各方法适用的骨料形状有所差异,部分是基于特定的形状提出的,同时方法的选用对于建模效率和计算结果都存在影响。为了便于比较分析和工程应用,对主流细观建模方法进行汇总,较为经典的建模方法如图 4.3 所示,并对方法的建模适用性进行分析,见表 4.1。

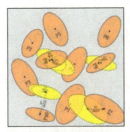
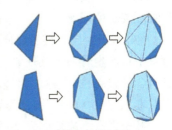

a) 圆形搜索建模算法[10]　　b) 启发式微动建模方法[11]　　c) 骨料基生长算法[9]

图4.3　主流细观建模方法示意图

建模方法适用性汇总表　　　　表4.1

类　　别	建　模　算　法	各骨料形状是/否适用		
		圆形	椭圆形	多边形
基于生成骨料的随机投放算法	探索式建模算法[12]	●	●	●
	圆形搜索建模算法[10]	○	●	●
	启发式微动算法[11]	●	●	●
	基于图像投放算法[13]	●	●	●
基于投放骨料的随机生长算法	骨料基生长算法[9]	○	○	●
	群骨料基生长算法[14]	○	○	●
	多单元骨料生长算法[15]	●	○	○
基于生成骨料的单向摆放算法	单向逐一摆放算法[16]	●	●	●
	多次尝试下落算法[17]	●	●	●
	分层摆放算法[18]	●	●	●

注：●表示适用，○表示不适用。

(1) 基于生成骨料的随机投放算法：该方法的基本思路是基于 Walraven 累积分布函数随机抽样生成满足级配的粒径序列后，随机生成投放点坐标，将骨料和投放位置进行匹配，直至完成。这类方法将骨料生成与投放相独立，密实度和级配模拟较好，对骨料形状的适应性强[9]。建模的难点主要在于先后投放骨料的相互干涉问题。

(2) 基于投放骨料的随机生长算法：该类方法首先确定骨料基的位置，再对骨料基进行扩展，"生长"出完整形状，主要适用于多边形骨料。由于骨料基形状简单，投放成功率和检查效率得到提高，提高建模效率的同时骨料形态也更接近实际。然而生长过程改变了粒径和面积,模型也存在难以满足级配要求的问题。

(3)基于生成骨料的单向摆放算法:重力作用下,实际混凝土浇筑振捣过程中将产生骨料下沉现象,竖直截面内骨料整体向下积聚,且下部区域细骨料含量较高,这也称之为竖向堆积问题。单向摆放方法可以很好地模拟竖向堆积现象,弥补了前两类算法的局限。

基于现有主流建模方法的比较分析,目前广泛应用的细观建模方法已经能够根据不同的建模需求实现骨料粒径、尺寸和分布的精准控制。但目前的混凝土细观模拟在对应真实材料和应用于实际工程分析方面仍有待深入研究,一方面建模特征参数与真实材料之间的关联较为模糊;另一方面细观数值模拟意味着精细的网格划分和复杂的求解,数值模拟的计算成本较高,对应的数据存储消耗也较大,难以用于实际工程结构的整体模拟分析研究。

因此在当下前沿的多尺度研究方法启发下,本章结合桥梁混凝土结构耐久性问题的特点,首先通过真实材料图像识别对比分析,建立具有精准几何特征参数的细观模型;然后基于细观尺度数值模拟方法,研究骨料随机性对于侵蚀过程的影响,揭示细观差异与宏观响应之间的科学规律;基于多尺度研究经验,将细观尺度骨料变异性影响引入宏观模型架构中,探索建立骨料随机性在宏观数值模拟中的转译模型,在宏观模拟中实现对骨料随机性的表达,在维持宏观模拟实用高效的基础上实现细观仿真精度,达到事半功倍的效果;最终将混凝土耐久性数值模拟的细-宏观转译方法应用于实际桥梁工程的分析中。

4.3 混凝土材料精细化建模与优化

4.3.1 三参数骨料几何模型

随着材料模型框架及建模技术的不断发展,混凝土材料内部几何特征的模拟变得至关重要,因此针对骨料几何特征的指标体系及参数规律研究不断深入。由于骨料直接决定了水泥胶浆和界面层(ITZ)的空间分布,因此骨料的几何细节模拟显得尤为关键。目前的关键几何指标主要包括骨料粒径和颗粒形状。

(1) 针对骨料粒径级配模拟，三维模拟主要使用体积或者质量累计分布函数(CDF)进行随机抽样生成粒径序列，如图 4.4 所示，Fuller 级配函数就是典型的模拟级配；二维模拟中对应采用的颗粒面积累计分布函数，则需要通过三维函数进行换算获得，经典的 Walraven 累计分布函数就是通过理想球形骨料假定对 Fuller 级配函数进行转换得到的[7]。

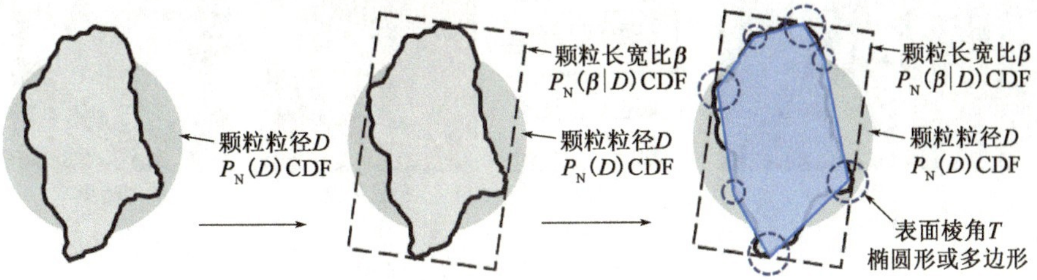

图 4.4　三参数颗粒模型[19]

(2) 针对骨料形状模拟，一方面基本的几何形状模型以及相应的投放算法不断发展，另一方面控制颗粒形状的指标和参数研究成果也不断丰富。二维层面上，骨料颗粒的基础形状有圆形、椭圆形和多边形等；三维层面上，则有球形、椭球形、多面体以及复杂的协调球面形等。

结合骨料几何特征的主要控制指标，对建模中骨料模型优化过程进行整体归纳，可以得到三个层面的逐步调整的过程[19]。其中针对骨料粒径，Walraven 二维面积累计分布函数提供了颗粒之间的粒径大小关系；根据图像识别统计结果，得到了骨料长宽比特征的概率分布；针对骨料颗粒的棱角性，可以采用主流的椭圆形和多边形来描述。可以看出针对几何特征，建模过程逐层深入精细，而对骨料细节特征的简化处理，则必然会导致材料信息的缺失，而影响最终的性能模拟。

4.3.2　骨料几何模型参数优化

为了调研并获取混凝土材料中骨料颗粒的几何特征，基于真实材料试件获取二维截面图像，采用图像识别的方法高效提取出骨料颗粒参数。基本流程主要包括材料制备、试件切割、图像获取及颗粒识别。

使用桥梁工程中常规的混凝土材料，骨料粒径通过颗粒筛分试验，并按照工程级配进行配比。采用边长为 100mm 的立方体，沿着试块中间位置切割,保证截面完整平顺。截面图像的颗粒识别:使用色彩分割技术对图像中的骨料颗粒和水泥胶浆进行区分,标记出识别出的骨料位置结果,具体效果如图4.5所示。色彩分割技术作为一种常规的图像识别方法,其基本的原理通过记录手动标记骨料像素的颜色,自动选取具有相同的颜色的像素颗粒,辅助以图像形态学对材料组分识别结果进行增强。

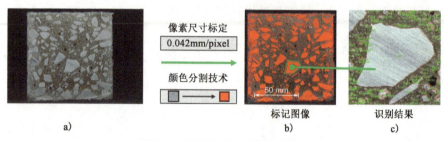

图4.5 截面图像骨料颗粒识别流程

从图像识别结果的像素信息到能够用于统计分析的几何特征,还需要对识别标记结果进行颗粒几何特征提取。其中最基础的步骤是像素尺寸校准,即建立数值像素与真实截面尺寸之间的关系,本章通过统计已知长度范围内像素颗粒的数量,确定每一颗粒像素对应截面上的实际大小,从而实现尺寸标定。针对截面上骨料颗粒的几何特征,研究选择了数值模拟中普遍关注的颗粒粒径及长宽比这两个参数作为统计指标。

(1)骨料颗粒粒径概率模型

基于面积累计分布函数的统计逻辑,对图像识别结果中的骨料颗粒按照粒径大小进行排序,将颗粒二维面积按照粒径大小逐个求和累加,累计结果除以截面上骨料面积总和进行标准化处理。如图4.6a)所示,从曲线的总体形状和趋势的角度来看,截面识别结果和理论函数基本一致,可见当前的图像识别结果较为精准。各试块截面的颗粒级配状况较为接近,可见各识别结果之间具有可比性,总体水平较为稳定。同时识别结果表明,累计分布函数曲线在小粒径区间内较为平滑,而在大粒径区段内则波动较为明显,其原因主要在于每个截面区域内大颗粒数量偏少,表现出数据明显的离散波动性。

(2)骨料颗粒长宽比概率模型

针对颗粒长宽比指标进行直方图统计形成概率密度分布,具体图形如图4.6b)所示,其中不同的颜色代表不同试块中的颗粒特征。统计结果表明,各试块内骨料颗粒长宽比分布基本一致,起始阶段长宽比为1的分布概率达到0.2左右;而随着骨料颗粒长宽比的增大,这些形状颗粒数量显著增加,在1.5~1.6区间时骨料颗粒长宽比概率分布达到最高,数值上接近并有少数试件超过1.0;随后骨料颗粒数量逐渐减少,骨料颗粒长宽比大于4.0的骨料占总体骨料的比重极低。

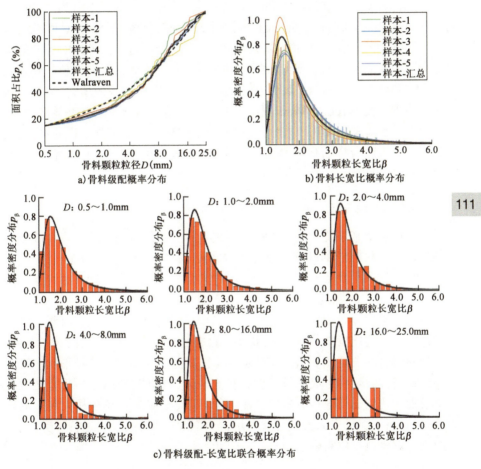

图4.6 骨料颗粒几何参数概率分布规律[19]

(3)骨料颗粒粒径-长宽比联合概率模型

真实混凝土材料截面中的骨料颗粒粒径及长宽比参数明显服从特定的概率分布,并可以按照通用的推荐函数进行随机抽样,形成颗粒几何指标。

但是两个参数之间的耦合关系也值得深入研究,早期的骨料形态研究中受限于样本的数量,这方面的统计和文献几乎没有。如果两个指标之间并不独立,不同粒径区间内颗粒的形状存在显著差异,而在数值模拟中不予考虑直接使用通用函数抽样,将直接导致颗粒几何形状与真实混凝土截面存在差异。

因此对骨料颗粒样本按照不同的粒径尺寸分类,分别为1.0mm、2.0mm、4.0mm、8.0mm、16.0mm,再针对不同的粒径范围分别统计颗粒的长宽比数据,并使用广义极值(GEV)分布进行概率分布拟合,得到的各自的概率分布曲线如图4.6c)所示。结果表明不同,粒径区间内骨料颗粒的长宽比参数分布状态较为相似,但仍存在一定的差异。随着粒径的增大,细长骨料颗粒出现的概率有所下降,长宽比为1.5左右的骨料出现的概率显著增大。结合混凝土骨料的加工工艺分析,这个异常的现象也是十分合理的:岩石破碎加工中大颗粒碎石更容易受到冲击,导致颗粒的复杂棱角脱落,粒形更圆,长宽比也更小。

4.3.3 混凝土骨料多重抽样建模方法

因此本章基于统计规律提出新颖的混凝土几何建模方法,该方法能够精准模拟骨料颗粒的几何特征。具体方法操作流程包含以下四个主要步骤:第一步,采用蒙特卡洛抽样,对颗粒数累积分布函数(CDF)曲线进行抽样,获得单颗骨料的粒径;其中,对于常规Fuller级配,则可以直接用Walraven累积分布函数进行抽样。第二步,基于骨料粒径,联合材料识别得到的粒径长宽比概率分布特性,获得该颗粒粒径下的骨料长宽比CDF,再次抽样获得骨料长宽比。基于骨料粒径和长宽比建立精准的颗粒形状。第三步,重复前两步,将生成的骨料颗粒扩充进入待投放的骨料库中,直至骨料库总面积达到建模面积分数的要求。第四步,按照颗粒粒径从大到小的顺序排列骨料,随机生成投放位置角度,与模型内已投放骨料进行冲突检验,直至所有骨料投放完毕。

4.4 混凝土耐久性能模拟细-宏观转译方法

为考虑混凝土材料细观尺度特征对宏观结构性能的复杂影响,开展精细化材料建模与性能分析十分必要,但精细几何特征大幅提升了单元划分精度，显著扩大了模型规模，导致仿真求解的效率急剧下降。这也是目前细观模型主要局限于材料尺度分析的关键原因，因此为了将材料细观变异特性引入结构尺度分析模型中，建立细-宏观跨尺度转译方法十分必要。本节主要针对混凝土耐久性能退化过程中广泛存在的水分和物质扩散行为机理，引入元胞自动机方法开展混凝土细-宏观转译方法研究。基于混凝土材料细观模型进行转译，实现了环境物质扩散、迁移、结合等耐久性退化机理过程的快速模拟，避免采用传统有限元方法中的微分方程求解，提高了模拟效率。

混凝土耐久性数值模拟细-宏观转译技术路线如图4.7所示。

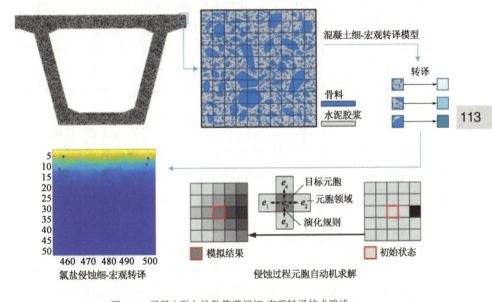

图 4.7 混凝土耐久性数值模拟细-宏观转译技术路线

4.4.1 基于元胞自动机的模拟转译方法

标准的元胞自动机模型应该满足以下条件：①具备规则的 N 维单元网格；②每个单元都携带属性参数集合，并能够描述各阶段单元状态；③具有明确的依据邻域单元的状态衍化规则[20]。考虑到混凝土氯盐侵蚀问题的特点，本小节主要在二维层面开展元胞单元模拟，采用最为常用的正方形网格单元。面向不同边界条件的网格划分方法如图4.8所示。

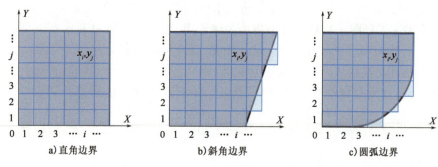

图4.8 面向不同边界条件的网格划分方法[21]

基于正方形的元胞网格划分,其基本的划分方法为:依据模拟区域的尺寸范围,设定合适的元胞尺寸;在二维数值模拟区域中建立直角坐标系,根据元胞尺寸等间距划分坐标行列;各元胞单元根据所处的坐标行列,获取对应的元胞矩阵位置。处于模拟区域内的元胞单元为有效元胞,而在元胞区域外的单元为无效元胞。对于跨越模拟区域便捷的元胞,则其内部模拟区域面积占比大于或等于50%即为有效元胞,反之则为无效元胞。

在元胞自动机数值模拟中,元胞单元的参数设置较为关键,其携带的参数系统决定了数值模拟的能力,以及解决问题的复杂程度。在本节中,各元胞单元主要包含5个参数,即骨料体积分数$\alpha_{i,j}$、自由氯离子浓度$c_{i,j}^t$、结合氯离子浓度$b_{i,j}^t$、水泥饱和程度$s_{i,j}^t$、氯离子浓度变异系数$\sigma_{i,j}^t$。由参数符号可以看出,除了骨料体积分数不随时间变化,其余4个单元参数均随着时间推移而变化[21]。单元属性描述的具体函数形式如下式所示:

$$CA_{i,j}^t = \{\alpha_{i,j}, c_{i,j}^t, b_{i,j}^t, s_{i,j}^t, \sigma_{i,j}^t\} \tag{4.1}$$

式中,$CA_{i,j}^t$为元胞单元的状态参数集合;i,j为元胞的空间位置序号;t为模拟时间的步数。

骨料体积分数$\alpha_{i,j}$表示元胞单元中骨料颗粒的面积占比,是本节中关键的指标之一,其函数定义如下式所示:

$$\alpha_{i,j} = \frac{S_{i,j}^{\mathrm{Agg}}}{S_{\mathrm{CA}}} \tag{4.2}$$

式中,$S_{i,j}^{\mathrm{Agg}}$为元胞单元内骨料组分的面积;S_{CA}为元胞单元的面积。区别于传统混凝土元胞自动机的数值模拟,细-宏观转译研究中需要将混凝土截面颗粒的精细分布考虑在内,并反映在元胞自动机模型参数中。针对一个明确的混凝土颗粒分布截面以及元胞网格划分规则,单元体积分数的差异主要来自网格划分的尺寸,这应该基于元胞离散所需要解决的问题进行调整。元胞自动机的骨料体积分数主要关注两方面的问题:①材料内部颗粒分布空间变异的离散化问题;②材料表面的边界效应描述问题。而针对材料内部空间变异性问题,如果采用较小的元胞尺寸,元胞属性两极分化,空间分布特征较为复杂;而采用较大的元胞尺寸,将削减空间变异性,呈现出接近于宏观模拟的特征。在颗粒的空间分布特性上,Pan 等[22-23]对颗粒体积分数随表面深度的变化规律开展了详细的研究,结果表明边界位置附近由于没有大颗粒骨料分布,呈现明显的级配缺失。随着与表面距离(深度)的增加,体积分数也呈现明显的线性增长逐渐减缓直至数值稳定的变化过程。

骨料体积分数计算方法示意图如图 4.9 所示。

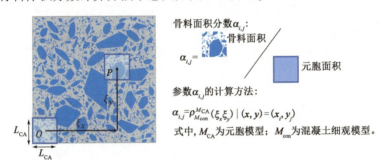

图 4.9 骨料体积分数计算方法示意图

4.4.2 转译模拟的元胞局部更新规则

基于元胞单元的基础设置,各参数之间满足图 4.10 所示关系,可以看出在元胞状态演化过程中,骨料体积分数具有重要的影响。考虑到各参数之间的耦合关系,采用饱和度、自由氯离子浓度,结合氯离子浓度、氯离子浓度局部变异性,这样的参数求解顺序能够实现有效的演化转译。

在建立元胞演化规则的过程中,定义合适的元胞邻域十分关键。元胞邻域是元胞自动机中心元胞周围局部空间范围内,用来作为下一时间步中心元胞状态演化的参考来源。合适的元胞邻域选择可以为状态演化提供有效的状态信息,也可以有效限制运算的规模,提高数值的运算效率。因此在指定演化规则之前,定义一定的邻域规则,明确邻域元胞的选择范围十分必要。目前在二维元胞自动机中,元胞状态参数演化主要依赖于一阶梯度场的求解,从而形成元胞之间的物质扩散通量。中心元胞向四周方向各拓展一个元胞邻域空间用于提供梯度场计算参考,因此本节采用较为基础的冯诺依曼(von Neumann)的元胞邻域形式,具体的元胞单元邻域定义如图4.11所示。

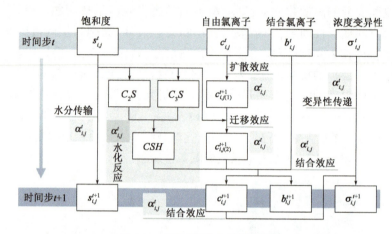

图4.10　元胞参数演化关系示意图

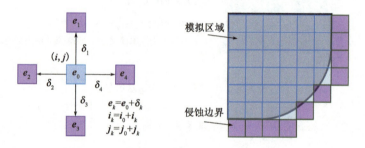

图4.11　元胞邻域关系及侵蚀边界模拟示意图[21]

元胞中水泥胶浆水分饱和程度 $h_{i,j}^t$ 的计算主要考虑混凝土中的水分传输过程模拟。在早期的研究中,Xi 等借助水分通量的传输规律,建立了水分传输过程方程,如下式所示:

$$J_H = -D_H \cdot \nabla H \tag{4.3}$$

式中,J_H 为水分通量(m²/d);D_H 为水分扩散系数(m²/d);∇ 为梯度求解的拉普拉斯算子;H 为材料中的含水总量(g/g)。而元胞属性的状态演化主要依赖于周边邻域的参数状态,常见关系式如下:

$$W_{i,j}^{t+1} = \varphi_0 W_{i,j}^t + \sum_{k=1}^{4} \varphi_k W_{i+i_k, j+j_k}^t \tag{4.4}$$

由于骨料的密实程度远高于水泥胶浆,相较于水泥胶浆中的水分扩散,基本可以忽略骨料中的水分传输。而骨料一方面自身水分无法侵入,另一方面也阻碍了混凝土中水分传输的路径。因此借助骨料体积分数,对两元胞内部扩散模型进行等效,得到元胞之间的有效扩散宽度。等效模型中在原始元胞接触边界长度上进行折减,实际扩散宽度为 L_J,其参数计算方法如式(4.5)所示,等效模型如图 4.12 所示。

$$L_J = L_{CA} \cdot \left(\frac{\alpha_{i,j} + \alpha_{i+1,j}}{2} \right) \tag{4.5}$$

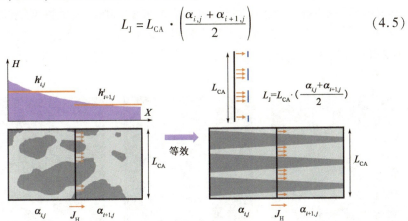

图 4.12　元胞水分传输骨料阻碍等效模型[21]

而参数演化主要基于水泥胶浆中的水分饱和程度开展计算,所以结合定义表达式,整理得到:

$$h_{i,j}^{t+1} = h_{i,j}^t - \frac{\Delta_t \cdot D_{H,cp}}{(1-\alpha_{i,j}) \cdot L_{CA}} \cdot \sum_{k=1}^4 \left(\frac{\alpha_{i,j} + \alpha_{i+i_k,j+j_k}}{2} \cdot \frac{h_{i,j}^t - h_{i+i_k,j+j_k}^t}{|\delta_k|} \right) \tag{4.6}$$

元胞中自由氯离子浓度 $c_{i,j}^t$ 的演化计算,如图 4.10 所示,主要包含三个步骤:①离子梯度扩散效应;②水分迁移效应;③离子结合效应。结合现有研究中对于三种效应的量化计算方法进行推导可以得到元胞中最终的自由氯离子浓度的计算方法,如下式所示:

$$c_{i,j}^{t+1} = c_{i,j}^t + b_{i,j}^t - R_{b-CSH,i,j}^{t+1} \cdot c_{CSH,i,j}^{t+1} - \frac{\Delta_t \cdot D_{Cl,cp}}{(1-\alpha_{i,j}) \cdot L_{CA}} \cdot$$

$$\sum_{k=1}^4 \left(\frac{\alpha_{i,j} + \alpha_{i+i_k,j+j_k}}{2} \cdot \frac{c_{i,j}^t - c_{i+i_k,j+j_k}^t}{|\delta_k|} \right) - \frac{\Delta_t \cdot \delta_{Cl-H} \cdot D_{H,cp}}{(1-\alpha_{i,j}) \cdot L_{CA}} \cdot$$

$$\sum_{k=1}^4 \left(\frac{\alpha_{i,j} + \alpha_{i+i_k,j+j_k}}{2} \cdot \frac{h_{i,j}^t - h_{i+i_k,j+j_k}^t}{|\delta_k|} \right) \tag{4.7}$$

4.4.3 面向工程应用的细-宏观转译参数优化

在混凝土中骨料的空间随机分布也存在规律性,其中最为显著的是边界层效应,即在临界混凝土表面位置大颗粒骨料位置受限,因而导致密实度的差异以及级配的部分缺失。在混凝土元胞模拟中需要考虑这一现象,并进行参数的优化分析。因此为了分析骨料界面层效应的具体影响深度,本节采用前述三参数几何模型建模方法,进行大量细观建模供模型统计测试,细观模型样本如图 4.13 所示。其中骨料颗粒粒径范围为 0.5~25.0mm,服从 Fuller 颗粒级配分布,平均骨料体积分数为 49%,与混凝土试件的参数保持一致。

图 4.13 细观模型骨料分布分析测试样本

消除细观模型顶部和底部的影响,截取中间的 40.0mm 宽度对骨料体积分数进行统计,各个样本不同位置平均骨料体积分数如图 4.14 中红色曲线所示,可以得到各样本中间区域骨料体积分数随深度的变化关系,主要表现为靠近表面位置由于大粒径颗粒缺失,骨料含量相对较少,中间位置骨料颗粒随机分布,体积分数也波动显著。

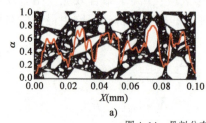 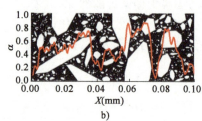

a) b)

图 4.14 骨料分布边界层效应分析图

分析骨料体积分数随深度变化的曲线可以得到,所有样本骨料体积分数在接近混凝土表面位置时数值较小,接近 0 值,随着深度加深骨料体积分数迅速增长,在深度达到 8mm 时骨料体积分数达到 45%,更深的位置平均骨料体积分数维持在 45%~55% 之间,较为稳定。这一结果与表面附近大颗粒骨料位置受限和级配部分缺失的常识推断结论较为接近,数值方面与建模参数中 49% 的平均骨料体积分数控制保持一致,可见该结论较为准确有效。而骨料颗粒分布的 8mm 边界层效应影响区域在元胞自动机建模时需要进行考虑,在元胞骨料体积分数的取值中需要对于界面层效应影响深度范围的元胞参数区别处理。

在针对混凝土材料的元胞自动机数值模拟中,元胞模型的尺寸十分关键。本节中,元胞骨料体积分数是模拟转译的重要参数,各元胞中的骨料体积分数都有所不同,对于水分传输、氯离子扩散均具有显著影响,其参数数值的变异性决定了模型对于骨料细观影响的描述能力。如图 4.15 所示,在模型骨料分布的转译过程中,当元胞尺寸过小时,元胞体积分数出现 0% 和 100% 的两极分化,而且相邻元胞之间体积分数存在显著的相关性;当元胞尺寸过大时,元胞模型接近宏观模型,元胞内体积分数趋于定值,难以有效描述材料变异性。

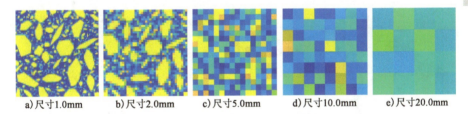

a) 尺寸 1.0mm   b) 尺寸 2.0mm   c) 尺寸 5.0mm   d) 尺寸 10.0mm   e) 尺寸 20.0mm

图 4.15 转译模型单元尺寸效应

针对相邻元胞骨料体积分数的相关性统计分析,主要需要对数据结果的空间分布展开探究。当数据分布呈现明显的线性密集分布时,说明相邻元胞之间的属性存在相关性,在元胞模型建模时需要对相应的关联准则进行概率重建,这会导致建模难度大大提升,所以对应的元胞尺寸不建议采用。当数据分布不具有显著的线性分布规律时,如果数据过于集中于某个数值(这种现象主要由元胞尺寸过大,单个元胞状态接近宏观模型导致),则对应的元胞尺寸也不合适。当数据分布不呈现显著线性密集分布,数据点较为分散且呈现完整概率密度分布时,对应的元胞尺寸较为合适。由于该条件下相邻元胞的属性相对独立,所以对于混凝土截面可以直接对各元胞单元分别独立抽样,元胞模型脱离于具体细观骨料模型,建模难度大大降低。

基于多种元胞尺寸对细观模型中的骨料颗粒分布进行统计分析,可以看出元胞尺寸在 10.0~20.0mm 时,骨料体积分数的参数分布呈现显著的概率分布,在维持良好的元胞参数变异性的同时确保了相邻元胞之间参数数值的独立性,在数值模拟中可以采用随机抽样的方式对骨料体积分数进行赋值。

4.5 桥梁混凝土结构耐久性能模拟转译

4.5.1 大体积混凝土结构全断面氯盐侵蚀转译模拟[24]

本节以严寒干燥气候环境下某斜拉桥项目为工程案例进行工程结构分析。该桥为单跨对称布置双塔斜拉桥,半侧主桥主梁的计算结果即可表征全桥情况。主桥为(160 + 440 + 160)m 双塔双索面预应力混凝土斜拉桥。桥梁立面图如图 4.16 所示。该桥的主梁构造形式多样,针对该桥的整体耐久性能分析主要是关注构件的标准截面的耐久性能,对大桥在服役期内的耐久性劣化作用情况做出判断。

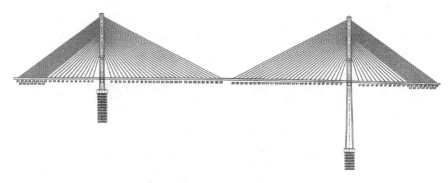

图 4.16 桥梁立面图

该桥主梁采用高性能 C60 混凝土,标准截面形式如图 4.17 所示。该桥远离海洋环境,气候特点为严寒、干燥。在冬季冰雪天气的影响下,桥面容易结冰,导致路面通行条件急剧下降,桥面交通存在显著安全隐患,冬季需要定期在路面使用除冰盐,降低路面结冰,减小交通事故的发生概率。桥址的环境氯离子主要来自冬季使用的除冰盐,因此在数值模拟中需要设置氯盐环境作用边界为冬季侵蚀。

基于元胞自动机细-宏观转译模型的高效精准的计算特性,本节针对主梁半截面进行建模分析,主梁宽度 14.20m,高度 2.60m。元胞单元尺寸为 10.0mm×10.0mm,全截面有效元胞共计 127602 个,以月份为时间步长,对百年服役期内的氯盐侵蚀进行模拟。针对截面中元胞骨料体积分数,考虑到骨料分布的边界效应,根据元胞与构件表面的距离调整骨料体积分数取值。针对主梁截面的元胞体积分数及各关键角隅区域的局部属性分布模型如图 4.17 所示,元胞模型中骨料体积分数变异性较为显著。

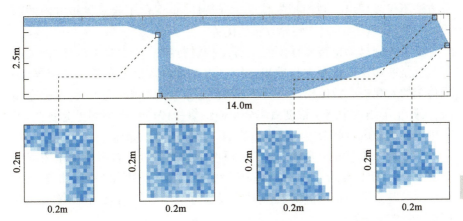

图 4.17 截面细-宏观转译模型-骨料体积分数模型

基于材料侵蚀参数,针对服役期内的氯盐侵蚀状态进行模拟,其中关键局部在第 100 年服役期的氯离子浓度分布模拟结果如图 4.18 所示。

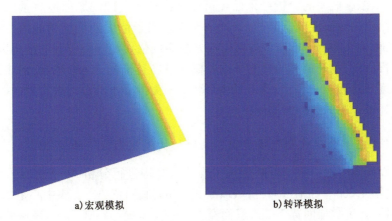

图 4.18 主梁截面侧面角隅区域 100 年氯盐侵蚀模拟结果对比

对比两种模拟的计算结果可以发现,元胞自动机细-宏观转译模型和传统宏观模拟方法在计算结果上基本一致。模拟结果可以看出,部分骨料体积分数较高的元胞对侵蚀方向的离子扩散造成了显著的阻碍,尤其是少量被骨料完全覆盖的元胞模型,呈现了骨料的不可侵蚀特性,这与氯盐侵蚀研究中的基本常识及细观模拟结果是一致的,由此可见借助元胞自动机的框架对混凝土耐久性能进行细-宏观模拟是可行的,而且多尺度数值模拟的计算方法不仅表现出细观模拟的精准变异特性,也保留了宏观模拟方法的高效实用性,体现了细-宏观转译方法的优势。

基于元胞自动机转译模型对工程结构进行氯盐侵蚀模拟计算,最大的优势就是能够快速计算并反映出侵蚀过程中骨料随机分布带来的变异性。而传统的宏观模型数值模拟只能够反映前述基本的氯离子浓度-深度分布曲线,实际工程结构中离子浓度概率分布使得氯盐侵蚀状态预测更为复杂,工程中钢筋锈蚀风险则会因为宏观方法的简化处理而被低估。

本节针对50.0mm混凝土保护层厚度下钢筋位置的自由氯离子浓度概率分布进行统计,结合0.4%的钢筋锈蚀临界氯离子浓度作为判别钢筋锈蚀的依据。基于元胞自动机细-宏观转译模拟方法的分析结果,对简单的平直区域进行统计分析。

从概率密度分布的直方概率统计(图4.19)可以发现,在主梁服役的早期钢筋锈蚀的概率较低,而在服役中间阶段钢筋的局部锈蚀概率已经达到10%以上,钢筋状态保证率已经低于工程结构普遍接受的95%的性能保障概率,从浓度概率的分析结果已经可以认为氯盐侵蚀问题已经严重威胁到工程结构的服役性能,而宏观统计中平均氯离子浓度还低于钢筋锈蚀临界浓度,说明当前状态下宏观数值模拟方法会低估氯盐侵蚀导致的结构风险。在服役后期,钢筋位置的氯离子浓度概率分布逐渐向0.6%靠近,钢筋锈蚀概率逐渐接近90%,在管理养护中需要对主梁混凝土部分采取有效的措施,抑制环境作用导致的结构退化。

4.5.2　长期服役气候变化影响的结构氯盐侵蚀转译模拟[25]

以我国内地一座城市高架桥工程桥墩结构进行分析,该桥桥墩采用独柱墩(图4.20)。在横桥向,桥墩顶面宽3.5m,底面宽2m,支座中心距2.2m;在纵桥向,桥墩顶面宽2.2m,底面宽1.5m,支座中心距0.9m。基础采用直径1.2m的圆柱形钻孔灌注桩,2×2布置,纵桥向和横桥向的桩心距均为

3m。考虑到内陆地区昼夜温差大,年内温度波动显著,因此在针对桥墩结构氯盐侵蚀分析时主要考虑结构真实服役条件的影响差异。

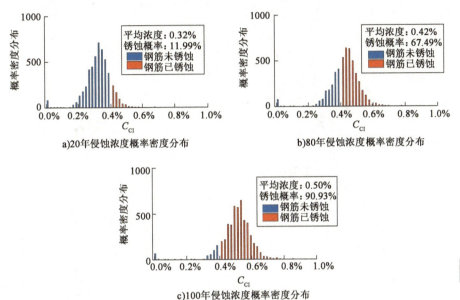

图 4.19 平直区域氯离子浓度概率密度分布

本章通过数值模型计算得到了桥墩服役 100 年时截面氯离子浓度分布图,如图 4.21 所示,数值模拟得到的桥墩截面不同位置处的氯离子浓度平均值与通过预测模型计算得到的截面平均氯离子浓度在数值上一致性良好。需要注意的是,相同服役时间、相同深度处混凝土内部的氯离子浓度会因所处位置处骨料体积分数不同产生明显的差别,例如在一些截面凸角或者凹角位置,两侧混凝土的氯离子浓度存在较明显的差异,这种差异随时间推移会越来越显著,可能导致未来钢筋发生锈蚀时具有明显的方向性。说明转译方法不仅表现出细观模拟的精准变异特性,也保留了宏观模拟方法的高效实用性,这体现了细-宏观转译方法的优势。

考虑到环境温度对于结构氯盐侵蚀退化速率的显著影响,通过现有研究中环境温度对于氯盐、水分扩散速率、侵蚀过程反映速率的影响,模拟不同气候变化策略影响下结构氯盐侵蚀退化的差异,如图 4.22 所示。RCP8.5 情景对应的主梁钢筋表面氯离子浓度设计值在服役第 27 年时超越临界氯离子浓度,钢筋开始锈蚀;RCP6.0 和 RCP4.5 情景下主梁钢筋约在第 29 年时

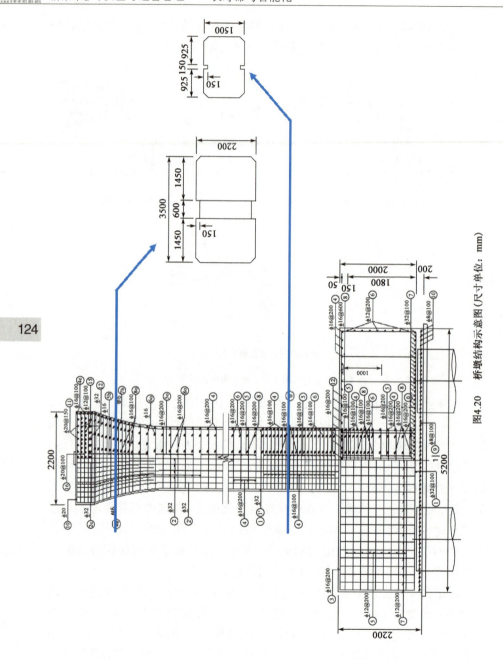

图4.20 桥墩结构示意图(尺寸单位: mm)

开始锈蚀;RCP2.6情景下主梁钢筋在第34年时开始锈蚀。四种气候情景下主梁钢筋均在设计使用年限的较早阶段发生了氯离子侵蚀导致的钢筋锈蚀。

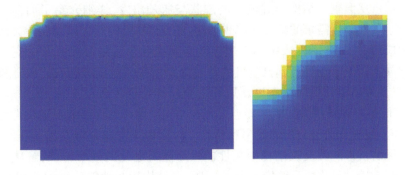

图4.21 桥墩服役100年氯盐侵蚀细-宏观转译结果

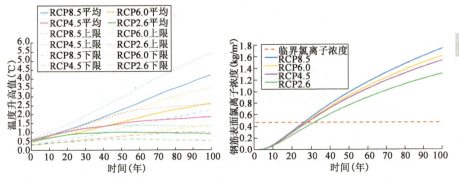

图4.22 不同气候变化预测方案中环境温度曲线与桥墩局部退化过程

4.6 结语

近年来,混凝土桥梁结构在长期服役过程中受环境作用,耐久性能逐渐退化,引发钢筋锈蚀混凝土开裂,并最终导致结构性能衰变,因此桥梁混凝土结构耐久性能仿真分析逐渐引起学者和工程人员的关注。混凝土材料耐久性能退化最显著的特征是其不确定性,作为典型的颗粒增强复合材料,其骨料颗粒的粒径、形态和空间随机分布对材料局部性能影响显著。而不同于常规复合材料,混凝土骨料几何特征极为复杂,受配合比、产地、加工工艺等因素影响。因此在概率层面精准模拟颗粒几何特征十分困难但也十分重要,如何将精细的颗粒参数考虑到结构尺度分析中且保持满足工程需求的分析效率是目前混凝土结构耐久性分析的瓶颈所在。

本章从混凝土结构细观模拟的现状与瓶颈出发,详细介绍了面向工程结构耐久性分析需求的精细化建模方法、细-宏观转译方法,以及转译方法的工程应用,并对转译方法中模型边界效应模拟和单元划分尺寸等关键参数优化展开讨论。通过元胞自动机的单元骨料面积函数模拟颗粒空间随机分布,以及采用单元局部状态更新取代了全结构特征方程的求解,结果表明:混凝土细-宏观转译方法确实能够实现在结构层面考虑材料细观随机性的影响,并大幅提升结构分析的效率和精度。对比传统宏观分析方法,混凝土细观特征的引入能够反映结构耐久性能局部随机退化的概率特征,解决了传统分析方法材料均质化假定导致的问题,在结构耐久性能分析中采用细-宏观转译方法十分必要。

本章参考文献

[1] 阮欣,刘栩,陈艾荣. 考虑应力状态的二维混凝土碳化过程数值模拟[J]. 同济大学学报(自然科学版),2013,41(2):191-196.

[2] 潘子超,陈艾荣. 氯离子在非饱和混凝土中传输过程的数值模拟[J]. 同济大学学报(自然科学版),2011,39(3):314-319,326.

[3] Ruan X, Pan Z. Mesoscopic simulation method of concrete carbonation process[J]. Structure and Infrastructure Engineering,2012,8(2):99-110.

[4] 潘子超,阮欣,陈艾荣. 细观层面的混凝土碳化过程数值模拟[J]. 同济大学学报(自然科学版),2012,40(6):900-905.

[5] Pan Z, Ruan X, Chen A. Chloride diffusivity of concrete: probabilistic characteristics at meso-scale[J]. Computers and Concrete,2014,13(2):187-207.

[6] Mora CF, Kwan AKH. Sphericity, shape factor, and convexity measurement of coarse aggregate for concrete using digital image processing[J]. Cement & Concrete Research,2000,30(3):351-358.

[7] Walraven JC. Aggregate interlock: a theoretical and experimental analysis[D]. Delft: Technische Universiteit Delft,1980.

[8] 潘子超,阮欣,陈艾荣.基于任意级配的二维随机骨料生成方法[J].同济大学学报(自然科学版),2013,41(5):759-764.

[9] 高政国,刘光廷.二维混凝土随机骨料模型研究[J].清华大学学报(自然科学版),2003,43(5):710-714.

[10] 任志刚,徐彬,李培鹏,等.二维混凝土骨料随机生成与投放算法及程序[J].土木工程与管理学报,2015,01(1):1-6.

[11] Leite JPB, Slowik V, Mihashi H. Computer simulation of fracture processes of concrete using mesolevel models of lattice structures[J]. Cement & Concrete Research, 2004, 34(6):1025-1033.

[12] 王宗敏.不均质材料(混凝土)裂隙扩展及宏观计算强度与变形[D].北京:清华大学,1996.

[13] 武亮,王菁,糜凯华.全级配混凝土二维细观模型的自动生成[J].建筑材料学报,2015,18(4):626-632.

[14] 杜成斌,孙立国.任意形状混凝土骨料的数值模拟及其应用[J].水利学报,2006,37(6):662-667,673.

[15] Adilamirjanov, Konstantinsobolev. Optimization of a computer simulation model for packing of concrete aggregates[J]. Particulate Science & Technology, 2008, 26(4):380-395.

[16] Cundall P, Strack O. Ball-a program to model granular media using the distinct element method[J]. Technical Note, 1978, 01(1):1-21.

[17] Vervuurt AHJM. Interface fracture in concrete[D]. Delft: Technische Universiteit Delft, 1997.

[18] 唐欣薇,张楚汉.随机骨料投放的分层摆放法及有限元坐标的生成[J].清华大学学报(自然科学版),2008,12(12):2048-2052.

[19] Ruan X, Li Y, Jin Z, et al. Modeling method of concrete material at mesoscale with refined aggregate shapes based on image recognition[J]. Construction and Building Materials, 2019(204):562-575.

[20] Chopard B. Cellular automata modeling of physical systems[M]. New York: Springer, 2009.

[21] Ruan X, Li Y, Zhou X, et al. Simulation method of concrete chloride Ingress with mesoscopic cellular automata[J]. Construction and Building Materials, 2020(249):1-16.

[22] Pan Z, Chen A, Ruan X. Spatial variability of chloride and its influence on thickness of concrete cover: a two-dimensional mesoscopic numerical research[J]. Engineering Structures, 2015(95):154-169.

[23] Pan Z, Chen A, Ruan X. A 2-D numerical research on spatial variability of concrete carbonation depth at meso-scale[J]. Computers and Concrete, 2015, 15(2):231-257.

[24] 李越. 桥梁混凝土构件氯盐侵蚀的细宏观转译方法[D]. 上海:同济大学, 2018.

[25] 魏祎. 考虑气候变化的桥梁混凝土结构耐久性能分析与设计方法[D]. 上海:同济大学, 2019.

第4章 混凝土结构耐久性能数值模拟的细-宏观转译方法

本章作者简介

阮欣 教授

博士,博士生导师。2006年同济大学桥梁与隧道工程博士研究生毕业,后留校任教;2008年在美国里海大学(Lehigh University)大型结构与基础设施研究中心(ATLSS)访问研究一年。交通运输部中青年科技创新领军人才,中国公路学会青年专家委员会委员,国际桥梁与结构工程协会(IABSE)第六委员会主席、技术委员会委员,国际桥梁维护与安全协会(IABMAS)会员及中国团组秘书长。主要研究领域为桥梁设计理论、桥梁工程风险评估、桥梁荷载与可靠度方法、桥梁结构耐久性、桥梁工业化与智能建造、桥梁营养与维护技术等。主持国家自然科学基金项目5项,参与国家及省部级科研项目10余项;发表论文100余篇,其中SCI、EI检索80余篇;获得省部级科技进步奖3项、中国公路学会科技进步特等奖2项、一等奖3项、二等奖3项;授权发明专利5项。2010年获国际桥梁与结构工程协会(IABSE)青年工程师杰出贡献奖(Outstanding Young Engineer Contribution Award);2014年获得中国公路学会颁发的"第九届中国公路青年科技奖";2018获国际桥梁维护与安全协会青年贡献奖(2018 IABMAS Junior Prize)。研究成果为苏通长江公路大桥、泰州大桥、卢浦大桥等国内20余座大桥工程提供了建设、管理、养护过程的决策支持。

李越 博士研究生

同济大学桥梁工程系博士研究生。致力于混凝土结构多尺度建模、耐久性能退化数值模拟方法等研究,在国内外期刊及会议发表多篇学术论文。

魏祎　博士研究生

同济大学桥梁工程系博士研究生。主要从事大跨径桥梁车辆荷载与效应、考虑气候变化的混凝土结构性能演化与可持续发展等研究。

第5章 基于机器视觉测量的空心板梁桥铰缝损伤识别技术

胡皓[1,2,3]，**王吉吉**[1,2,3]，**曹素功**[1,2,3]，**田浩**[1,2,3]

1 浙江省交通运输科学研究院，浙江省杭州市西湖区大龙驹坞705号，310023

2 新一代人工智能技术交通运输行业研发中心，浙江省杭州市西湖区大龙驹坞705号，310023

3 浙江省道桥检测与养护技术研究重点实验室，浙江省杭州市临安区青山湖科技城岗阳街188号，311305

5.1 引言

普通空心板梁桥、预应力空心板梁桥是20世纪90年代兴起的一种中小跨径桥型，广泛分布于各类公路和城市道路系统中，具有建筑高度低、预制方便、用材经济等特点，是中小跨径桥梁中最常用的桥型之一，在现役桥梁中占60%以上[1]。铰缝是空心板梁桥实现多片主梁协同受力的关键部件，起着传递梁板间横向内力并约束位移的作用，其健康程度直接关系着空心板梁上部结构的整体受力性能。早先国内板梁多采用企口式混凝土漏斗形小铰缝,多片主梁主要依靠桥面铺装来传递剪力,由于受剪截面过小,常因强度不足而破坏。此外,施工阶段铰缝浇筑不密实、运营阶段重载车辆过多也是导致铰缝过早出现病害的重要因素。铰缝病害最极端的情况,将出现空心板"单板受力",从而导致空心板承受大于设计荷载的外力,危及结构安全。铰缝失效引起的单块板受力还会造成空心板梁体开裂等次生病害。

空心板梁铰缝病害主要有以下几个特征[1]:

(1)铰缝的病害破坏一般集中出现在重车行驶车道的周围。重车行驶速度较慢,很少占用超车道行驶,使得行车道范围内的铰缝破坏几率远大于其他位置处的铰缝。

(2)高等级公路铰缝损伤比一般等级公路严重。高等级公路特别是高速公路行车道指定了重车车道,使行车轨迹更具有规律性,导致部分板梁承受重载的概率大于其他板梁,在大吨位车辆荷载的反复作用下预制空心板梁铰缝更易发生疲劳破坏。

(3)铰缝病害破坏多出现在小跨径空心板梁桥中。跨径越小,主板的梁高越小,相应的铰缝深度也越小,受到外荷载作用时,因铰缝受力面积小,极易发生剪切破坏,出现病害的概率增大。

目前空心板桥主要通过目测法、荷载试验对铰缝结构进行检测,来判断铰缝的健康状态[2]。目测法主要通过雨天梁底铰缝是否有渗水痕迹来判断铰缝是否开裂,在铰缝未完全脱开的情况下,不能给出定量的损伤程度判定结果。荷载试验对于铰缝的评定,主要通过加载,观察主梁间各板受力时的横向分布系数来判定铰缝损伤情况。荷载试验一般采用接近设计荷载的荷载进行加载,有可能使潜在的病害加剧。此外荷载试验需要封闭交通,耗费人力、物力较大。可见,在铰缝状况检测工作方面缺乏一整套便捷、高效的专项检测方法,以对桥梁的铰缝损伤状态进行定量测试与合理评价,指导桥梁管理者与养护单位开展桥梁的管理和养护工作。本章将面向数量众多的中小跨径空心板梁桥,针对其最主要病害铰缝损伤,深入系统地开展空心板梁桥铰缝损伤检测和评价方法研究。拟基于浙江省交通运输科学研究院研发的机器视觉结构微变测量系统,实现空心板梁桥结构挠度响应的快速测量。通过理论和试验相结合的手段,建立空心板梁桥铰缝损伤结构指纹和评价体系。在此基础上,开展实际工程应用研究,实现对在役空心板梁桥服役状态的量化评估。

5.2 空心板铰缝损伤结构指纹

5.2.1 损伤结构指纹选取

目前定量评价铰缝损伤程度的方法主要包括基于动力特征的影响分析法和基于静力检测数据的分析法两种。

动力特性影响法基于铰缝损伤对结构动力特性影响的分析,运用动力学方法对铰缝损伤进行识别。邹兰林[3-4]对52座带裂缝工作的样本桥梁的实测频率进行了统计,结果表明铰缝破损对结构竖弯振型对应的频率没有影响,但是对横向扭转振型对应的各阶结构频率影响显著。陈闯[5]以频率、振型和曲率模态为指标,研究了其在铰缝发生损伤后的变化情况,结果表明横向曲率模态能较好地判断出损伤位置。邹毅松等[6]采用瞬态动力分析对铰缝损伤进行识别,提出利用多次冲击试验下各板加速度幅值比的差值作为铰缝损伤的评定依据的识别方法。战家旺等[7-8]提出了一种以相邻板梁间在线振动响应频谱形状差异性指数为指标识别装配式板梁桥铰接缝损伤的动力学方法。

基于静力检测数据的结构指纹主要利用了产生损伤的铰缝相邻板间相对变形产生变化的特征。钱寅泉等[9]设计了接触式相对位移测试装置,通过各板的相对位移值判断铰缝的破损程度,研究发现相对位移与铰缝的损伤程度有较强的相关关系。李小年等[10-11]提出了采用铰缝相对位移与空心板挠度的比值(以下简称相对位移比)作为指标的空心板梁评估方法,用于承载能力评估、模态参数识别、冲击系数统计及铰缝损伤评估。张宏阳[12]利用相对位移、相对转角和相对应变构造对称差值指标,通过对称差值影响线特征对铰接缝损伤进行识别。

在上述研究中,基于动力特性影响的结构指纹存在须使用冲击荷载作为激励,且需多次改变加载位置,对桥梁存在一定损害以及推广实施难度大等问题。静力检测指纹相对位移比,可利用非接触测量系统在不中断交通的情况下,通过监测一定时间范围内随机车流激励或确定载荷车辆激励下的位移响应得到,适用场景广、测试要求低,具有较强的经济性和适用性。现有研究对相对位移比这一结构指纹的参数敏感性以及适用性缺乏深入讨论,且尚未建立针对铰缝工作性能的评价体系。本节首先通过理论和数值分析研究铰缝相对位移比与铰缝损伤程度的关系，在此基础上提出铰缝技术状况评定标准以及快速检测技术，以实现铰缝损伤的定量评价。

5.2.2 损伤与结构指纹联系性分析

根据材料力学可知，忽略剪力的影响，弹性阶段简支梁跨中挠度与集中荷载大小呈正比。假定一座桥梁由 2 块板和 1 条铰缝组成，板 1 和板 2 抵抗变形的能力以弹簧刚度 k_1 和 k_3 表示，铰缝传递剪力的能力以弹簧刚度 k_2 表示（图 5.1）。

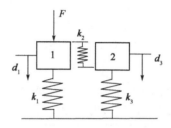

图 5.1 空心板梁弹簧体系模型

外力 F 作用于板 1，使得板 1、板 2 分别产生位移 d_1 和 d_3，铰缝处弹簧的变形为 d_2。根据力的平衡与变形协调理论，可得到以下关系：

$$d_2 = d_1 - d_3 \tag{5.1}$$

$$F = k_1 d_1 + k_2 d_2 \tag{5.2}$$

$$k_2 d_2 = k_3 d_3 \tag{5.3}$$

假设铰缝两边的空心板抗弯刚度相等，即 $k_1 = k_3$，则上式可简化为：

$$d_1 = \frac{F - k_2 d_2}{k_1} \tag{5.4}$$

$$d_3 = \frac{k_2 d_2}{k_1} \tag{5.5}$$

$$F = k_1 (d_1 + d_3) \tag{5.6}$$

铰缝两边空心板的位移差与平均位移比可以表示为：

$$\frac{d_1 - d_3}{\dfrac{d_1 + d_3}{2}} = \frac{\dfrac{F - k_2 d_2}{k_1} - \dfrac{k_2 d_2}{k_1}}{\dfrac{F}{2 k_1}} = 2 - \frac{4 k_2 d_2}{k_1 d_1 + k_2 d_2} \tag{5.7}$$

将 $d_3 = d_1 - d_2$ 代入上式,令相对位移比 $\alpha = d_2/d_1$,铰缝板梁刚度比 $\beta = k_2/k_1$,上式可化简为:

$$\beta = \frac{1}{\alpha} - 1 \tag{5.8}$$

由表达式可知,铰缝板梁刚度比随着相对位移比的增大而迅速减小,相对位移比在 0.001~0.02 范围内,铰缝板梁刚度比的变化趋势如图 5.2 所示。

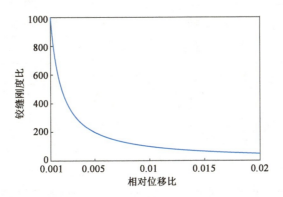

图 5.2 弹簧模型下铰缝板梁刚度比与相对位移比关系曲线

以上简化弹簧模型描述了相邻空心板与铰缝的连接传力与协同变形关系。从铰缝相对位移比(铰缝位移与单块板位移之比)与铰缝板梁刚度比(铰缝刚度与单块板刚度之比)的关系公式可以看出,铰缝相对位移比增大时,铰缝刚度降低显著。利用相对位移比实测值作为结构指纹可以有效反映铰缝刚度的变化,从而间接反映铰缝的损伤情况。

5.2.3 损伤数值模拟

1)模型建立

空心板铰缝出现损伤时,铰缝传递剪力能力下降,铰缝相对于板的刚度下降,铰缝相邻板间位移差相比于板的位移将增大。本节将对相对位移比与铰缝刚度折减之间的关系进行参数分析,研究简支梁桥跨径、空心板数量、集中荷载大小、荷载位置、铰缝失效位置等因素对两者关系的影响,为随机车流下空心板铰缝损伤定量评价提供理论基础。采用有限元软件建立预应力混凝土空心板梁模型,13m、16m、22m 小铰缝以及 16m 大铰缝空心板标准截面尺寸如图 5.3 所示。

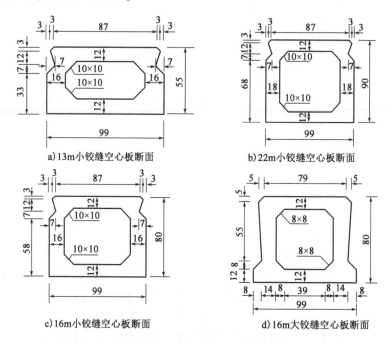

图 5.3 空心板梁桥标准截面(尺寸单位:cm)

假设混凝土处于弹性阶段,忽略钢筋和预应力筋的作用。混凝土弹性模量、泊松比、密度分别取 34.5GPa、0.167 和 2300kg/m³。为了简化计算,模型忽略空心板铰缝的形状,通过在铰缝高度范围内定义面与面之间的接触关系模拟铰缝传递剪力的能力。铰缝接触面定义法向轴拉黏结刚度和剪切黏结刚度。已有研究表明轴拉黏结刚度和剪切黏结刚度取 10MPa/mm 能够较好模拟未受损铰缝的性能[13]。空心板铰缝的损伤程度通过折减铰缝的黏结刚度进行模拟。铰缝相对位移比定义为铰缝相邻板的位移差与位移均值之比:

$$\alpha = \frac{|d_L - d_R|}{(d_L + d_R)/2} \tag{5.9}$$

式中,d_L、d_R 分别代表铰缝左、右空心板在荷载作用下的竖向位移。

根据铰缝病害特征规律可知,农村公路与高速公路的铰缝损伤位置存在区别,农村公路车辆存在跨线行驶的情况,空心板桥不同位置损伤程度接近,而高速公路的重车一般按照规定在中间车道内行驶,铰缝损伤在中间车道附近更加严重。建立7片空心板模型模拟农村公路桥梁,铰缝损伤位置为1~3号铰缝。建立13片空心板模型模拟高速公路桥梁,铰缝损伤位置靠近中间车道,选择4~6号铰缝(图5.4)。集中力于跨中加载,以跨中截面为对称平面建立1/2模型,跨中截面设置对称边界条件,梁端截面固定所有方向的自由度。模型考虑一条或多条铰缝受损,荷载采用单个300kN的集中力加载。模型的工况见表5.1。

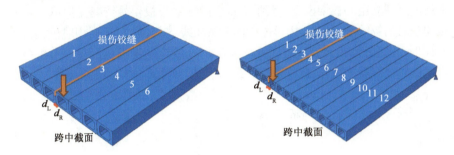

图5.4 空心板模型

空心板铰缝损伤模型工况　　　　　　　　　　　表5.1

工况	截面尺寸（cm）	空心板数量（片）	跨径（m）	铰缝形式	铰缝失效位置	集中力加载位置	铰缝刚度（10MPa/mm）
1	99×55	7	13	小	1/2/3	受损铰缝相邻空心板分别加载	1%~100
2	99×80	7	16	小	1/2/3		1%~100
3	99×80	7	16	大	1/2/3		1%~100
4	99×90	13	22	小	4/5/6		1%~100%
5	99×90	13	22	小	4	每块空心板分别加载	1
6	99×90	13	22	小	6		10%
7	99×80	7	16	小	1,2,3,4,5,6	3号板中点加载	1
8	99×80	7	16	小	2,3		1
9	99×80	7	16	小	3,4		1%

注:铰缝失效位置一列中"/"表示单条铰缝失效;","表示多条铰缝失效且刚度折减一致。

2)模型验证

为了验证模型的可行性,将模型预测结果与文献[14]中的实测结果进行比较。文献[14]测量了上海绕城高速公路南段某简支空心板梁的铰缝相对位移比,该桥跨径22m,由13块空心板组成,空心板截面形式如图5.3b)所示。该空心板梁的梁底铰缝位置渗水严重,对应铰缝的桥面铺装位置出现通长的纵向裂缝,打开纵向裂缝处沥青铺装发现铰缝混凝土破碎,桥面混凝土铺装的钢筋网和铰缝钢筋出现锈蚀断裂。为了进一步判断铰缝损伤的程度,现场在板梁跨中位置铰缝两侧安装电子位移计,采用30t标准车辆加载,通过监测铰缝两侧的位移差对铰缝损坏程度进行判断。现场4号铰缝位移差的监测时程曲线如图5.5a)所示,某一时刻测得相对位移比达0.44。利用上述模型建立空心板梁模型,得到22m小铰缝空心板4号铰缝受损以及4号板加载时的铰缝刚度折减-相对位移比关系曲线[图5.5b)]。当相对位移比为0.44时,模型计算得到铰缝刚度折减至0.6%,铰缝刚度损伤严重。实桥检验显示铰缝处混凝土破碎,铰缝钢筋断裂,说明模型计算与实测结果一致。

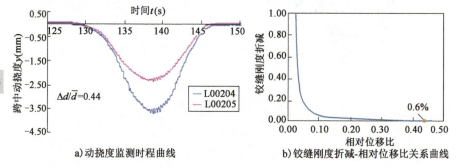

图5.5 上海绕城高速公路破损铰缝处动挠度监测典型时程曲线及铰缝刚度折减-相对位移比关系曲线[14]

3)结果分析

(1)荷载大小对相对位移比的影响

图5.6显示了22m跨径小铰缝空心板在4号铰缝刚度折减至1%以及集中力加载在4号空心板跨中时不同铰缝位置处的相对位移比。随着荷载的增加,相对位移比保持不变;受损铰缝(4号)处的相对位移比可达0.29,加载力附近的完好铰缝(3号)相对位移比为0.02,其他完好铰缝的相对位移比小于0.002。由于铰缝在某一时刻的损伤通过折减接触面的黏结刚度考虑,模型不考虑单次加载导致的黏结面失效破坏,接触面传递剪力的能力与相对位移始终呈线性关系,因此相对位移比在当前模型下与荷载大小无关。可见,相对位移比这一指标可以较好识别出受损铰缝的位置。由于检

测时间段的铰缝受损程度为定值,相对位移比与荷载大小无关,因此在实际检测过程中可通过随机车流下的测量结果获得相对位移比,而不需要知道荷载的具体大小。

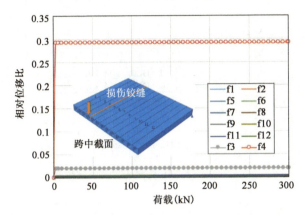

图 5.6 荷载大小对不同铰缝处位移比的影响(22m 跨径小铰缝空心板 4 号铰缝刚度折减至 1%)

(2)加载位置对相对位移比的影响

由于随机车流下荷载加载位置不确定,需要研究荷载加载位置对失效铰缝处相对位移比的影响。考虑 22m 跨径小铰缝空心板 4 号铰缝刚度折减至 1%(DL22_s_f4_k01,工况 5)以及 6 号铰缝刚度折减至 10%(DL22_s_f6_k1,工况 6)两种工况。每种工况在 1~13 号空心板跨中中点加载 300kN 集中力,提取受损铰缝处的相对位移比,结果如图 5.7 所示。从图中可以看出,荷载作用位置对相对位移比的大小存在一定的影响:当集中荷载作用于失效铰缝两边空心板时,相对位移比最大;随着加载点与失效铰缝的距离增大,相对位移比减小并趋于稳定。对于工况 5,相对位移比在 0.2~0.3 范围内变化,对于工况 6,相对位移比在 0.03~0.06 范围内变化。结果表明在随机车流加载情况下,某条铰缝测得的相对位移比将在一定范围内浮动,荷载加载位置距离失效铰缝越近,相对位移比越大。

(3)铰缝形式对相对位移比的影响

小铰缝深度一般为 220mm,大铰缝深度为梁高减 120mm。本节研究中 16m 空心板梁高均设为 800mm,大铰缝空心板深度为 680mm,小铰缝空心板深度为 220mm,铰缝深度在模型中体现为定义黏结刚度接触面的高度。图 5.8 显示了 16m 空心板 3 号铰缝失效、2 号板加载下铰缝刚度折减-相对位移比关系曲线。当铰缝刚度与荷载加载位置相同时,大铰缝空心板的相对位移比较小铰缝空心板的相对位移比小,与实际经验相符合。

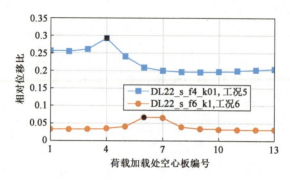

图 5.7　荷载加载位置对位移比的影响

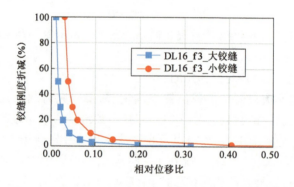

图 5.8　铰缝形式对铰缝刚度折减-相对位移比关系曲线的影响

(4)铰缝失效数量对相对位移比的影响

实际空心板梁桥存在多条铰缝受损的情况。本小节研究多条铰缝受损情况下对待测铰缝相对位移比数值的影响。变化跨径 16m、7 块空心板桥梁模型中失效铰缝的数量以及位置(工况 7～工况 9 以及工况 2 部分模型),集中力加载在 3 号空心板跨中中点,重点观察 3 号铰缝在不同工况下的相对位移比数值变化。图 5.9 显示了铰缝刚度折减至 1% 时,不同失效铰缝数量以及位置情况下每条铰缝的相对位移比。可以看出,所有工况下 3 号铰缝的相对位移比数值均较为接近,在 0.35～0.4 范围内变化,且大于其他铰缝。因此,可以忽略其他铰缝失效情况的影响,仅模拟待检测铰缝的刚度折减以获得铰缝刚度折减-相对位移比关系曲线。

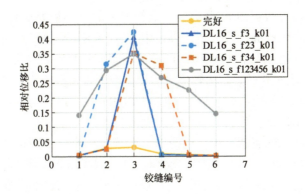

图 5.9　铰缝失效数量对相对位移比的影响(刚度折减至 1%)

(5)铰缝刚度折减对荷载横向分布系数的影响

图 5.10 显示了 16m 跨径小铰缝空心板的荷载横向分布系数,集中力加载在 3 号空心板跨中中点位置,3 号铰缝刚度折减至 0.5%、1%、5% 以及完好(100%)的情况。横向分布系数由跨中空心板中点挠度除以所有板挠度之和得到。可以看出,3 号空心板的荷载横向分布系数随着铰缝受损程度增加而变大。当 3 号铰缝刚度由完好(100%)折减至 5% 时,荷载横向分布系数仅由 0.18 增加至 0.19,增加 5.5%,相对应的相对位移比由 0.03 增加至 0.14(图 5.8),增加 367%,说明横向分布系数对刚度折减不敏感。

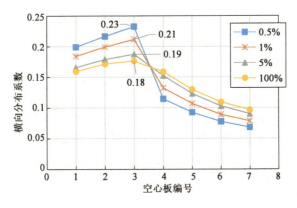

图 5.10　荷载横向分布系数

(6)铰缝刚度-相对位移比关系曲线

根据上述分析可知,集中力在失效铰缝相邻空心板处加载时,相对位移比最大。在失效铰缝两边分别加载集中力,研究不同跨径、不同铰缝失效位置下铰缝刚度折减与相对位移比的关系,如图 5.11 ~ 图 5.13 所示。图中'DL'后数字表示跨径,'f'后数字表示受损空心板铰缝位置,'r'表示右边空心板,'l'表示左边空心板。铰缝刚度以 10MPa/mm 进行均一化处理。通过比较可以得出以下结论:

①铰缝刚度随着相对位移比的增大而减小。对于不同跨径小铰缝空心板,相对位移比在 0 ~ 0.1 范围内变化时,铰缝刚度降低显著。相对位移比超过 0.1 时,铰缝刚度折减超过 90%,可以认为铰缝损伤程度严重。

②铰缝损伤位置对铰缝刚度折减-相对位移比关系存在一定影响。相同的相对位移比情况下,靠近边板处的铰缝刚度折减更快(图 5.11 ~ 图 5.12),靠近中间位置的铰缝刚度折减速度基本一致(图 5.13)。

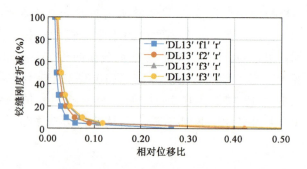

图 5.11　13m 小铰缝空心板铰缝刚度折减-相对位移比关系(7 块空心板)

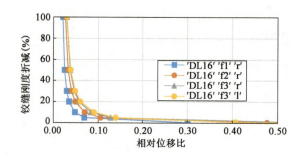

图 5.12　16m 小铰缝空心板铰缝刚度折减-相对位移比关系(7 块空心板)

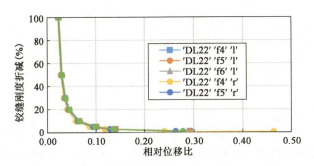

图 5.13 22m 小铰缝空心板铰缝刚度折减-相对位移比关系(13 块空心板)

5.3 空心板铰缝损伤检测评定

5.3.1 损伤阈值

上一节通过有限元计算得到了铰缝刚度折减-相对位移比关系曲线,然而铰缝损伤的阈值还需要合理定义。铰缝破损有多种表现形式,本节只考虑铰缝出现开裂对铰缝刚度产生折减。混凝土与混凝土界面的直接传力主要有两种方式:平行裂面的骨料咬合作用(传递剪力)和垂直裂面的拉伸刚化效应或应变软化效应(传递拉力)。假设铰缝刚度与铰缝处混凝土的抗拉弹性模量呈正比,铰缝刚度折减系数的阈值可近似以混凝土抗拉弹性模量折减阈值来考虑。

假定混凝土抗拉强度随裂缝宽度变化的关系如图 5.14a)所示,混凝土拉伸刚化模型如图 5.14b)所示,混凝土抗拉弹性模量折减系数的推导过程如下:

设应力相对值 $\beta = \sigma_t/f_t$,裂缝宽度相对值 $\gamma = \omega/\omega_u$,其中 ω 为板梁桥铰缝处裂缝宽度,ω_u 为最大裂缝宽度(当 $\omega > \omega_u$ 时,混凝土不能提供抗拉作用,铰缝完全失效)。由图 5.14a)可知,应力相对值 β 的表达式如下:

$$\beta = \begin{cases} 1 - 3\gamma & 0 \leqslant \gamma \leqslant \dfrac{2}{9} \\ \dfrac{3}{7}(1-\gamma) & \dfrac{2}{9} < \gamma \leqslant 1 \end{cases} \quad (5.10)$$

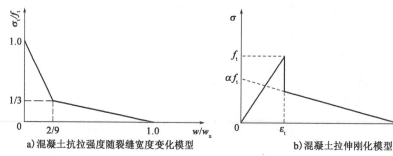

a) 混凝土抗拉强度随裂缝宽度变化模型　　b) 混凝土拉伸刚化模型

图 5.14　混凝土本构模型

设 $\varphi = \alpha(1 - \varepsilon_t/\varepsilon_m)$，由铰缝处开裂的混凝土弹性模量 $E_c = \sigma_t/\varepsilon$ 可得：

$$E_c = \begin{cases} \dfrac{\alpha\beta f_t}{(\alpha-\beta)\varepsilon_m} & 0 < \beta \leqslant \varphi \\ \dfrac{\beta f_t}{\varepsilon_t} & \varphi < \beta < 1 \end{cases} \quad (5.11)$$

以 C40 混凝土为例，抗拉强度 $f_t = 2.40 \text{MPa}$，初始弹模 $E_t = 3.25 \times 10^4 \text{MPa}$，峰值拉应力对应的应变 $\varepsilon_t = 73.85 \mu\varepsilon$，拉伸刚化参数 $\alpha = 0.6$，$\varepsilon_m = 0.002$，参数 $\varphi = 0.578$。由式(5.10)、式(5.11)可得，混凝土弹性模量折减系数 β_c 可直接用裂缝宽度相对值 γ 表示：

$$\beta_c = \begin{cases} 1 - 3\gamma & 0 < \gamma \leqslant 0.141 \\ \dfrac{0.0221(1-3\gamma)}{3\gamma - 0.4} & 0.141 < \gamma \leqslant 0.222 \\ \dfrac{0.0665(1-\gamma)}{3\gamma + 1.2} & 0.222 < \gamma \leqslant 1 \end{cases} \quad (5.12)$$

混凝土弹性模量折减系数 β_c 与裂缝宽度相对值 γ 的关系曲线如图 5.15 所示。

以式(5.12)中定义的转折点为依据，以变量 $\gamma = 0.2$、$\gamma = 0.1$ 所对应的铰缝刚度折减系数 $\beta_1 = 0.04$、$\beta_2 = 0.7$ 为阈值，结合铰缝刚度折减系数-相对位移比关系曲线，则与 $\beta_1 = 0.04$、$\beta_2 = 0.7$ 相对应的相对位移比阈值为 α_2、α_1，定义以下铰缝状态(图 5.16)：

① $\alpha \approx 0, \beta \approx 1$：铰缝状态完好。

② $0 < \alpha \leqslant \alpha_1, \beta \geqslant 0.7$：铰缝状态较好，不需要额外处理。

③ $\alpha_1 < \alpha \leqslant \alpha_2, 0.04 \leqslant \beta < 0.7$：铰缝处于受损伤的状态，需要维修。

④ $\alpha > \alpha_2, 0 < \beta < 0.04$:铰缝已破坏,需要重做。

⑤ $\alpha \approx 2, \beta \approx 0$:铰缝完全损坏,形成单板受力,需采取紧急措施[相对位移比定义为临近板位移差与临近板平均位移之比,最大值为$(0+1)/(1/2)=2$]。

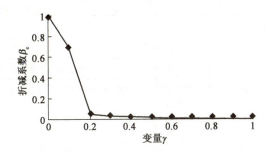

图 5.15　混凝土弹性模量折减系数[15]

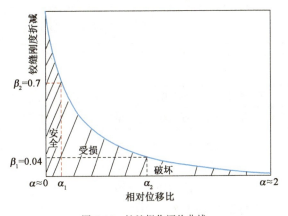

图 5.16　铰缝损伤评价曲线

5.3.2　技术状况评定

目前公路桥梁技术状况评定包括桥梁构件、部件、桥面系、上部结构、下部结构和全桥评定。公路桥梁技术状况评定应采用分层综合评定与5类桥梁单项控制指标相结合的方法,先对桥梁各构件进行评定,然后对桥梁各部件进行评定,再对桥面系、上部结构和下部结构分别进行评定,最后进行桥梁总体技术状况的评定。桥梁部件分为主要部件和次要部件。《公路桥梁技术状况评定标准》(JTG/T H21—2011)(以下简称《标准》)将桥梁主要部件技术状况评定标度分为1~5类,次要部件技术状况评定标度分为1~4

类,见表 5.2、表 5.3。

桥梁主要部件技术状况评定标度　　表 5.2

技术状况评定标度	桥梁技术状况描述
1	全新状态、功能完好
2	功能良好,材料有局部轻度缺损或污染
3	材料有中等缺损,或出现轻度功能性病害,但发展缓慢,尚能维持正常使用功能
4	材料有严重缺损,或出现中等的功能性病害,且发展较快;结构变形小于或等于规范值,功能明显降低
5	材料严重缺损。出现严重的功能性病害,且有继续扩展现象;关键部位的部分材料强度达到极限,变形大于规范值,结构的强度、刚度、稳定性不能达到安全通行的要求

桥梁次要部件技术状况评定标度　　表 5.3

技术状况评定标度	桥梁技术状况描述
1	全新状态、功能完好,或功能良好,材料有轻度缺损、污染等
2	有中等缺损或污染
3	材料有严重缺损,出现功能降低,进一步恶化将不利于主要部件,影响正常交通
4	材料有严重缺损,失去应有功能,严重影响正常交通;或原无设置,而调查需要补设

铰缝是空心板梁桥实现多片主梁协同受力的关键部件,起着传递梁板间横向内力并约束位移的作用,因此可以视为梁式桥的主要部件,即上部承重构件的一部分,混凝土梁式桥的铰缝分级评定标准见表 5.4。当铰缝视为次要部件时,其评定标准见表 5.3。

铰缝损伤评定标准　　表 5.4

标度	评定标准	
	定性描述	定量描述
1	铰缝处于良好状态	相对位移比约等于 0
2	铰缝处于较好状态	相对位移比大于 0 且小于或等于 α_1
3	铰缝处于较差状态,出现局部错台、漏水等病害情况	相对位移比大于 α_1 且小于或等于 α_2
4	铰缝处于很差状态,有明显错台、大面积漏水等较为严重的病害情况	相对位移比大于 α_2
5	铰缝处于非常差状态,出现单板受力等情况,显著影响承载力和行车安全	相对位移比约等于 2

5.3.3 损伤快速检测技术

1)空心板铰缝快速检测应用场景

在实际工程中,空心板梁桥损伤快速检测与评估主要有两种应用场景。场景一为空心板梁桥人工巡检,通过快速检测手段获取结构指纹,构建指纹档案,追踪结构损伤的演变,评估桥梁铰缝损伤以及横向联系的完整性。场景二针对病害较多、拟进行加固的空心板梁桥,重点对此类桥梁加固前后性能进行监测,了解加固手段对空心板梁桥性能提升的效果。对于两种不同的应用场景,采用不同荷载加载方式以匹配其实际情况,如图5.17所示。

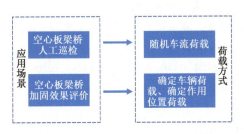

图 5.17 空心板铰缝快速检测应用场景

(1)随机车流荷载

采用在随机车流荷载作用下进行空心板梁桥检测的方案能有效减少每座桥所需的测试时间,且不需要封闭交通,能够达到快速检测的目的。该方案的具体实施过程主要分为三步:①安装人工靶及架设设备;②数据采集;③数据处理及评估。在人工巡检过程中,机器视觉测量系统为便携设备,将其放置在桥梁下方附近,设备架设场地应尽量平整,减弱因环境振动对设备的影响。机器视觉设备因其景深影响,理想情况应将其置于靶标连线的中心线上,以达到最高的精度。但在实际测量过程中,因机器视觉设备测量范围有限或靶标数量众多,可采用将机器视觉设备斜置的方式来增加测量范围或架设多台设备。为提高人工巡检的效率,靶标可只在1/2跨布置,评估桥梁铰缝损伤以及横向联系完整性,如图5.18a)所示。靶标应尽量布设在桥梁纵向中心线正下方铰缝或各损伤较严重的铰缝。机器视觉设备实时测量并记录各靶标位移数据,以供后续铰缝结构指纹提取使用。

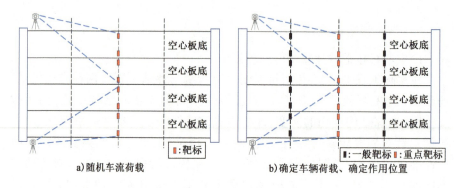

图 5.18 空心板铰缝快速检测靶标布置图

(2) 确定车辆荷载、确定作用位置下测试

对于空心板加固前后的性能检测，因需要准确、定量化地评估加固手段对空心板桥梁性能提升的效果，采用确定车辆荷载、确定作用位置的测试方案。此方案需要封闭交通，安排已知重量的车辆在规定路线上多次折返，并记录下数据。靶标的布设数量与人工巡检相比也可增加，可在每块空心板梁底 1/4 跨、1/2 跨、3/4 跨布置测点，如图 5.18b) 所示。该方案实施过程及一般原则与人工巡检方案一致。

2) 空心板铰缝结构指纹提取

选择相对位移比(即铰缝位移差与板位移之比)作为铰缝损伤指纹。对于确定车流荷载、确定作用位置的情况，因其荷载大小、作用位置可控，故采集到的数据有效性较高，相对位移比计算相对较为简单。本小节主要针对随机车流荷载下的结构指纹提取进行分析。在目标铰缝左右两块空心板各布置两个靶标，共计 4 个。以图 5.19 为例，记目标铰缝为 1 号铰缝，4 个靶标为 T1~T4，其竖向位移为 VT1~VT4。可得相对位移比 α 为：

$$\alpha = \frac{2 \times |VT2 - VT3|}{|VT2 + VT3|} \tag{5.13}$$

由于基于机器视觉技术的测量设备精度较高，且实地测量环境中存在车辆引起的环境振动等因素，采集的数据包含部分噪声。此外，当测量时间跨度较大时，温度引起的桥梁挠度变化也需考虑剔除(图 5.20)。本小节采用小波分析对采集得到的数据进行预处理，提取某一靶标在随机车流作用下所有车辆事件的位移响应。针对某一铰缝，以铰缝相邻板平均位移为横坐标，铰缝位移差为纵坐标，可得到如图 5.21 所示散点图，其拟合曲线的斜率即为相对位移比实测值。

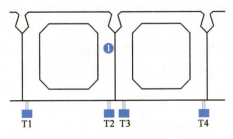

图 5.19 靶标布置示意图

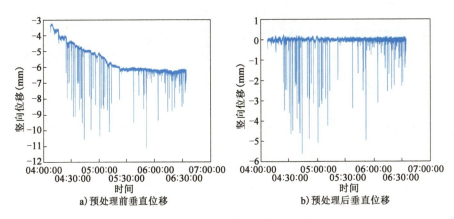

a) 预处理前垂直位移　　　　b) 预处理后垂直位移

图 5.20 采集数据处理

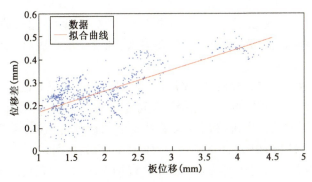

图 5.21 所有车辆事件散点图

3) 空心板铰缝损伤评定流程

空心板梁桥铰缝损伤评价一般流程如图 5.22 所示。首先建立实桥有限元模型(详见5.2.3节)得到铰缝刚度折减-相对位移比曲线(图5.23),根据混凝土强度等级得到相应的刚度折减系数阈值(见5.3.1节)。通过现场实桥测试,回归分析得到相对位移比实测值。在铰缝刚度折减-相对位移比曲线上得到与相对位移比对应的铰缝刚度折减系数。最后根据铰缝刚度折减系数以及现场目视检查情况,按5.3.2节所述评定标准对该空心板铰缝进行技术状况评定。

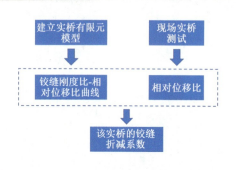

图5.22　空心板梁桥铰缝损伤评价一般流程　　　图5.23　铰缝刚度比-相对位移比曲线图

5.4　工程应用实例

5.4.1　茜泾塘桥检测方案

茜泾塘桥位于嘉善县魏俞线,桥梁全长269m,跨径组合13×20m,桥梁全宽19m,设计荷载为公路-Ⅰ级。根据现场对嘉善县茜泾塘桥的目视检查,发现其路面有纵向裂缝,板底铰缝存在渗水、混凝土填料脱落、铰缝错台、脱空等情况(图5.24)。

为了定量评价空心板铰缝损伤程度,测量茜泾塘桥某日凌晨0点至7点随机车流荷载下的挠度响应。选择第2跨跨中布置靶标,使用两台浙江省交通运输科学研究院自研机器视觉设备对8个靶标进行监测,设备测试精度0.03mm,最大帧率30Hz(图5.25)。夜间不间断测试需采用带红外背光灯的靶标,利用螺栓固定在被测空心板处。现场安装时,首先利用平板对机器视觉设备进行本地调试,观察靶标识别情况。设置完毕后,机器视觉设备开始对靶标坐标进行实时监测,当被测空心板产生位移时,靶标坐标随之变化,从而得到空心板的水平与垂直双向位移,并将数据传输至计算机。

第 5 章 基于机器视觉测量的空心板梁桥铰缝损伤识别技术

a) 侧面图

b) 空心板梁底铰缝渗水

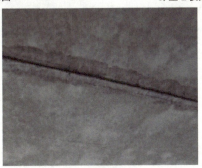
c) 铰缝渗水

图 5.24 嘉善县茜泾塘桥

图 5.25 现场靶标安装位置点

5.4.2 茜泾塘桥结构指纹提取

由现场测试得到的 ZF1～ZF4、YF1～YF4 垂直位移数据，经小波分析去噪后得到图 5.26 所示数据。经过初步分析，左侧 2 号铰缝、右侧 1 号铰缝，因位于车道正下方，车辆荷载容易均匀分布于铰缝两侧，导致相对位移差偏小，且右侧 1 号铰缝、2 号铰缝因测试时间内重车数量较少，导致板位移偏小，在随机车流荷载下结构指纹提取困难。选择左侧 1 号铰缝数据进行空心板损伤评估。

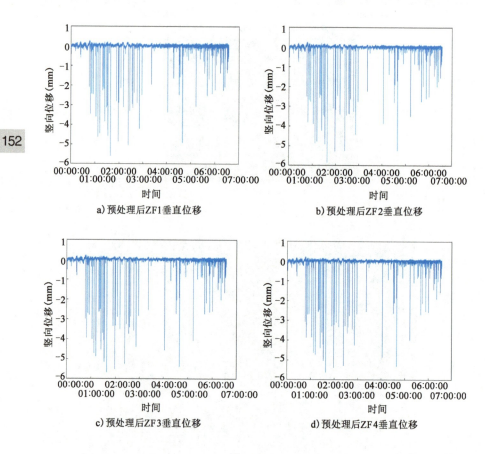

图 5.26

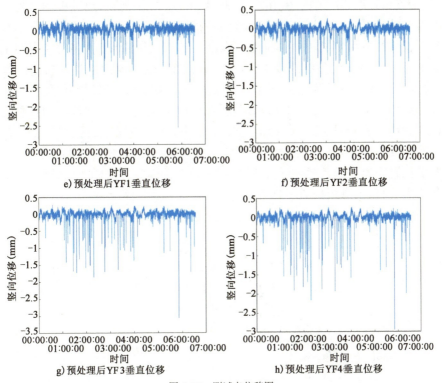

图 5.26 测试点位移图

对于左侧一号铰缝,其相对位移差为 $|ZF1-ZF2|$,板平均位移为 $|(ZF1+ZF2)/2|$,将所有车辆事件下的位移相应绘制成散点图,如图 5.27 所示。为了提高回归分析的准确性,本小节进一步对车辆事件进行了筛选:剔除板平均位移小于 1mm 的车辆事件;剔除相对位移差小于 0.15mm 的车辆事件(图 5.28)。回归分析可得直线斜率为 0.083,即茜泾塘桥左侧 1 号铰缝的相对位移比 $\alpha=0.083$。

5.4.3 茜泾塘桥铰缝损伤评价

(1)数值模拟

建立茜泾塘桥有限元分析模型,桥梁跨径为 20m,横向全宽 19m,共 17 片板,板间采用小铰缝连接。梁边缘节点约束三个方向的位移模拟铰接边界条件。采用实体单元 C3D8R 模拟空心板,单元大小为 50mm。假设混凝土始终处于弹性阶段,忽略钢筋和预应力筋的作用。混凝土弹性模量、泊松比、密度分别取 34.5GPa、0.167 和 2300kg/m³。为了简化计算,模型忽略空心板铰缝的形状,通过定义面与面之间的接触关系模拟铰缝的整体力学性能。铰缝接触面定义法向轴拉黏结刚度和剪切黏结刚度,已有研究表明轴拉黏结刚度和剪切黏结刚度取 10MPa/mm 能够较好模拟未受损铰缝的性能。实测左侧一号铰缝位于 8 号、9 号板之间,假设仅该处铰缝受损,损伤程度沿纵桥向保持一致,通过折减铰缝的黏结刚度进行模拟,将法向轴拉黏结刚度和剪切黏结刚度折减 10% ~ 90%,以模拟不同程度的铰缝损伤。由 5.2.3 节结论可知,铰缝相对位移比与加载位置有关,与加载力的大小无关,加载位置距离失效铰缝越近,相对位移比越大。因此,选择 8 号板跨中加载集中力,模型示意图如图 5.29 所示。

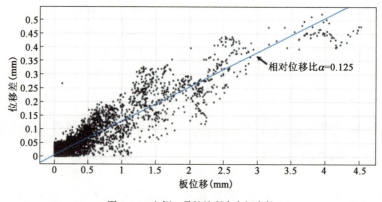

图 5.27 左侧一号铰缝所有车辆事件

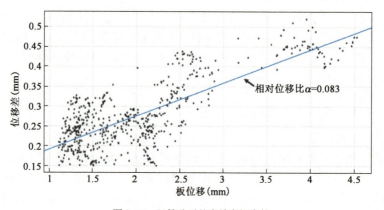

图 5.28 经筛选后的有效车辆事件

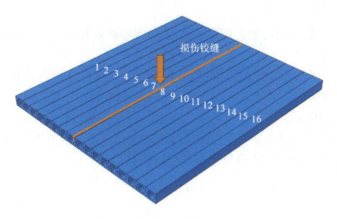

图 5.29 茜泾塘桥有限元模型

(2) 损伤评价

定义铰缝刚度折减系数 β 为损伤铰缝黏结刚度与完好铰缝黏结刚度的比值,得到 8 号、9 号板间相对位移比 α 与铰缝刚度折减系数 β 的关系如图 5.30 所示。由图可知,铰缝刚度折减系数 β 随着相对位移比的增大而迅速减小。该桥实测相对位移比为 0.083,对应的铰缝刚度比 β(即铰缝损伤折减系数)约为 0.25。根据 5.3 节定义可知,铰缝处于受损需维修的状态。

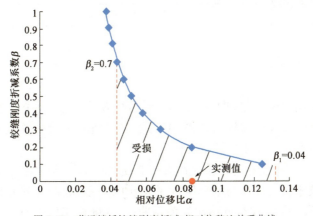

图 5.30 茜泾塘桥铰缝刚度折减-相对位移比关系曲线

对该桥上部结构进行技术状况评定,参考 5.3.2 节按照主要部件评价铰缝。第 2 跨第 8 片梁板病害为梁底网状裂缝、板间铰缝破损导致结构变位,具体评分过程如下:

L2-8号板：

①梁底网状裂缝，最大评定标度为5，实际评定标度为2，扣35分，得分 100 - 35 = 65。

②铰缝损伤，L2-8号板构件进行视觉测量判定铰缝损伤状况，测得的相对位移比为0.083，大于α_1且小于或等于α_2，按铰缝损伤评定标准（表5.4），最大评定标度为5，实际评定标度为3，扣45分，得分 100 - 45 = 55。

1片梁同时存在2种病害，按照两项病害扣分值多少由大至小进行排序计算，45分排序第一，35分排序第二，计算过程为：

$$U_1 = 45 \tag{5.14}$$

$$U_2 = \frac{35}{100 \times \sqrt{2}} \times (100 - 45) = 13.6 \tag{5.15}$$

$$PMCI = 100 - 45 - 13.6 = 41.4 \tag{5.16}$$

上部承重构件病害表（部分）见表5.5。

上部承重构件病害表（部分）　　　　表5.5

跨径编号	构件编号	病害位置	病　害　描　述	病害标度	构件评分
第2跨	L2-8号板	距0号台0~14m	网状裂缝，面积$S = 12.6m^2$，渗水钙化	2	41.4
		—	铰缝破损导致结构变位	3	

5.5　结语

本章采用理论研究和工程实际相结合的研究方法，建立了空心板梁桥铰缝损伤结构指纹标和评价体系，实现了在役空心板梁桥铰缝服役状态的量化评估。本章主要成果及结论如下：

（1）提出了采用相对位移比作为铰缝损伤识别的结构指纹，通过弹簧模型验证了铰缝相对位移与铰缝刚度呈反比的关系，利用有限元模型建立了铰缝刚度折减系数-相对位移比的关系曲线，为随机车流下空心板铰缝损伤定量评价提供理论基础。

（2）基于铰缝混凝土弹性模量折减与铰缝刚度折减呈正比的假定，设定了铰缝刚度折减系数阈值，将铰缝工作状况划分为安全、受损或者破坏三个区间。结合现行桥梁技术状况评定标准，根据相对位移比实测值制定了铰缝分级评价标准。

(3)提出了空心板梁桥铰缝损伤快速检测方法的应用场景,分别为随机车流和确定车流荷载、确定作用位置两种场景。提出了随机车流下空心板梁桥铰缝损伤非接触测量系统的量测方案、指纹提取方法以及评定流程。

(4)对依托工程嘉善茜泾塘桥的铰缝损伤情况进行了随机车流下的现场测试,对采集到的数据经过筛选和处理得到相对位移比实测值,并根据相对位移比实测值确定了茜泾塘桥铰缝处于受损阶段,需进行相应的维修工作。

本章提出并验证了一整套便捷、高效的空心板梁桥铰缝专项检测方法,开展了铰缝损伤状态定量测试与合理评价研究,研究成果将有利于管养单位提高工作效率,促进中小跨径桥梁日常巡检的标准化和智能化,改善"重建轻养""被动事后"的桥梁养护管理方式。

本章参考文献

[1] 王岗.混凝土空心板梁桥典型病害机理研究[D].杭州:浙江大学,2016.
[2] 张开鹏.结构损伤识别方法研究[D].武汉:武汉理工大学,2004.
[3] 邹兰林.基于实测数据库修正的板桥动力综合评定系统研究[D].西安:长安大学,2008.
[4] 邹兰林,彭冬.结构病害对装配式板桥动力特性影响分析[J].公路与汽运,2011(02):156-159.
[5] 陈闯.空心板桥铰缝损伤识别方法研究[D].重庆:重庆交通大学,2010.
[6] 邹毅松,袁波波,王银辉,等.基于瞬态动力分析的装配式板桥铰缝损伤识别[J].重庆交通大学学报(自然科学版),2011,30(1):1-3.
[7] 战家旺,高胜星,张飞,等.基于在线动力响应的板梁桥铰接缝损伤评估方法[J].中国公路学报,2018,31(07):160-170.
[8] 战家旺,王冬冬,高胜星,等.一种基于冲击响应的装配式板梁桥铰接缝病害动力评估方法[J].土木工程学报,2018,51(6):103-110.
[9] 钱寅泉,周正茂,葛玮明,等.基于相对位移法的铰缝破损程度检测[J].公路交通科技,2012,29(07):76-81.
[10] 李小年.基于挠度监测的空心板梁评估方法[J].上海公路,2016(2):52-56.

［11］李小年,彭崇梅,孙燕,等.基于挠度监测的铰缝损伤定量评估方法［J］.中国市政工程,2016(2):60-63.

［12］张宏阳.装配式空心板梁桥横向整体性检测方法研究［D］.郑州:郑州大学,2017.

［13］孙庆浩,康爱红,张兴明,等.混凝土空心板梁桥弹塑性破坏过程有限元模拟分析［J］.吉林建筑大学学报,2020(3):11-16.

［14］刘明选.空心板梁桥铰缝病害分析和维修方法研究［J］.四川理工学院学报(自科版),2014,27(4):65-68.

［15］滕秀元.混凝土空心板梁桥铰缝刚度折减研究［J］.公路交通科技(应用技术版),2013,009(005):185-187.

本章作者简介

胡皓　高级工程师

博士，高级工程师。2006—2010 年就读于浙江大学土木工程系，2010—2015 年就读于美国北卡罗来纳州立大学结构工程专业，2015 年获得工学博士学位，2015—2016 年在美国加州交通部（旧金山湾区）从事跨海大桥检测与监测工作，2016 年至今于浙江省交通运输科学研究院工作，现任浙江省交通运输科学研究院桥隧研究所主任工程师。

主要从事人工智能检测技术研发与应用、桥梁健康监测数据分析与挖掘、复合材料新结构与加固修复技术等方面的研究。获中国公路学会二等奖 1 项，浙江省科学技术进步奖二等奖 1 项。科研项目中已完成鉴定项目 6 项（成果水平 3 项国际先进，2 项国内领先，1 项国内先进）。发表学术论文 20 篇，其中 SCI 收录 3 篇，EI 收录 7 篇。发明专利 3 项（审查中），获实用新型专利 5 项，获国家计算机软件著作权 8 项。入选杭州市下城区"258"人才，临安区"812"人才，获杭州市优秀交通科技工作者称号。

第 6 章 多灾害作用下桥梁设计的总体框架

陈艾荣,马如进

同济大学桥梁工程系,上海,200092

6.1 引言

  桥梁灾害往往表现为突发性的随机事件,发生概率小,但是造成的影响和后果却比较严重。如果没有针对性的设计和设防,灾害往往会造成桥梁或其构件断裂、坍塌、倾倒等影响结构安全性的事故。以及灾后桥梁不可使用、难以恢复等影响结构功能性的事故。在这些事故中,必然伴随着人员伤亡、物质损失、时间损失、环境影响等多种损失。以往的桥梁结构防灾设计中,通常都是将各种灾害对桥梁的作用及效应分开考虑、分别验算,较少协调考虑不同灾害的综合需求,也极少考虑可能发生的灾害组合作用,这对于复杂建设和运营条件下特大跨径桥梁的设计来说是不尽合理的。为了弥补原有设计方法的不足,从设计层面提高特大跨径桥梁的防灾减灾能力、降低结构灾变破坏风险,通过研究建立多灾害作用下特大跨径桥梁基于性能的桥梁设计方法,进而对可能面临多灾害作用的特大跨径桥梁设计提供更加科学合理的指导,具有重要的理论意义和应用价值。

  不限定于特大跨径桥梁,本章试图建立一套普适的多灾害作用下桥梁设计的总体框架。这一框架将主要从原则、理念和流程上解决桥梁设计过程中如何综合、合理考虑多灾害作用的问题，明确多灾害作用下桥梁设计的目标与原则、核心设计理念、主要设计过程及流程。本章最终建立了基于性能、风险和全寿命设计理念的，包括灾害作用及组合分析、性能分析与评价、基于风险和全寿命成本分析的设计决策与优化等三大过程的多灾害作用下桥梁设计的总体框架。

6.2 多灾害作用下桥梁设计的目标与原则

6.2.1 多灾害作用下桥梁设计的目标

明确桥梁设计想要达成的目标和应遵循的原则是建立系统设计方法的重要基础。参考《公路桥涵设计通用规范》(JTG D60—2015)[1]，桥梁设计的原则性目标可概括为安全、耐久、适用、环保、经济和美观。此外，根据现代桥梁建设的需要，有些学者还对桥梁设计增加了可持续性方面的要求[2]。

耐久、美观、环保、可持续等设计目标虽然重要，但对聚焦于多灾害作用的桥梁设计而言，这些目标并非主要关注点，或者说这些设计目标并不主要通过桥梁多灾害设计来达成。但在桥梁抗灾设计过程中仍需从原则上重视耐久、美观、环保、可持续等设计需求，原则上各种抗灾设计措施不应降低结构保持耐久、美观、环保、可持续的能力。

安全、适用、经济是多灾害作用下桥梁设计应重点关注的目标。然而传统的桥梁抗灾设计往往只强调极端灾害下结构的安全性，对各种灾害下灾后的结构适用性、结构抗灾设计的经济性等方面的考虑十分欠缺。仅仅考虑安全性而忽略适用性、经济性等设计目标可能造成结构在灾后损失过大或者初期建设投入过大，是不合理的。为了明确多灾害作用下桥梁的安全、适用、经济这些设计目标之间的内在关系以及实现这些设计目标的方式，首先需明确多灾害作用下桥梁设计中安全、适用和经济的内涵。

传统设计中，结构安全性[3-4]是指在规定的期限内，结构在正常施工和正常使用条件下，承受可能出现的各种作用的能力，以及在偶然作用发生时和发生后，仍保持必要的整体稳定性的能力。结构适用性[3-4]是指在正常使用条件下，结构具有满足预定使用要求的能力，一般情况下意味着不发生过大的变形或振动。结构经济性是指在确保安全可靠的前提下，尽量减少经济支出,结构具备较低成本的能力。以上这些定义主要着眼于常遇荷载下的结构设计。

传统设计中的结构安全性主要关注各种作用下结构的不倒塌。多灾害作用下桥梁设计中,结构安全性可进一步明确为各种灾害发生时及发生后,结构仍能保持必需的整体稳定性,不出现整体破坏和连续倒塌。

传统设计中的结构适用性主要关注正常使用情况下结构的工作性能,比如不发生过大的变形或振动。然而在多灾害作用下桥梁设计中,结构适用性显然应更关注灾害发生后结构的工作性能,这种工作性能可以是正常使用性能,也可以是结构受损后的应急通行功能,尽管这时结构会存在过大的变形或振动。通行是桥梁最基本的功能,为了强调灾后桥梁的通行功能,同时也为了与传统设计中结构适用性有所区分,本章将灾害发生后桥梁的正常使用性能和应急通行功能统一定义为结构功能性。本章定义的"功能性"是传统设计中"适用性"的进一步拓展。

传统设计中的结构经济性主要关注桥梁初始建设成本而往往忽视其他成本,设计时在满足规范强制性要求的前提下力求降低初始建设成本。多灾害作用下桥梁设计中,灾害作用会造成人员伤亡、物质损失、时间损失、环境影响等多种损失,灾害损失成本是不可忽视的,并且初始建设成本和灾害损失成本往往呈现此消彼长的关系,这时结构经济性不能仅关注初始建设成本的降低,而应尽量降低初始建设成本与灾害损失成本的总和。

通过以上分析,明确了多灾害作用下桥梁设计应达成的原则性目标及其概念内涵,将其精炼地总结于表6.1。

多灾害作用下桥梁设计的原则性目标及其概念内涵　　　表6.1

多灾害作用下桥梁设计的原则性目标	目标的概念内涵
安全性	结构保持整体稳定性,不出现整体破坏和连续倒塌
功能性	灾后桥梁具备正常使用性能或必要的应急通行功能
经济性	初始建设成本与灾害损失成本之和尽量低

在明确了多灾害作用下桥梁设计中各种设计目标及其内涵的基础上,进一步明确这些设计目标的内在关系。

多灾害作用下桥梁设计的原则性目标中,安全性、功能性、经济性是一个综合统一体,安全性和功能性的提高往往意味着初始建设成本的增加以及灾害损失成本的降低,而从经济性角度考虑,减少初始建设成本的投入会削弱安全性和功能性并带来灾害损失成本的增加,而增加初始建设成本的投入会提高安全性和功能性并降低灾害损失成本,但这有可能引起不必要的浪费,也可能无法被建设单位或投资方接受,考虑经济性的合理设计目标应是降低初始建设成本与灾害损失成本之和。可见安全性、功能性、经济性等设计目标之间既相互联系,也有所制约。

一般来说,安全性、功能性与初始建设成本具有相同的增减趋势,而安全性、功能性与灾害损失成本则具有相反的增减趋势,因此多灾害作用下桥梁设计方案具备何种程度的安全性和功能性在总体上取决于初始投入与预期损失之间的权衡,过高的初始投入或者预期损失都是不合适的。另一方面,若仅仅追求经济性上的最优,也即初始建设成本与灾害损失成本之和最低,而不考虑安全性和功能性的基本需求,也是不合理的。

可见,不经济的"安全""功能"和不安全的、无法满足功能的"经济"都是不合理的。对于常规的中小跨径桥梁,宜兼顾安全性、功能性和经济性的要求,在安全、功能和经济之间取得一个恰当的平衡。对于多灾害作用下特大跨径桥梁设计而言,应更多关注多灾害作用下桥梁的安全性和功能性,在满足多灾害作用下安全性、功能性要求的基础上进一步考虑经济性来对设计方案进行优化或比选。

6.2.2 多灾害作用下桥梁设计的原则

特殊形式、特殊要求、特大跨径桥梁的不断出现,使桥梁设计实践的模式逐步由遵守规范为主,向参照规范同时制定设计原则的个性化设计阶段转变。设计原则是设计目标的实现方式,遵循一定的设计原则才能确保设计目标的最终实现。在以上明确了多灾害作用下桥梁设计目标的基础上,本小节进一步明确实现这些设计目标的方式,即设计原则。

首先在调研了国内外大量文献的基础上[5],梳理了现有桥梁设计方法在考虑多灾害作用时存在的诸多不足:①现有桥梁设计方法往往分别对有限的单一灾害作用进行分析和验算,欠缺对多灾害作用的综合考虑,无法综合评价多灾害作用下的结构安全性、功能性和经济性;②往往基于单一极限状态而非基于性能开展设计,难以控制灾后结构的功能性和灾害损失成本,无法传达利益相关人员的个性化需求;③分析计算时基本不考虑灾害作用、结构响应、损伤程度等方面的不确定性,设计结果的可靠性难以获知,无法合理陈述设计结果对安全性、功能性等设计目标的满足程度;④以安全性或功能性为目标的设计评价标准往往是模糊的甚至是片面的,不适用于综合考虑多灾害作用的设计决策;⑤设计中欠缺对灾害作用与寿命期的综合考虑,多灾害作用下结构全寿命期的安全性、功能性和经济性均难以明确。

针对现有桥梁设计方法在考虑多灾害作用时存在的诸多局限和不足,应通过研究建立更为合理的多灾害作用下桥梁设计方法。合理的设计方法应解决以下关键问题:①计入灾害组合作用并协同考虑所有可能的灾害作用开展设计;②构建多层级性能标准并全面应用基于性能的设计方法开展设计;③考虑多种来源的不确定性开展计算分析、评价和决策;④建立能够综合考虑多灾害作用的设计决策准则;⑤考虑寿命期结构性能和功能需求的时变性开展设计;⑥基于计入灾害损失成本的全寿命总成本进行经济性评价和优选。以上这些在建立多灾害作用下桥梁设计方法中需解决或考虑的关键问题,也是确保多灾害作用下桥梁安全性、功能性和经济性等设计目标能够合理实现的设计方式,也即设计原则。

从设计作用、分析方法、评价准则、设计对策、优选准则、设计目标等桥梁设计的各主要方面进一步明确多灾害作用下桥梁设计的原则,见表6.2。

多灾害作用下桥梁设计原则 表6.2

序号	各主要方面	设 计 原 则
1	设计作用	计入可能的灾害组合作用,全面考虑设计输入
2	分析方法	考虑多种来源的不确定性和时变性进行分析计算
3	评价准则	对于每个灾害场景,建立多层级性能标准作为设计评价标准;对于全部灾害场景,建立风险准则作为设计决策准则
4	设计对策	协同考虑多种灾害作用的设计需求确定设计对策
5	优选准则	基于计入灾害损失成本的全寿命总成本优选设计方案
6	设计目标	最终设计方案应满足多灾害作用下安全性和功能性的硬性要求(通过多层级性能标准和风险准则来检验),在此基础上具备最佳的经济性(通过更低的全寿命总成本来比选)

按照表6.2给出的设计原则,本章试图建立的设计方法,将桥梁设计从目前以确保有限单一灾害作用下结构安全为主要设计目标、以确定性计算方法为分析手段的阶段,向着以满足多灾害作用下多层级性能标准和综合风险准则并具备更低的全寿命总成本为综合设计目标、以概率性计算方法为分析手段的全新阶段发展。本章试图建立的多灾害作用下桥梁设计方法

在设计作用、分析方法、评价准则、设计对策、优选准则、设计目标等设计各主要方面均与现有桥梁设计方法有重大区别,多灾害作用下桥梁设计方法与现有桥梁设计方法的对比见表6.3。

多灾害作用下桥梁设计方法与现有桥梁设计方法的对比 表6.3

比较项目	现有设计方法	多灾害作用下桥梁设计方法
设计作用	仅考虑有限的单一灾害作用	全面考虑多灾害作用
分析方法	确定性方法或部分概率方法	考虑多种不确定性的全概率方法
评价准则	单一极限状态强度准则	多层级性能标准和综合风险准则
设计对策	对不同灾害分别考虑	协同考虑多灾害的性能需求
优选准则	初始建设成本最低	计入灾害损失成本的全寿命成本最低
时间因素	主要考虑成桥状态的桥梁设计	考虑全寿命期的桥梁设计
设计目标	各单一灾害下安全性	多灾害作用下全寿命期安全性、功能性及经济性综合最优

6.3 多灾害作用下桥梁设计的核心理念

近些年结构设计领域已形成的一些先进设计理念可为构建多灾害作用下桥梁设计方法所借鉴。本节对基于性能的设计、基于风险的设计、基于全寿命的设计这三类重要设计理念进行梳理,结合这三类设计理念的各自优势,综合构建多灾害作用下桥梁设计方法的核心理念。

6.3.1 基于性能的设计理念

在传统的结构设计过程中,工程师习惯于将某个给定的标准作为评判设计是否合理的单一准则。这样的结构设计思路倾向于将设计行为单一化,因而难以全面控制设计结果,且无法对设计在逻辑层面上给出合理解释。尽管经过多年的发展,结构设计中引入了若干控制系数用以表现荷载和抗力的不确定性,但这种针对共性问题的单一设计评价方法仍不能满足现代工程设计的需要。

桥梁结构设计经历了容许应力设计法、极限状态设计法的阶段后,正逐渐向基于性能的设计方法发展。性能设计是针对设计荷载和作用,开展性能指标确定、性能标准决策、结构体系和构造设计、性能水平验证等设计内容,在充分考虑个体结构特殊需求的基础上,基于目前的技术状况,以满足性能标准为目标的设计过程。性能设计过程通过指定性能标准从而实现对单体结构特殊设计要求的最优化满足。性能设计的核心是个性化的多层级性能标准,通过设计过程实现预定性能标准所表达的设计意图。性能设计的发展也使得设计规范由以往的确定指标、明确计算方法的基本形式,向明确设计要求、控制设计结果的过程控制模式转移。性能设计方法正处于快速发展和普及的过程中,目前在桥梁抗震设计领域发展较为迅速。

性能是结构、构件或体系对外界反应的总称,也即在一定输入作用下结构呈现出的行为或状态[6]。为了设计和评估的方便,一般倾向于将连续分布的结构性能划分为离散的性能等级或性能水平,每一个性能等级或性能水平意味着结构具有相近的损伤程度和损失成本。性能指标是描述结构性能的可量化的参数。利用性能指标描述结构需求和能力及由结构需求和能力关系组成的设计要求是基于性能设计的主要特征之一。性能指标的选取与具体的作用和结构形式有关,同一个作用,以不同的强度出现时,可以采用不同的性能指标或相同指标的不同水平进行描述。多灾害作用下桥梁设计必然要采用多类别的性能指标来描述和评价结构性能。每个设计作用水平下结构或构件所要求达到的性能水平就是性能目标。多层级的设计作用水平及其性能目标的综合体就是性能标准,其中给定的设计作用水平应由表征作用大小的强度参数来描述,对于变异性大的灾害作用宜考虑其不确定性以重现期或设计基准期超越概率等设防概率水准的形式描述,性能目标应由给定的设计作用水平下结构应达到的性能等级来表述。性能标准是基于性能设计方法的核心,性能标准的内涵中进一步包含了性能指标的确定及分级。性能设计的基本特点是明确设计要求、控制设计结果,通过性能标准而不是具体验算方法来指导设计过程,强调结果的必然性,而不强求过程的统一。

基于性能的桥梁设计可以概括为,将桥梁利益相关者的各种需求细化为具体的性能标准,构思并完善设计方案,使之满足性能标准的设计过程。一个完整的性能设计过程,应根据建设单位和使用者需求及风险承受能力、结构和构件的重要性、当前技术发展水平、社会经济因素(伤亡、财产损失、业务中断、灾后修复)和其他因素(文化、环境因素)综合确定性能标准;基于目标性能,采用适当的结构体系、设计参数、构造措施、附加装置等进行结构设计;对所设计的结构进行性能评估,如果满足性能标准的要求,则明确给出所设计结构的实际性能水平并提供给建设单位和使用者,否则返回修改目标或修改设计。按需求和功能等因素确定的结构预期性能与不断改进设计过程中实现的结构固有性能之间必然存在差异,这一差异在设计过程中不断减小直至设计完成时最终消除。一个典型的基于性能的设计流程如图 6.1 所示。

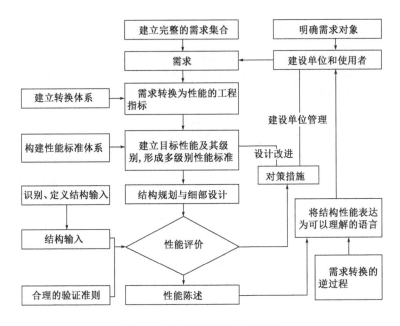

图 6.1 基于性能设计的一般流程

目前在桥梁工程领域有限的抗灾设计中,往往只强调灾害作用下结构不严重破坏或不倒塌,基于单一极限状态开展设计,尽管能一定程度上保障生命安全,但难以评价和控制结构在灾害作用下的损伤程度、中断时间、经济损失等后果,难以传达建设单位、使用者等利益相关人员的个性化需求,造成结构在灾害作用下的性能不明确、设计的可靠性未知。将性能设计理念应用于多灾害作用下的桥梁设计,可以通过设计过程使结构满足性能预期,通过控制灾害下结构性能将其损伤程度和损失成本控制在可接受的水平。更为重要的是,多灾害作用下桥梁设计要考虑的作用输入、设计内容、决策范围均大大拓展,其设计过程的基本特征早已超出目前设计规范和设计方法的基本假定和包容范围,全面应用和实施性能设计方法是其设计过程的客观需要。考虑到特大跨径桥梁个性突出、寿命期长、投资和社会影响巨大、建设和运营环境复杂等诸多特点,其设计要求显著区别于常规桥梁,控制灾害下结构损伤、修复时间、社会经济损失等需求更为迫切,因此对多灾害作用下的特大跨径桥梁,更应全面应用基于性能的设计方法开展结构设计。

6.3.2 基于风险的设计理念

风险评估是对于低概率、高损失事件进行分析决策的有效手段[7]。对桥梁工程来说,与桥梁结构相关、在桥梁全寿命各个过程中出现、对相关利益团体的某种既定目标造成影响的不确定事态,均可称之为桥梁的风险事态[8]。桥梁风险评估是在对与桥梁相关的潜在的风险因素和风险事态进行辨识,对其出现可能性、影响程度等进行量测,并对量测的结果进行分析、评价、比较、处置的基础上,制订合理应对策略的过程[9]。各种灾害作用对桥梁结构来说可以视之为风险事态,因此可引入风险指标采用基于风险的设计理念进行多灾害作用下的桥梁设计[10-11]。

无论是工程中已较为常用的风险评估方法,还是更为前沿的基于风险的结构设计,其重要前提均是对风险内涵的深刻理解。很多研究者将风险概括为不确定损伤事态及其概率和后果的集合[12-13]。因此,风险可定义为潜在的风险事态转化为现实损失的概率及其后果的综合度量,包含风险事态、风险概率和风险损失三个要素[9]。风险的定量度量可以表达为风险事态造成损失发生的概率 p 和损失后果 c 的函数,记为 $R = f(p,c)$,一般情况下为简化起见,风险往往定义为损失发生概率 p 和损失后果 c 的乘积,即 $R = p \cdot c$。还有学者认为风险既可以是造成损失的不确定事件本身[7],也可以是不确定事件发生的概率[1,14],还可以是不确定事件造成的损失期望值[15-16]。总体而言,研究者对风险内涵的理解基本相似,构成风险的必要因素包括风险事态(risk scenario)、风险概率(risk probability)和风险损失(risk loss),广义上说,风险事态、风险概率和风险损失中的一项或多项组合都可以视之为风险。

桥梁风险概率 p 可定义为桥梁风险损失现实发生可能性的数学描述,可以理解为损失发生概率,风险概率的计算需要综合考虑风险事态出现的概率(风险事态基础概率)和在风险事态作用下发生损失的条件概率(损失发生条件概率)。桥梁风险损失 c 可定义为桥梁在风险事态中所受的结构损伤、人员伤亡、服务水平下降等直接影响以及交通受阻、声誉受损等间接影响,从而形成的各种价值的缺损或灭失。基于广义风险的定义,也可以将风险理解为由于潜在风险事态的实现,而对既定目标产生的影响,这里的既定目标可以是结构安全、人员伤亡、预期利润、维护费用等或其组合,对不同利益主体,桥梁风险损失的内涵和外延可能不同[9]。总之,与预期结果相背离,都可以定义为一种广义的损失,各种损失可以通过一定规则转换为货币单位来度量[17,20]。需要说明的是,桥梁风险事态造成的损失并不直接以货币形式体现,而是以人员伤亡、时间损失、物质损失、环境影响的一种或几种的组合形式体现,只有在人们赋予这些损失以货币价值的含义后,货币才与损失联系起来[18-19]。

将桥梁寿命期内的灾害事件视为风险事态,便可以将以上论述的风险概念用于灾害作用下的桥梁评价和设计。风险概率即为灾害作用下桥梁达到某种损伤状态的概率(损失发生概率),这一概率的计算需要综合考虑灾害事件的发生概率(也即风险事态基础概率)和在灾害事件作用下结构达到一定损伤状态的概率(也即损失发生条件概率);风险损失即为灾害作用导致桥梁处于某种损伤状态下的物质损失、时间损失、人员伤亡、环境损失等组成的综合后果,赋予这些后果以货币价值后,便可将各种风险损失视为经济损失并以货币单位来度量。对于多灾害作用下的桥梁设计,可将风险定义为灾害作用下结构损伤发生的概率及其期望经济损失的乘积,按照这种定义,风险的单位与货币单位相同。

对于多灾害作用下的桥梁设计而言,采用风险指标评价结构性能还具有另外一层重要意义。由于不同灾害作用下桥梁存在多种损伤失效模式,不同灾害对桥梁的影响程度难以直接比较,多种灾害场景对桥梁的综合影响程度更加难以直接评估。风险可作为不同灾害场景对桥梁造成的影响程度和灾变后果的一个一致的、可比的、定量的度量指标。引入风险指标评价灾害对桥梁的影响程度,可以在同一层面上比较不同灾害对桥梁的影响,在此基础上可以进一步综合所有灾害场景对桥梁的影响,这样就可以通过限制各灾害场景的风险和所有灾害场景的总风险来确保桥梁在多灾害作用下满足风险准则的要求,如有必要还可基于多灾害总风险最低原则来优化桥梁的抗灾设计。

基于风险的桥梁设计可概括为,系统地引入风险思想,合理考虑桥梁寿命周期中的不确定风险事态及其发生的可能性和影响后果,基于风险指标进行结构性能评价、决策和优化的桥梁设计过程。基于风险桥梁设计的一般流程如图 6.2 所示。

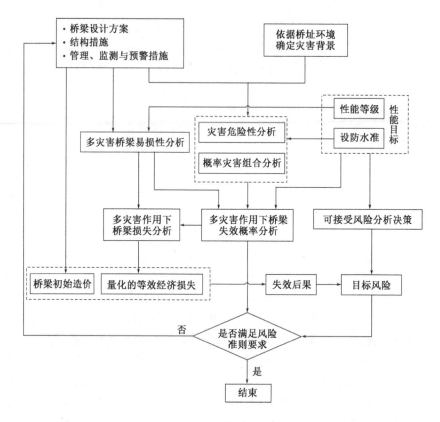

图6.2 基于风险设计的一般流程

风险是设计过程中对于低概率、高变异、重损失事件进行决策的有效工具。灾害事件发生概率低,其荷载出现形式、范围等及其对结构的影响都具有很高的不确定性,且灾害作用下桥梁的损伤失效往往会带来严重后果和重大损失,因此灾害事件就是典型的风险事态,风险是对其进行设计决策的有效工具。更为重要的是,对多灾害作用下的桥梁设计,风险还可以作为度量不同灾害场景对桥梁影响程度的一个通用指标,也即各种灾害对桥梁的影响均可以通过风险指标来衡量。因此,在桥梁设计中引入风险指标进行性能评价和设计决策,充分考虑建设单位意愿和决策偏好,进行基于风险的设计和优化,能够为多灾害作用下桥梁设计提供更为科学的决策指标和更为客观的决策方法,是多灾害作用下桥梁设计的迫切需要。

6.3.3 基于全寿命的设计理念

传统的桥梁设计是基于"成桥状态"的设计,设计中只重视桥梁建设期的安全和强度,往往忽视结构的耐久性、可养护性、可更换性等长期性能;造价的评估主要关注建设成本,往往忽略运营阶段管养维护、构件更换维修等方面的长期综合费用[2]。近年来,世界各国普遍发现,基于"成桥状态"设计的现有桥梁存在使用性能差、使用寿命短、全寿命经济性差等问题,严重影响了桥梁正常服务功能的发挥,给养护、维修等运营管理带来巨大的经济和社会负担[21-22]。

基于全寿命的桥梁设计不再局限于只关注桥梁成桥状态和建设期成本等短期因素,而是考虑桥梁全寿命周期内所有可能发生的一切及其变化进行设计和优化[23]。基于全寿命的桥梁设计可定义为从桥梁结构规划、设计、建设、运营、管理和养护以及拆除的各个环节来寻求恰当方法和措施来满足桥梁结构全寿命综合性能最优的设计过程[24]。可见,基于全寿命的桥梁设计是针对桥梁整个生命周期进行的设计。全寿命设计的主要思路是在实施具体的工程措施之前,将后续寿命周期中可能出现的各种问题和工程内容在设计阶段进行系统规划和全盘考虑,以达到预期的全寿命期内性能和成本等综合最优的设计目标[6,25]。

基于全寿命的桥梁设计与传统桥梁设计的主要区别在于引入时间变量,把设计方案放到桥梁整个寿命期内去分析,设计方案不仅需要满足竣工时的要求,还要使其在设计使用寿命内任一时刻的各种性能均能满足需要[2]。因此,为了满足桥梁寿命期内使用、资金、生态、文化等多方面的需求并实现良好的桥梁生命周期质量,需要对桥梁进行合理的使用寿命设计和规划,经调查、分析、模拟、预测等研究过程,给定结构体系和各个构件的寿命范围,作为全寿命设计的基本设计参数供设计取用[6];进行必要的造型设计以满足人们对桥梁的文化、美学和景观要求[26];进行性能设计以满足桥梁的性能要求;同时还要考虑桥梁对环境生态的影响开展生态设计;并要在设计时考虑未来的监测、养护与维修需要,开展管养设计。最终须对每个设计方案的各个环节进行成本分析,对其整个生命周期的总成本进行比较,从而确定最优方案[27]。综上所述,基于全寿命的桥梁设计过程可概括为寿命给定、造型设计、性能设计、生态设计、管养设计五个设计过程和基于全寿命成本分析的决策过程[6,24]。基于全寿命桥梁设计的一般流程如图 6.3 所示。

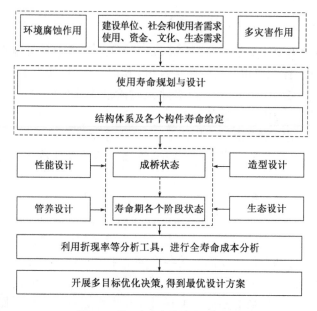

图 6.3　基于全寿命设计的一般流程

桥梁的设计使用年限往往在 100 年以上，仅考虑成桥状态进行结构设计存在很大缺陷。在桥梁整个寿命过程中，结构性能将由于材料特性、构件状态、体系特征等随使用时间的变化而变化，外部荷载状况及面临的灾害环境也随时间变化，桥梁功能需求也可能由于使用条件变化而变化。因此多灾害作用下的桥梁设计应在设计阶段综合考虑多因素的时变特性并确保桥梁在整个寿命期时间域内的性能满足要求。在桥梁寿命期安全性、功能性等性能要求得到满足后，经济性就成为确定桥梁设计优劣的重要原则。目前工程界已经广泛采用最小期望全寿命总成本作为结构设计优化的原则，多灾害作用下桥梁设计过程中，对多个满足寿命期性能要求和风险准则的可行设计方案，应通过全寿命总成本的比较选择成本最低的方案作为最优方案；也可以将性能标准和风险准则作为约束条件，以全寿命成本最低为目标开展多灾害作用下的桥梁优化设计。

全寿命设计的核心理念包括两点：第一，不仅考虑成桥状态的设计要求，而是基于整个寿命周期考虑多种因素的时变特性来规划桥梁设计；第二，在满足多种设计需求所确定的约束条件的前提下，以全寿命总成本最低这一原则来优化和比选设计方案。完整的全寿命设计是一项非常复杂、庞大的工作,将其细致地用于多灾害作用下的桥梁设计既不现实,也无法把握问题的重点关注点。就多灾害作用下的桥梁设计而言,重点关注的是考虑多种时变因素后桥梁在寿命期中灾害作用下的安全性和功能性,在此基础上基于经济性优选设计方案。这样的设计需求和目标与全寿命设计两方面的核心理念是相呼应的,因而基于全寿命的设计理念与多灾害作用下的桥梁设计过程可以很好地结合在一起。

综合以上论述,可将基于全寿命设计理念的多灾害作用下的桥梁设计表述为,考虑桥梁长寿命期内结构状态、灾害作用、相关需求的时变特性,对寿命期内性能标准和风险准则的满足情况进行动态分析和评价,并基于全寿命成本最低原则优选设计方案的设计过程。考虑时变因素开展设计,并引入全寿命成本指标进行经济性优化和比选,是综合达成结构安全性、功能性和经济性等设计目标的必然需求,因此应用全寿命设计理念亦是多灾害作用下桥梁设计的客观需要。

6.3.4 多灾害作用下桥梁设计方法的核心理念

通常来说,基于性能的设计是通过将建设单位、使用者和社会的需求转化为技术体系的个性化性能要求,采用分析、计算和评价等多种技术手段,建立并优化结构方案以实现并验证这些性能要求。但对于多灾害作用下的桥梁设计,一般只能对每种灾害场景分别进行设计评估,因而无法考虑多灾害作用进行综合的设计决策与优化,另外通过性能标准间接考虑灾害后果难以直接反应灾害损失等利益相关者的需求和关注,且往往欠缺对设计过程中多种不确定因素的考虑,降低了最终决策的科学性。

基于风险的设计是通过引入风险指标并基于风险准则进行决策和优化的设计方法,能够考虑灾害的风险本质及其带来的多种不确定性因素和损失后果,并从对结构造成影响的角度提供了多种灾害场景相互比较的合理途径,可为多灾害作用下桥梁综合设计决策提供一致化的指标和准则。但对于长寿命期的桥梁设计,仅按成桥状态和仅从风险成本的角度考虑结构设计显然也是不尽合理的。

基于全寿命的设计将设计评价和决策的时间域拓展到结构的整个寿命周期,并基于全寿命总成本比选最优设计方案。但这种设计方法更多的关注通过设计手段使结构预期寿命满足给定的寿命要求,自身并不要求有明确的性能标准体系和风险准则控制灾害作用下的结构设计。

本章试图建立的设计方法针对多灾害作用下桥梁设计的特点、目标和原则,综合基于性能设计方法、基于风险设计方法和基于全寿命设计方法的核心思想和理念,形成一套适用于多灾害作用下桥梁设计的理念、方法与过程。为明确起见,将本章建立的这种设计方法称为基于性能、风险和全寿命的多灾害作用下桥梁设计方法,其核心设计理念可简要表述为:在考虑多灾害作用风险本质的基础上,寻求恰当方法和措施来满足桥梁结构全寿命期综合性能(安全性、功能性、经济性)最优的设计理念。

融合基于性能、风险和全寿命的设计理念建立的多灾害作用下桥梁设计方法,各个设计理念的核心因素如图6.4所示。总之,多灾害作用下的桥梁设计,应以结构全寿命期为时间域,在全面考虑多灾害作用的基础上,贯彻基于性能的设计理念,建立多层级的灾害作用下结构性能标准,构思并完善设计方案使之满足性能标准的要求;应用基于风险的设计理念,在考虑多种不确定性因素和灾害风险损失的基础上引入风险准则开展多灾害作用下的综合设计决策;贯彻基于全寿命的设计理念,对全寿命期内结构状态与功能需求的符合状况进行动态分析,并基于全寿命总成本最低选择最优设计方案。最终设计目标是获得满足多灾害作用下安全性和功能性要求并具备最佳经济性的设计方案,实现考虑多灾害作用的桥梁全寿命综合性能最优。

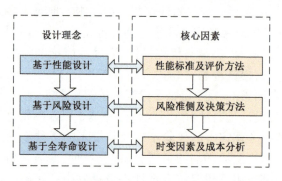

图6.4 多灾害作用下桥梁设计方法的核心设计理念

6.4 多灾害作用下桥梁设计的主要过程

本章试图建立的多灾害作用下桥梁设计方法与传统的桥梁设计方法在设计作用、分析方法、评价准则、设计对策、优选准则、设计目标等设计各主要方面都存在显著区别,目的是实现多灾害作用下桥梁全寿命期内满意的安全性、功能性和在此基础上最优的经济性。本节对设计方法的各主要过程进行阐述,以形成完整的多灾害作用下桥梁设计的总体框架。

多灾害作用下的桥梁设计,需进行灾害作用及组合分析,基于桥址环境分析桥梁寿命期中可能遇到的所有灾害及灾害组合作用,确保设计输入的全面合理考虑;进行性能分析与评价,建立性能标准、计算结构响应、评价结构性能直至得到满足多灾害作用下各灾害场景性能标准的可行设计方案;基于风险和全寿命成本分析进行设计决策与优化,通过风险分析进一步验证满足性能标准的可行方案是否满足风险准则的要求进而做出设计决策,对每个满足性能标准且满足风险准则的备选设计方案进行全寿命成本分析和比较,从而确定最优设计方案,如有必要,可以满足性能标准和风险准则为约束条件,以使全寿命总成本最低为目标,综合考虑多灾害作用进行设计优化。因此,多灾害作用下桥梁设计可分解为灾害作用及组合分析、性能分析与评价、基于风险和全寿命成本分析的设计决策与优化三大主要设计过程,每个主要设计过程又由多个设计任务所组成,详述如下。

1)灾害作用及组合分析

(1)灾害作用选定

灾害作用及组合分析的首要任务是通过调查桥址环境(地质、水文、气象、通航等环境条件)、桥梁使用功能(通行车辆种类、设计行车速度、是否运输易燃易爆等危险品)及相关资料(桥址附近的灾害历史记录资料等),选定桥梁设计中要考虑的灾害作用。桥梁在其寿命期内可能遭受地震、强风、巨浪、冲刷等自然灾害及撞击、火灾、爆炸等事故灾害,桥梁可能遭受的灾害与桥址环境和桥梁的使用功能有关,应全面调查桥梁灾害背景,选定桥梁寿命期中可能遇到的所有灾害。

(2)灾害组合分析

在选定的灾害中,对可能同时发生或接连发生的灾害进行合理组合,明确其组合模式。通过灾害作用选定和灾害组合分析可确定设计中考虑的包含单一灾害场景和/或灾害组合场景在内的所有灾害场景。

(3)灾害危险性分析

灾害的发生、强度均具有高度的不确定性,灾害强度的合理描述应基于概率方法,这就需要通过灾害及灾害组合的概率危险性分析,推测某场地一定时段内最大灾害强度的概率分布,建立灾害强度与其一定时段内超越概率(或发生概率)之间的对应关系。可采用特定灾害学科领域的成熟分析方法,以传统的重现期或设计基准期超越概率的形式描述灾害作用,也可以直接按照一定概率分布模型结合实测灾害数据估计灾害作用的概率分布。

2)性能分析与评价

(1)明确性能标准

性能设计的目的是使方案满足性能标准的要求,因而明确性能标准就成为性能设计的首要任务,这种性能标准是针对每一种灾害场景的结构设计标准,不直接涉及损伤概率和损伤后果,而仅仅规定每种灾害场景在指定等级的灾害作用下桥梁所应达到的性能级别。应根据建设单位和使用者需求、结构和构件的重要性和功能性、社会经济因素(伤亡、财产损失、业务中断、灾后修复)和其他因素(文化、环境因素)综合确定每种灾害场景的性能标准。

(2)建立初步设计方案

依照常规桥梁设计方法,建立初步设计方案,满足规范规定的安全、适用、耐久等设计要求。初步设计方案是接下来进行灾害作用下性能评价和进一步改进设计的基础。在建立初步设计方案的过程中,应注意从概念上考虑桥梁防灾减灾的需求。好的初步设计方案可显著降低反复的设计改进以及性能评价的工作量。

(3)性能评价

在明确了性能标准并建立了初步设计方案后,需要进行结构分析计算和性能评价工作。依据性能标准的要求,对每种灾害场景计算指定水平的灾害作用下初步设计方案性能指标的结构响应值,并与目标性能等级的限定值进行比较,来判定初步设计方案在此灾害场景的设计作用水平下是否满足性能目标的要求。对每种灾害场景均需依据各自的性能标准进行性能评价。

(4)设计改进(如有必要)

对于不满足性能标准的初步设计方案,可考虑采取一定的对策与措施对方案进行改进甚至重新建立方案来满足性能标准的要求,最终形成满足各灾害场景性能标准的可行设计方案。改进设计方案的对策与措施主要包括以下几类:增强桥梁薄弱部位、提高桥梁构件抗力、增加桥梁传力路径、增设附件装置及设备、优化桥梁约束体系、改变桥梁结构形式等。对于具体的工程,应结合桥址环境、桥梁用途、建设单位需求等选择可行的设计改进对策与措施。

3) 基于风险和全寿命成本分析的设计决策与优化

桥梁工程中的决策与优化问题理论上都是无限方案的多目标决策和优化问题,但实际操作中只能对有限的方案进行评价和比选,风险和全寿命成本分析是对设计方案进行决策、优化和比选的有效工具。

(1) 损伤概率分析

有些灾害场景作用下的桥梁损伤概率可根据明确的极限状态功能函数采用可靠度计算方法直接分析得到。但对多数灾害场景,较为可行的方法是计算灾害可能的各种作用水平下桥梁损伤的条件概率,也就是通常所说的易损性分析,在易损性分析的基础上,结合灾害场景概率危险性分析的结果,全域卷积得到此灾害场景作用下的桥梁损伤概率。

(2) 损伤后果分析

一定级别的桥梁损伤状态,不仅对应着一定的结构损伤程度,还往往导致一定的人员伤亡、服务水平下降等直接影响以及交通受阻、声誉受损等间接影响,从而形成各种价值的缺损或灭失。对灾害作用导致的桥梁处于各个级别损伤状态下的预期物质损失、时间损失、人员伤亡、环境损失等组成的损伤后果进行综合分析,通过赋予这些后果以货币价值进而将各种损伤后果均视为经济损失并以货币单位来度量,最终得到各灾害场景下结构各级别损伤状态对应的预期经济损失。

(3) 风险分析

对于灾害作用下的桥梁设计,可将风险定义为灾害作用下桥梁各级别损伤状态出现概率及其期望经济损失乘积对所有级别损伤状态的求和,按照这种定义,风险的单位与货币单位相同。结合每一灾害场景下桥梁各级别损伤状态的概率分析和后果分析的结果,可求得每一灾害场景下的桥梁风险,将每种灾害场景的桥梁风险相加可得到全面考虑所有灾害场景的桥梁总风险。

(4) 基于风险准则的设计决策

由于灾害作用自身、灾害作用下的结构能力和需求都具有高度的不确定性,因此每种灾害场景下桥梁是否满足相应性能标准本质上是不确定的,对于满足所有性能标准的可行设计方案,还需通过风险准则进行设计决策。考虑桥梁利益相关者的风险态度及类似工程的经验,建立多灾害作用下桥梁的风险决策准则,并依据风险准则对满足性能标准的可行方案进行设计决策。

(5) 设计改进(如有必要)

对于不满足风险准则的设计方案,可考虑采取相应对策与措施对方案进行改进直至方案满足风险准则的要求,最终形成既满足各灾害场景性能标准又满足风险准则的备选设计方案。

(6) 全寿命成本分析

全寿命成本分析的主要任务是对每个既满足性能标准又满足风险准则的备选设计方案的初始建设成本、管养维护成本、灾害损失成本等进行计算和累加,得到每个备选设计方案的全寿命总成本。

(7) 基于全寿命成本的设计优选

基于全寿命总成本最低,在满足性能标准和风险准则的备选设计方案中确定经济性最优的最终设计方案。如有需要,还可以综合考虑所有灾害场景的需求,以满足各个灾害场景下性能标准和综合风险准则为硬性约束条件,以多灾害作用下全寿命总成本最低为目标,开展设计优化。

本章建立的基于性能、风险和全寿命理念的多灾害作用下桥梁设计方法的设计过程及对应的设计任务和预期成果见表6.4。

多灾害作用下桥梁主要设计过程、设计任务、工作内容及目标 表6.4

设计过程	设计任务	工作内容及目标
灾害作用及组合分析	灾害作用选定	调查分析桥址灾害背景,选择设计中要考虑的灾害作用
	灾害组合分析	对可能同时发生或连续发生的灾害进行合理组合,确定包含灾害组合场景在内的所有可能的灾害场景
	灾害危险性分析	通过灾害概率危险性分析确定各灾害场景的灾害强度或灾害作用关键参数的(联合)概率分布
性能分析与评价	明确性能标准	根据建设单位需求、结构重要性、社会经济等因素综合确定每种灾害场景的结构性能标准
	建立初步设计方案	建立满足常规设计要求并从概念上考虑防灾减灾需要的初步设计方案
	性能评价	分析灾害作用下的结构响应进而根据性能指标的响应值与限定值的关系评价初步设计方案的固有性能是否满足性标准的要求
	设计改进	如有必要,采取一定的对策与措施改进不满足性能标准的初步设计方案,直至形成满足各灾害场景性能标准的可行设计方案

续上表

设计过程	设计任务	工作内容及目标
基于风险和全寿命成本分析的设计决策与优化	损伤概率分析	对各灾害场景通过建立灾害作用下的极限状态功能函数或者通过结合灾害场景概率危险性和结构易损性分析结果,得到每种灾害场景下结构处于各级别损伤状态的概率
	损伤后果分析	以货币度量结构损伤后果,计算各灾害场景下结构各级别损伤状态对应的预期经济损失
	风险分析	结合每一灾害场景下桥梁各级别损伤状态概率分析和后果分析的结果得出每一灾害场景下的桥梁风险以及考虑所有灾害场景的桥梁总风险
	基于风险准则的设计决策	建立多灾害作用下桥梁风险准则,并依据风险准则对满足性能标准的可行方案进行设计决策
	设计改进	如有必要,改进设计方案直至得到既满足各灾害场景性能标准又满足风险准则要求的备选设计方案
	全寿命成本分析	对每个备选设计方案进行全寿命成本分析
	基于全寿命成本的设计优选	基于全寿命总成本最低,在备选设计方案中选定经济性最优的最终设计方案;如有需要还可以性能标准和风险准则为约束条件,以全寿命总成本最低为目标开展设计优化

在以上三大主要设计过程中,灾害作用及组合分析是整个设计过程的出发点,正是由于设计过程要考虑发生概率低、损失大、不确定性高的灾害及其组合作用,才使得桥梁设计过程必须引入性能分析与评价、基于风险和全寿命成本分析的设计决策与优化。性能分析与评价、基于风险和全寿命成本分析的设计决策与优化这两个主要过程的对象都是多灾害作用下的桥梁结构,因此灾害作用及组合分析是进行后续所有设计过程的重要基础。性能分析与评价、基于风险和全寿命成本分析的设计决策与优化是逐渐递进的设计过程:性能分析与评价完成后得到满足性能标准的可行设计方案;针对可行设计方案依据风险准则做出设计决策;最终对既满足性能标准又满足风险准则的可行设计方案进行全寿命成本分析及基于全寿命成本的设计比选或优化,进而获得经济性最优的最终设计方案。

6.5 多灾害作用下桥梁设计的整体流程

根据以上分析和论述可以看出,全面应用基于性能、风险和全寿命设计的核心理念将为多灾害作用下的桥梁设计提供合理的解决途径。灾害作用及组合分析、性能分析与评价、基于风险和全寿命成本分析的设计决策与优化是这一设计方法的主要设计过程,每一个设计过程中又包含了若干设计任务,最终获得的设计方案应满足多灾害作用下全寿命周期内安全性和功能性要求并具备在此基础上的最佳经济性,实现考虑多灾害作用的桥梁综合性能最优。

本节在前文明确了多灾害作用下桥梁设计的目标、原则、核心理念和设计过程的基础上,进一步提出基于性能、风险和全寿命的多灾害作用下桥梁设计方法的整体设计流程,如图 6.5 所示。

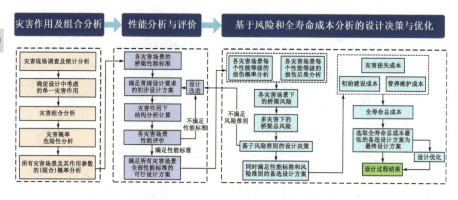

图 6.5　基于性能、风险和全寿命的多灾害作用下桥梁设计流程

6.6 结语

本章首先基于对传统的桥梁结构设计目标的分析和拓展,提出了多灾害作用下桥梁设计的原则性目标,明确了各个设计目标的概念内涵,梳理了多个设计目标之间的内在逻辑关系,在此基础上从设计作用、分析方法、评价准则、设计对策、优选准则、设计目标等桥梁设计的各主要方面进一步明确了多灾害作用下桥梁设计所应遵循的设计原则。对基于性能设计、基于

风险设计和基于全寿命设计等三类重要设计理念分别阐述和梳理,综合这三类设计理念的核心思想和各自优势,构建了一套基于性能、风险和全寿命的且适用于多灾害作用下桥梁设计的核心设计理念。基于这一核心设计理念,建立了包括灾害作用及组合分析、性能分析与评价、基于风险和全寿命成本分析的设计决策与优化等三大设计过程的多灾害作用下桥梁设计方法总体框架,并详细阐述了这一设计方法中各个设计过程的所有设计任务、工作内容及预期目标。在以上建立的设计方法总体框架基础上,最终完整给出了基于性能、风险和全寿命的多灾害作用下桥梁设计方法的整体设计流程。

根据本章的分析和论述可以得出以下主要结论:

(1) 多灾害作用下桥梁设计的目标主要包括安全性、功能性和经济性。安全性设计目标是指灾后桥梁不应出现整体破坏和连续倒塌;功能性设计目标是指灾后桥梁能够维持预先规定的使用性能或通行能力;经济性设计目标是指桥梁应具备最低的初始建设成本与灾害损失成本之和。

(2) 为确保多灾害作用下桥梁安全性、功能性和经济性等设计目标能够合理实现,多灾害作用下桥梁设计应计入可能发生的多种灾害作用或灾害组合作用,考虑多种来源的不确定性和时变性进行分析计算,建立多层级性能标准和风险准则作为设计评价标准和决策准则,协同考虑多种灾害作用的设计需求确定设计对策,在满足多层级性能标准和风险准则的基础上基于纳入灾害损失成本的全寿命总成本最低来优化或比选设计方案。

(3) 多灾害作用下的桥梁设计,应全面贯彻和应用基于性能、风险和全寿命的核心设计理念,也即在考虑多灾害作用风险本质的基础上,寻求恰当的方法和措施来满足桥梁结构全寿命期综合性能(安全性、功能性、经济性)最优的设计理念。

(4) 多灾害作用下的桥梁设计,应以结构全寿命期为时间域,在全面考虑多种灾害作用及灾害组合作用的基础上,贯彻基于性能的设计理念,建立多层级的灾害作用下结构性能标准,构思并完善设计方案使之满足性能标准的要求;应用基于风险的设计理念,在考虑多种不确定性因素和灾害风险损失的基础上引入风险准则开展多灾害作用下的综合设计决策;贯彻基于全寿命的设计理念,对全寿命期内结构状态与功能需求的符合状况进行动态分析,并基于全寿命总成本最低选择最优设计方案。最终设计目标是获得满足多灾害作用下安全性和功能性要求并具备最佳经济性的设计方案,实现考虑多灾害作用的桥梁全寿命综合性能最优。

(5) 多灾害作用下的桥梁设计，需进行灾害作用及组合分析，基于桥址环境分析桥梁寿命期中可能遇到的所有灾害及灾害组合作用，确保设计输入的全面合理考虑；进行性能分析与评价，建立性能标准、计算结构响应、评价结构性能直至得到满足多灾害作用下各灾害场景性能标准的可行设计方案；基于风险和全寿命成本分析进行设计决策与优化，通过风险分析进一步验证满足性能标准的可行方案是否满足风险准则的要求进而做出设计决策，对每个满足性能标准且满足风险准则的备选设计方案进行全寿命成本分析和比较，从而确定最优设计方案，如有必要，可以满足性能标准和风险准则为约束条件，以使全寿命总成本最低为目标，综合考虑多灾害作用进行设计优化。因此，多灾害作用下桥梁设计可分解为灾害作用及组合分析、性能分析与评价、基于风险和全寿命成本分析的设计决策与优化三大主要设计过程，每个主要设计过程又由多个设计任务所组成。

(6) 由于要重点考虑发生概率低、损失大、不确定性高的灾害及其组合作用，多灾害作用下的桥梁设计必须引入性能分析与评价、基于风险和全寿命成本分析的设计决策与优化这两个设计过程，并且这两个设计过程的分析对象都是多灾害作用下的桥梁结构，因此多灾害作用下桥梁设计过程中，灾害作用及组合分析是整个设计过程的出发点和进行后续所有设计过程的重要基础。

(7) 性能分析与评价、基于风险和全寿命成本分析的设计决策与优化是逐渐递进的两大设计过程。性能分析与评价完成后可得到满足性能标准的可行设计方案，针对可行设计方案进一步依据风险准则做出设计决策，最终对既满足性能标准又满足风险准则的备选设计方案进行全寿命成本分析及基于全寿命成本的设计比选或优化，进而获得综合性能最优的最终设计方案。

本章参考文献

[1] 中华人民共和国交通运输部. 公路桥涵设计通用规范：JTG D60—2015 [S]. 北京：人民交通出版社股份有限公司，2015.

[2] 马军海. 基于全寿命的桥梁设计过程及其在混凝土连续梁桥中的应用 [D]. 上海：同济大学，2007.

[3] 叶见曙. 结构设计原理 [M]. 3版. 北京：人民交通出版社股份有限公

司,2014.

[4] 中华人民共和国交通运输部.公路工程结构可靠性设计统一标准:JTG 2120—2020[S].北京:人民交通出版社股份有限公司,2020.

[5] Chen A R,Tian Y,Ma R J,et al. Framework of bridge design method under multi-hazard and its application to super-span multi-pylon cable-stayed bridges[C]. Geneva IABSE Conference-Structural Engineering: Providing Solutions to Global Challenges,2015.

[6] 陈艾荣.基于给定结构寿命的桥梁设计过程[M].北京:人民交通出版社,2009.

[7] 阮欣,尹志逸,陈艾荣.风险矩阵评估方法研究与工程应用综述[J].同济大学学报(自然科学版),2013,41(3):381-385.

[8] 阮欣.桥梁工程风险评估体系及关键问题研究[D].上海:同济大学博士学位论文,2006.

[9] 阮欣,陈艾荣,石雪飞.桥梁工程风险评估[M].北京:人民交通出版社,2008.

[10] Ellingwood B R. Risk-informed condition assessment of civil infrastructure: state of practice and research issues[J]. Structure and Infrastructure Engineering,2005,1(1):7-18.

[11] Decò A,Frangopol D M. Risk assessment of highway bridges under multiple hazards[J]. Journal of Risk Research,2011,14(9):1057-1089.

[12] Kaplan S. The words of risk analysis[J]. Risk Analysis,1997,17(4):407.

[13] Augusti G,Ciampoli M. Performance-based design in risk assessment and reduction[J]. Probabilistic Engineering Mechanics,2008(23):496-508.

[14] Li Y,Yin Y J,Ellingwood B R,et al. Uniform hazard versus uniform risk bases for performance-based earthquake engineering of light-frame wood construction[J]. Earthquake Engineering and Structural Dynamics,2010(39):1199-1217.

[15] Zhu B J,Frangopol D M. Reliability,redundancy and risk as performance indicators of structural systems during their life-cycle[J]. Engineering Structures,2012(41):34-49.

[16] Zhu B J,Frangopol D M. Risk-based approach for optimum maintenance of

[16] bridges under traffic and earthquake loads[J]. Journal of Structural Engineering,2013,139(3):422-434.

[17] Dong Y,Frangopol D M,Saydam D. Time-variant sustainability assessment of seismically vulnerable bridges subjected to multiple hazards[J]. Earthquake Engineering and Structural Dynamics,2013(42):1451-1467.

[18] PadgettJ E, Li Y. Risk-based assessment of sustainability and hazard resistance of structural design[J]. Journal of Performance of Constructed Facilities,2014.(published online)

[19] Dong Y,Frangopol D M. Probabilistic ship collision risk and sustainability assessment considering risk attitudes[J]. Structural Safety,2015(53):75-84.

[20] PadgettJ E, Tapia C. Sustainability of natural hazard risk mitigation:life cycle analysis of environmental indicators for bridge infrastructure[J]. Journal of Infrastructure Systems,2013(19):395-408.

[21] Frangopol D M, Soliman M. Life-cycle of structural systems:recent achievements and future directions[J]. Structure and Infrastructure Engineering,2016,12(1):1-20.

[22] Barone G, Frangopol D M. Life-cycle maintenance of deteriorating structures by multi-objective optimization involving reliability,risk,availability,hazard and cost[J]. Structural Safety,2014,48:40-50.

[23] Frangopol D M,Saydam D, Kim S. Maintenance, management,life-cycle design and performance of structures and infrastructures:a brief review [J]. Structure and Infrastructure Engineering,2012,8(1):1-25.

[24] 马军海,陈艾荣,贺君.桥梁全寿命设计总体框架研究[J].同济大学学报(自然科学版):2007,35(8):1003-1007.

[25] Furuta H,Frangopol D M,Nakatsu K. Life-cycle cost of civil infrastructure with emphasis on balancing structural performance and seismic risk of road network[J]. Structure and Infrastructure Engineering,2011,7(1-2):65-74.

[26] 陈艾荣,盛勇,钱锋.桥梁造型[M].北京:人民交通出版社,2005.

[27] 彭建新.基于寿命周期成本的桥梁全寿命设计方法研究[D].长沙:湖南大学,2009.

本章作者简介

陈艾荣　教授

博士,博士生导师,同济大学桥梁工程系教授,兼任国际桥梁维护与安全协会(IABMAS)中国团组主席、国际结构与建筑协会(IASA)副主席、世界交通运输大会(WTC)桥梁工程学部主席、中国公路学会桥梁与结构工程分会副理事长等职务。

陈艾荣教授的研究领域主要为桥梁造型及设计伦理、桥梁寿命周期设计理论、多尺度多物理场数值模拟技术、桥梁维护、安全及管理、极端事件下的桥梁安全性能、多尺度结构拓扑优化理论等。先后主持国家科技支撑计划项目、国家自然科学基金项目、国家 863 计划项目、交通运输部西部交通建设科技计划项目等十余项国家及部委科研项目。主持编制和修订行业标准和规范 4 部,出版学术专著 18 部,发表学术期刊论文 300 余篇。

马如进　副研究员

博士,同济大学土木工程学院桥梁工程系副研究员。1999 年毕业于同济大学桥梁工程系,获桥梁与隧道工程专业学士学位;2004 年获得同济大学桥梁与隧道工程专业博士学位。2006 年 3 月—2007 年 2 月在美国得克萨斯理工大学(Texas Tech University)风科学与工程研究中心从事桥梁抗风研究。近年来主要从事大跨桥梁管理与维护技术、极端作用下的桥梁设计方法及安全评估、桥梁结构振动与控制及桥梁结构设计理论等方面的研究。先后承担与参与了多项国家自然科学基金项目、国家科技支撑计划项目、交通运输部科技项目等,参与修编行业规范《公路桥梁抗风设计规范》《公路桥梁景观设计规范》。曾获上海市科技进步一等奖,中国公路学会科技进步特等奖、一等奖等各种省部级奖项 8 次。在国际与国内期刊及会议发表学术论文 100 余篇。

第7章 大跨径桥梁约束装置长期性能

冯良平,徐源庆,过超

中交公路长大桥建设国家工程研究中心有限公司,北京,100011

7.1 引言

随着桥梁建设由内陆走向外海,从平原走向深山峡谷,桥梁建设条件更加复杂,桥梁跨度越来越大,面临的安全风险也越来越高,桥梁的安全运营尤其是汽车荷载、温度、风、地震等荷载作用下的安全性问题尤为重要[1]。约束关键装置(支座、阻尼器、伸缩装置)是桥梁结构体系实现桥梁设计、运营需求的核心构件,尤其对于长大跨径桥梁,需要在建设阶段、运营维护阶段重点针对其设计选型、产品力学性能检测、运营服役状态评估及能力提升方面开展详细研究[2]。江苏省针对跨江大桥高品质养护需求提出了大跨径桥梁的全寿命周期管理的"苏式养护"理念,即桥梁全寿命周期包括前期决策规划、设计施工、运行维护和工程退役四个阶段,有效、适用、合理的养护工作是对桥梁的一种再制造。

大跨径悬索桥纵向刚度、竖向刚度及扭转刚度低,动力稳定性能差,确定合理的塔梁、缆梁间约束形式,是保证悬索桥主缆、主塔、加劲梁协同受力的关键[3]。主跨1418m的南京长江四桥首次在连续悬索桥上采用竖向弹性支座,解决了索塔区主梁受力大、竖向位移大的结构难题,为横向抗风支座和纵向阻尼器设置提供了构造条件,并且索塔下横梁位置纵向设置了阻尼器及限位装置,在释放温度位移的同时限制梁体纵向荡移距离[4]。美国新奥克兰海湾大桥,采用了独塔四柱抗震剪力键新型技术,在悬索桥的并列双塔杆之间用一种可更换的钢塑性连接构件,在小震时提供一定刚度,中震时保持弹性,大震时进入塑性,从而保证主体结构大震时保持弹性,有效减小地震位移反应和弯矩,同时耗散地震能量[5]。主跨1688m的南沙大桥坭洲水道桥和主跨1200m的大沙水道桥采用了静力限位-动力阻尼的约束体系[3]。这种体系组合了漂浮体系和阻尼体系的优点,降低了结构的静动力响应,在深中通道伶仃洋大桥、赤水河大桥中进一步得到了推广应用。

通过调研国内外服役的大跨径悬索桥,发现支座、阻尼器、伸缩装置等均出现了不同程度的病害。超大跨径悬索桥正常运营状态下纵向运动除了温度变化引起的加劲梁热胀冷缩的缓慢变形外,还有车辆荷载、风荷载等环境激励引起的高频低幅往复位移。高频低幅的运动将会产生较大的累积纵向位移,这是造成悬索桥伸缩装置损坏、支座过度磨损、阻尼器漏油的重要原因[6,18]。主跨1385m的江阴长江公路大桥1999年通车,梁端纵向平均日累计位移为93.36m(安装塔梁间纵向阻尼器前),2003年底开始出现主桥大位移伸缩装置损坏等病害[7](图7.1)。经过多次维修后仍不能满足使用要求,在2006年进行了整体更换,并安装了纵向阻尼装置。经过10年的运行,由于常规液体黏滞阻尼器发生漏油,2019年更换为电涡流阻尼器。江阴长江公路大桥安装阻尼器前后纵向位移比较如图7.2所示。

a) 竖向支座滑板过度磨损

b) 伸缩装置过度磨损

图7.1 江阴长江公路大桥安装阻尼器前约束关键装置损伤情况

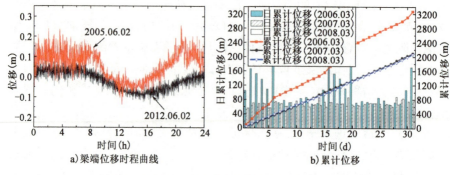

图 7.2 江阴长江公路大桥安装阻尼器前后纵向位移比较

截至 2019 年底，国外服役期≥20 年的钢箱梁悬索桥超过 18 座，其中 4 座服役期超过了 50 年，服役期≥20 年的钢箱梁斜拉桥 4 座；我国主跨超过 400m 的在役钢箱梁悬索桥总数超过 30 座，服役期≥20 年的有 5 座，主跨超过 500m 的在役钢箱梁斜拉桥总数 29 座，服役期超过 10 年的有 11 座。世界桥梁已逐渐进入需要及时开展养护与维修的关键时期，长大跨径桥梁面临的管养技术需求越来越迫切。长大跨径桥梁构件的管养面临检测、监测和评估等方面的难题，尤其是约束关键装置存在重视度不够、检修盲区多、易损构件多样、更换成本投入大、养护经验少、制度标准空缺和专业队伍匮乏的问题。

在约束关键装置监测、检测方面，目前服役过程中以外观检测为主，部分大桥和特大桥安装了健康监测系统，但总体来说检测方法较为传统、手段单一、智能化与信息化程度低、人为因素影响较大和海量监测数据难以直接使用，需要进行数据清洗及挖掘。在约束关键装置试验研究方面，国内外对新支座、阻尼器、伸缩装置的承载力、变形能力等力学性能开展了大量研究，安装前进行出厂检测和第三方型式检验[8-9]。但在役约束关键装置的服役性能评估方面，实桥难以系统检测且缺乏正常运营下约束关键装置服役性能测试及评估。在约束关键装置协同运动研究方面，利用桥梁长期监测数据，研究主梁位移与温度相关关系，判断伸缩装置、支座自身工作状态。但缺乏支座-阻尼器-伸缩装置协同运动性能分析和评估方法，约束关键装置性能退化和损伤对桥梁总体和局部区域受力性能的影响未知。在服役性能评估方法方面，利用桥梁定检数据，支座、伸缩装置按照技术状况评定标准进行评估，部分大桥采用累积位移量进行评估。但目前阻尼器缺乏评估标准，且动态监测数据未能反映约束关键装置全寿命周期性能变化特征，安全运营监测无预警指标。现有桥梁规范将约束关键装置视为附属装置,其在运营状态下性能测试评估困难;长期以来缺乏对约束关键装置的使用状态跟踪与分析,检测评估体系不够系统和完善;约束关键装置养护决策主要依赖于经验,易损件更换频繁,需研发新材料和新工艺延长其使用寿命[11-12]。

国内外桥梁支座运营过程中表现出的病害基本一致,养护方式也基本相同,如滑板磨损更换新滑板,钢件锈蚀则打磨涂刷油漆,底部脱空采取灌浆措施等[13]。在支座检测与评估方面:欧洲标准(EN 1337-10)中规定了桥梁支座检测分为定期检测与特殊检测,并对每个关注点的检测方法进行了说明,但未对检测结果进行等级评定[19];参考文献[14]对公路桥梁几种支座的检测和评估作了一些量化报道;文献[15-16]对滑板材料的磨耗率进行了详细分析,通过滑板材料的磨耗来预测支座的服役性能;美国公路与运输员工协会的《桥梁构件检查手册》(MBEI-2013)中规定了4级评定等级,且对每个等级进行了解释说明,但缺少量化指标[20];国内《公路桥涵养护规范》(JTG H11—2004)中将桥梁检查分为经常检查、定期检查和特殊检查,以及开展日常养护[10];《公路桥梁技术状况评定标准》(JTG/T H21—2011)列出了各支座不同病害的4级或5级检查评定等级及不同等级的量化标准[11]。

桥梁阻尼器运营过程中表现出的病害主要有漏油、活塞杆磨损、钢件锈蚀、锚固件松动等,国内外相关规范对于阻尼器的病害仅有定性的描述,缺乏定量化指标且缺少具体养护措施。我国公路《桥梁用黏滞流体阻尼器》(JT/T 926—2014)仅考虑新阻尼器的试验检测、运输及安装,但是未提及运营期的维修和养护[9]。欧洲的《抗震装置》(BS EN 15129:2018)[21]和美国《公路桥梁施工规范》(第四版)[22]详细介绍了新阻尼器的试验检测方法,规定了阻尼器运营过程中的定期检测和专项检测,但是比较笼统,具体的操作方法要求供应商自行提供。随着桥梁监测系统的蓬勃发展,近年来国内一些大型阻尼器上安装了压力传感器、位移传感器、温度传感器等,可根据阻尼器服役期内的监测数据并结合外观检测,实现阻尼器密封性能的综合评判,为阻尼器的养护以及养护效果的评价提供全面的数据支撑。

桥梁伸缩装置运营过程中表现出的病害主要有锚固区破损、伸缩缝堵塞卡死、两侧高低不平、钢构件锈蚀断裂、止水带破损老化等。不同类型的伸缩装置由于构造形式不同,在病害表现上也有所差别。国内规范《公路桥梁技术状况评定标准》(JTG/T H21—2011)给出了伸缩装置的检测内容和方法,对病害做了定性和定量描述,但未考虑不同类型伸缩装置之间的差异。

《公路桥梁伸缩装置病害评定技术标准》(DB32/T 3153—2016)针对每种类型的伸缩装置都给出了相应的病害种类，能够分别对其进行状况评定。国外规范中提出了伸缩装置使用性能评定要求和判定原则，但缺乏对病害方面的描述。欧洲《公路桥梁伸缩装置技术指南》(ETAG n°032—2013)中规定了伸缩装置技术状况的 4 级评定等级[23]，但缺少定量指标，实操性不强。近年来国内外学者提出了一种智能型伸缩装置，可实时监测并采集装置的运营状态及结构安全性数据，并对数据进行分析、向用户反馈，为伸缩装置的管养提供了有力支持[17]。

大跨径悬索桥一般采用半漂浮体系或全漂浮体系，梁端位移较大，为了限制动荷载作用下梁端位移，经常要在梁端同时安装阻尼器，与伸缩装置在结构上形成并联装置。由于伸缩装置直接承受车轮荷载的冲击作用，并长期暴露于自然环境中，是桥梁结构中最易损坏而又较难维修的部分。据美国统计数据显示，桥梁中伸缩缝的平均寿命为 10~15 年，远低于桥梁本身的设计寿命；日本东名高速公路通车的 8 年间，伸缩缝的平均修补次数为 1.6 次/缝；在欧洲，伸缩缝的维护成本占到了桥梁所有维修费用的 8%~20%。伸缩缝的损坏，不仅降低了行车舒适度，还将显著增加车辆对桥梁的冲击作用，从而加剧桥面铺装层破坏，甚至可能影响到桥梁结构本身。目前，黏滞阻尼器的功能主要是改善地震作用下的动力响应，对行车荷载激励下大跨径桥梁的振动响应考虑不足，忽略了风荷载、车辆荷载等日常动力荷载的影响，使仅用于抗震设计的黏滞阻尼器由于缺乏对行车荷载的控制设计，在远未达到设计使用寿命且最大行程未超过允许值的情况下发生了疲劳破坏，这不仅严重影响了行车安全性和舒适性，还加大了支座、伸缩装置的磨损量。

综上所述，约束关键装置直接关系着其在各种荷载作用下的安全性能和使用性能，是保证实现预期设计功能的关键。但对长大桥梁约束关键装置的合理设计、建立合理的桥梁健康状态指标、应用监测数据对桥梁健康状况进行系统评估等方面还很欠缺；以及约束关键装置的可靠性、长期稳定性、可维修性等方面还存在着诸多问题，面向特大桥养护管理者和操作者的检查、诊断、评估、维修技术缺乏系统性的研究来指导大桥管养实践。

7.2　大跨径悬索桥约束关键装置设计

本节以主跨 1688m 的某三跨吊钢箱梁悬索桥为依托工程。该桥设计时关键技术难题主要体现在汽车荷载、温度、风荷载作用下主梁应力高、梁端纵向位移大(恒载+活载+温度+风荷载作用下梁端位移达1.5m),以控制梁端伸缩装置变形和改善桥塔动力响应为目标,通过约束体系比较研究,提出了一种静力限位-动力阻尼体系,限制正常运营荷载(车辆、温度、风荷载)作用下的塔梁相对位移,并且设计地震动作用下该装置可自由滑动。

采用非线性有限元分析软件建立悬索桥的空间有限元模型(图7.3),汽车荷载采用公路-Ⅰ级,横向按10车道考虑;合龙温度为20~25℃,钢结构最高有效温度46℃,最低有效温度-3℃;混凝土结构最高有效温度34℃,最低有效温度0℃;局部温差参考规范取值;风荷载按设计风速34.4m/s计算。计算时考虑以下四种组合:工况1,车辆荷载(10车道)+最不利温度;工况2,车辆荷载(8车道)+最不利温度;工况3,车辆荷载(5车道)+最不利温度+风荷载;工况4,车辆荷载(4车道)+最不利温度+风荷载。

图7.3 某大跨径悬索桥最不影响线加载有限元模型

7.2.1 漂浮体系

表7.1给出了漂浮体系时汽车荷载、温度、风荷载作用下大桥左侧和右侧的梁端位移(括号内数值为塔梁相对位移),可以看出最不利汽车荷载作用下右侧梁端位移达85.4cm(塔梁相对位移为81.3cm),最不利温度作用下左侧梁端位移达56.3cm(塔梁相对位移为33.6cm)。若设计时按工况1考虑设置伸缩装置,伸缩量达±1500mm(考虑引桥伸缩量和恒载),汽车荷载、温度作用是引起梁端位移较大的主要原因,应限制汽车荷载、温度作用下的梁端位移。

漂浮体系最不利影响线加载下梁端纵向位移(单位:m)　　表7.1

荷载工况	左 侧		右 侧	
	最大值	最小值	最大值	最小值
汽车荷载	0.793(0.802)	-0.816(-0.852)	0.854(0.813)	-0.794(-0.899)
温度	0.467(0.280)	-0.563(-0.336)	0.486(0.432)	-0.419(-0.495)
风荷载	0.128(0.127)	-0.128(-0.127)	0.128(0.127)	-0.128(-0.127)

7.2.2 静力限位-动力阻尼体系

众所周知,弹性约束体系由于始终存在一个弹性刚度,能有效控制静动力作用下主梁梁端纵向位移,但是附加的弹性刚度会改变结构的传力途径、增加桥塔和主梁的静动力响应;阻尼体系能控制动力作用下主梁梁端纵向位移,但静力作用下不发挥作用,地震作用下可以限制位移和耗散部分地震能量。静力限位-动力阻尼体系充分利用了弹性约束体系和阻尼体系的优点,弥补了两种体系的不足,其工作原理为:在小于间隙 d_x 的范围内只有阻尼力,限位单元不发挥作用,相当于自由漂浮体系和动力阻尼的体系,主要对应动力荷载下阻尼器在其冲程范围内自由变形;当相对位移超过 d_x 后,限位装置发挥作用,一部分为限位弹簧力,一部分为阻尼力,相当于弹性约束和动力阻尼体系,主要对应静力工况下。

由图 7.4 中可知,静力限位-动力阻尼体系最重要的是限位刚度和限位间隙两个参数,需要对这两个参数进行参数敏感性分析,选择适宜的关键参数值。

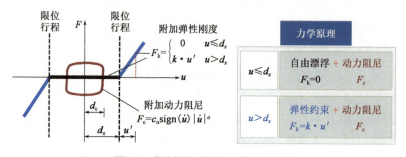

图 7.4 静力限位-动力阻尼体系原理图

限位刚度取值范围为 $50 \sim 500 \mathrm{MN/m}$,分析时限位装置间隙取 $0.8\mathrm{m}$。设置静力限位-动力阻尼装置后,工况 1 作用下限位刚度对左侧和右侧的梁端位移、限位力影响规律如图 7.5 所示。随着限位刚度的增大,梁端位移迅速下降,限位力逐渐增大;当限位刚度大于 $200\mathrm{MN/m}$ 后,梁端位移和限位力的变化幅度趋缓,接近于一水平直线。因此,大桥合理的限位刚度取为 $200\mathrm{MN/m}$,与漂浮体系桥梁相比,梁端位移的减小幅度达 25%。

分析限位间隙对桥梁的影响规律。静力限位-动力阻尼体系的限位间隙取值范围为 $0.8 \sim 1.45\mathrm{m}$,分析时限位装置刚度取为 $200\mathrm{MN/m}$。

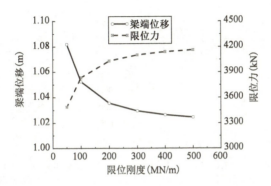

图 7.5 限位刚度对梁端位移和限位力影响

由图 7.6、图 7.7 可知,梁端位移随限位间隙的变化趋势基本一致,限位力的变化趋势与梁端位移和塔梁间相对位移相反。当限位间隙小于不同工况下塔梁间相对位移时,随着限位间隙的增大,梁端位移呈增大趋势,限位力呈递减趋势。当限位间隙大于不同工况下塔梁间相对位移时,梁端位移和限位力不再发生变化,保持为一恒定值,并且限位装置不发挥作用。另外,随着荷载的增大,限位装置不发挥作用的临界值逐渐变大。对同一限位间隙,当小于限位装置不发挥作用的临界值时,不同荷载工况作用下梁端位移基本一致,限位力相差较大;当大于限位装置不发挥作用的临界值时,荷载越大,梁端位移越大,限位力一致,主要是因为限位装置没发挥作用,限位力为 0。这为设置静力限位-动力阻尼装置的限位间隙提供了依据。

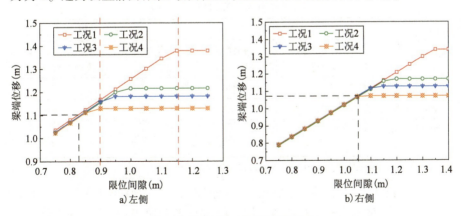

图 7.6 限位间隙对梁端位移的影响

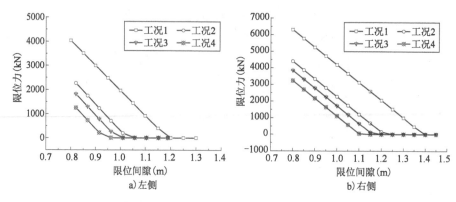

图7.7　限位间隙对限位装置限位力的影响

为避免梁端设置的伸缩装置过大,考虑工况1～工况4四种荷载工况下的限位间隙对梁端位移和限位力的影响,并考虑地震工况下有足够的行程发挥滞回耗能作用。本项目左侧的限位间隙取为0.82m,右侧取为1.05m。

7.2.3　体系比选

为综合比较静力限位-动力阻尼体系的有效性,比较了漂浮体系、弹性索体系、静力限位-动力阻尼体系在静动力作用下的梁端位移和塔底弯矩。表7.2给出了不同体系下的梁端位移值和内力值,表中括号内数值为E2地震作用下梁端位移和塔底内力。

不同约束体系下位移与内力比较　　　　　　　表7.2

约束体系	左侧		右侧	
	梁端位移(m)	塔底弯矩(MN·m)	梁端位移(m)	塔底弯矩(MN·m)
漂浮体系	1.379	1848	1.340	3359
弹性索体系	1.254	1782	1.223	3491
静力限位-动力阻尼体系	1.053	1848	1.022	3281

注:弹性索的弹性刚度确定为100MN/m,通过E2地震时程参数优化分析计算。

由上表可知,与漂浮体系相比,弹性索体系可大大减小地震作用下的梁端纵向位移,对静力最不利荷载作用下的位移影响较小,左侧和右侧分别减小了9.1%、8.7%。增加弹性约束后,结构整体刚度增大,右侧塔底纵向弯矩增大,增幅4%,并且由于主塔两侧塔底弯矩相差较大,地震作用下受力不均衡;静力限位-动力阻尼体系可大大改善静/动力作用下桥梁的受力性能,静力作用下梁端纵向位移减小了23.6%,塔底纵向弯矩略有一定幅度的减小。静力限位-动力阻尼装置试验及实桥应用图如图7.8所示。

图7.8 静力限位-动力阻尼装置试验及实桥应用图

本节通过专题研究,提出了控制大跨悬索桥加劲梁梁端纵向位移的静力限位-动力阻尼组合的新型纵向结构体系,研发了同时具有弹性约束与动力阻尼组合功能的新型阻尼装置,将加劲梁梁端纵向位移减小了15%,有效缩减了梁端伸缩装置规模,显著提高了桥梁的行车安全性和舒适性。

7.3 约束关键装置力学性能检测

约束关键装置(支座、阻尼器、伸缩装置)是桥梁结构的核心环节,其发挥了传递桥梁荷载、适应梁体变形、降低结构振动等功能,保障桥梁结构服役全寿命周期内的安全、稳定。但是,由于约束关键装置在产品设计、原材采购、成品加工等阶段中受人、机器、材料、工法、环境等外界因素的影响,可能导致成品的力学性能与原设计不符,即无法发挥原设计的功能;同时,约束关键装置随着桥梁服役过程中运营工况、服役环境的改变或者恶化,其服役力学性能会发生变化,影响桥梁结构的运营状态;此外,为了持续提升约束关键装置的力学性能,需要对更换下的约束装置进行室内剩余力学性能的检测,并对结构部件进行拆解、检查、评估。综上所述,为保障长大桥梁的建设和运营阶段结构安全及约束关键装置性能的提升,需要对约束关键装置进行上桥安装前的新产品室内检测、运营阶段实桥检测及更换下室内检测等方面进行详细研究。

7.3.1 新产品室内型式试验

本节以某大跨径悬索桥新安装阻尼器为例,依据《桥梁用黏滞流体阻尼器》(JT/T 926—2014)及设计要求对阻尼器开展型式检验,验证其耐压性能、慢速性能与行程验证、动力性能、疲劳性能。

阻尼器的型式试验在桥梁国家工程研究中心结构实验室进行(图7.9),实验室拥有大型阻尼器静动力测试系统。该系统额定运行速度为1.2m/s,额定动载荷为±4000kN,额定行程为±800mm,试验加载空间达$\phi 1m \times 9.1m$。

图7.9 黏滞阻尼器加载前准备

(1)耐压性能

为了验证阻尼器在腔体高压下的密封组件、结构部件的可靠性,对4个阻尼器开展了耐压性能试验(图7.10)。其加载方法为:将高压油泵与阻尼器腔体连通,并施加压力至1.5倍设计最大压强,持荷不少于120s后卸载。试验结果表明,阻尼器在1.5倍设计最大压强下持荷120s,无泄漏及部件损坏现象,表明阻尼器具有较好的承受高压的能力。

(2)慢速性能与行程验证

慢速性能试验主要用以模拟温度作用下阻尼器的荷载输出情况;行程验证试验主要用以模拟桥梁极限荷载组合下阻尼器的整体运行情况。两项试验具体如下:

通过对4个阻尼器开展1.0mm/s的慢速加载[图7.11a)],得到阻尼力56kN,其不大于250kN(最大阻尼力2500kN的10%)。试验结果表明,阻尼器在温度作用下主梁可自由纵向运动,不会因为阻尼器的安装引入过大的温度应力。

通过对4个阻尼器开展±650mm的位移加载[图7.11b)],得到其在设计行程范围内的阻尼力输出情况。试验结果表明,在整个行程范围内,阻尼力的输出较稳定,无卡滞等异常现象,满足服役期内的纵向位移需求。

图7.10 阻尼器耐压性能试验

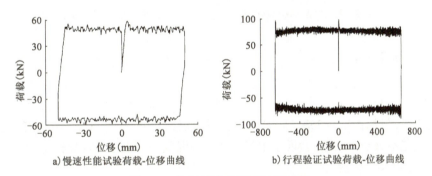

a)慢速性能试验荷载-位移曲线　　　b)行程验证试验荷载-位移曲线

图7.11 慢速性能与行程试验试验曲线

(3)动力性能试验

动力性能试验主要包括速度相关性能试验、频率相关性能试验、温度相关性能试验,分别用于验证阻尼器在不同速度、频率、温度下的阻尼力输出情况,确保阻尼器满足服役期内的各种运动工况需求。

速度相关性能试验中阻尼器做正弦运动,其运动频率为该大桥的一阶自振频率(f_d),运动幅值为主梁纵向设计地震位移的0.1~1.0倍,即阻尼器在设计最大运动速度(v_{max})的0.1~1.0倍范围内运动,如图7.12a)所示。通过对4

个阻尼器开展速度相关性能试验,其结果表明,在不同的运动速度下,实际阻尼力与理论阻尼力的偏差不大于±15%,即符合设计的阻尼力-速度本构关系。

频率相关性能试验中阻尼器的运动频率为该大桥的一阶自振频率(f_d)的0.5~2.0倍,通过调节运动幅值,使得阻尼器的运动速度为其设计最大运动速度(v_{max}),如图7.12b)所示。通过随机抽取2个阻尼器开展频率相关性能试验,其结果表明,阻尼器在不同的运动频率下,实际阻尼力与理论阻尼力的偏差不大于±15%,证明了阻尼器在不同频率下的阻尼力输出稳定性。

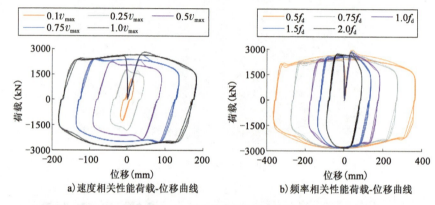

a) 速度相关性能荷载-位移曲线　　b) 频率相关性能荷载-位移曲线

图7.12　动力性能部分试验曲线

温度相关性能试验中,阻尼器的运动频率为该大桥的一阶自振频率(f_d),运动速度为其设计最大运动速度(v_{max}),其运动的环境温度分别为-25℃、20℃、50℃。通过随机抽取1个阻尼器开展温度相关性能试验,其结果表明,阻尼器在-25℃、50℃时的实际阻尼力,相对于20℃的实际阻尼力的偏差不大于±15%,验证了阻尼器在不同温度下的阻尼力输出稳定性。

(4) 疲劳性能

疲劳性能试验主要包含地震作用性能试验、风振性能试验、疲劳与耐磨性能试验,其中地震作用性能试验、风振性能试验主要验证连续动荷载输入情况下阻尼力的衰减情况;疲劳与耐磨性能试验可验证阻尼器在多循环、长距离磨耗情况下密封组件、结构连接部位的可靠性。

地震作用性能试验中,阻尼器的运动频率为该大桥的一阶自振频率(f_d),运动速度为其设计最大运动速度(v_{max}),共运动6个循环。通过对2个阻尼器开展地震作用性能试验,其结果表明,第5个循环与第2个循环相比,阻尼力的衰减率不大于15%,即阻尼器在模拟地震工况下,阻尼力不会发生过于明显的衰减[图7.13a)]。

风振作用性能试验中,阻尼器的运动频率为风振作用下主梁的运动频率(f_d),运动幅值为风振作用下主梁的纵向位移,考虑到安装阻尼器后,主梁纵向运动的阻尼比为1%左右,即振动1个循环其振幅衰减1%,因此对阻尼器使其连续运动100个循环。通过对2个阻尼器开展风振作用性能试验,其结果表明,第99个循环与第2个循环相比,阻尼力的衰减率不大于15%,即阻尼器在风振工况下,阻尼力不会发生过于明显的衰减[图7.13b)]。

疲劳与耐磨性能试验中,阻尼器的运动频率为0.5Hz,运动幅值为5mm,累计加载5万个循环。通过随机抽取阻尼器开展疲劳与耐磨性能试验,其结果表明,阻尼器运动结束后,无泄漏和部件损坏现象,但由于阻尼运动幅值小,受销轴连接间隙、阻尼器本身刚度等影响,其荷载-位移曲线中存在部分空程,在一定程度上影响了阻尼器的耗能效率[图7.13c)]。

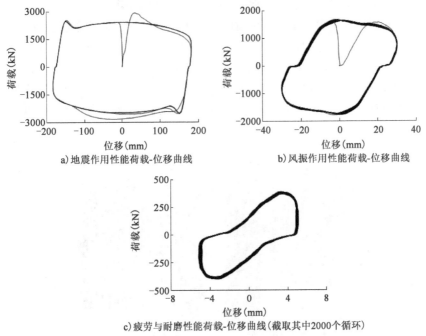

a)地震作用性能荷载-位移曲线

b)风振作用性能荷载-位移曲线

c)疲劳与耐磨性能荷载-位移曲线(截取其中2000个循环)

图7.13 疲劳性能试验曲线

7.3.2 实桥运营期检测

对某大跨悬索桥约束装置(竖向拉压支座、横向抗风支座、梳齿板式伸

缩装置)进行了现场初步检查,具体如下:

(1)竖向拉压支座

竖向拉压支座采用滚轮式结构,支座钢滑板及侧滑板与主梁连接为一体,滚轮及座体固定在主塔下横梁上,当温度变化时或在活载作用下,支座钢滑板可在滚轮上滚动,以完成主梁的伸缩和力的传递。

通过对竖向拉压支座进行现场检查,主要集中表现为钢件锈蚀、摩擦副工作环境差、局部脱空、转动干涉等病害。钢件锈蚀主要表现为固定板、螺栓等,其主要原因是支座表面水分、雨水等沿着支座外侧向下汇聚在垫板、螺栓等位置,久而久之造成了支座垫板位置先于其他部位发生锈蚀。

(2)横向抗风支座

横向抗风支座采用凸凹球面相配合的结构,凸球面固定在主梁上,凹球面通过螺栓及弹簧等构件扣紧,压在凸球面上,横向抗风支座除限制主梁在支座处的横桥向位移外,对主梁的其他自由度均无约束。

横向抗风支座集中表现为一侧支座的密封圈与底板处于脱空状态,而另一侧处于卡死状态(图7.14),其主要原因是主梁纵向变形中造成支座密封圈磨损,且该结构类型支座不具备回弹功能,另外主梁横向发生一定的移位,从而该部位出现缝隙。该现象在横风或者地震作用下,可能导致支座连接部位出现过大的冲击力。建议对支座脱空的间隙处填塞橡胶垫,以消除间隙,减缓冲击力。

a) 支座摩擦副卡死　　　　b) 支座摩擦副脱空

图7.14　横向抗风支座病害

(3)梳齿板式伸缩装置

通过对伸缩装置的防水密封系统、中梁与横梁、支撑系统进行检查,发现其存在防水密封条老化、中梁和横梁局部锈蚀、支撑支座老化开裂与松动等现象(图7.15)。具体如下:①橡胶密封带开裂、损坏,共有3处,占整体数量的7.9%,造成雨水渗漏、下部构件加速腐蚀生锈;②中梁、横梁下侧锈蚀,共计33处,占整体数量的4.5%;中梁上表面在应急车道范围内锈蚀明显,锈蚀面积约占20%;③中梁弯曲变形,共计1处,占整体数量的2.5%,造成该中梁受力不均匀,左右伸缩量不均匀;④支座周围存在土屑、铁屑等杂物,共计29处,占整体数量的1.8%,明显降低了支座耐磨材料的使用寿命;⑤支座耐磨材料被挤出,共计3处,占总体数量的0.2%,造成支座难以滑动甚至无法滑动,影响伸缩装置的正常伸缩功能;⑥支座外鼓,共计714处,约占总体数量的90%,需加强定期检查,当发展为剪切变形、开裂等病害时应进行更换;⑦支座松动、开裂、剪切变形,共计24处,占整体数量的1.6%,导致中梁脱空、行车噪声大、行车抖动等问题。

a) 剪切变形

b) 橡胶支座龟裂

c) 橡胶支座破损

d) 中梁不均匀变形

图 7.15

e) 止水带破损 　　　　　　　　　f) 表面锈蚀并有杂物

图 7.15　伸缩装置病害

7.3.3　实桥装置拆换后室内试验检测

为了持续性提升约束装置的服役性能,有必要对实桥装置拆换后进行室内试验研究,并对结构部件进行拆解,分析部件的损伤情况,提出材料改良、结构优化及增加附属功能的性能提升技术措施。

为了评估拆除后的支座力学性能损伤退化情况,桥梁国家工程研究中心依托自主研发的桥梁减隔震装置静动力性能测试系统(竖向压力30000kN,拉力 6000kN;水平静载 5000kN,动载 3000kN,峰值加载速度0.7m/s)对某大跨径桥梁上拆卸下来的 4 个支座(2 个 35000kN,2 个 6000kN)开展了外观检测、力学性能(竖向承载力、摩擦系数、转动性能)试验、滑板材料物理性能等检测评估。

(1)外观检查

通过对支座进行外观检查,发现其主要存在钢件锈蚀、不锈钢磨损、滑板磨损等病害问题(图 7.16)。其中,不锈钢表面出现了不同程度的磨损,其主要原因是滑板外露 3mm 磨损殆尽后,不锈钢表面与支座球冠顶部出现钢与钢对磨,加剧了不锈钢表面的磨损;同时,支座滑板磨损基本殆尽,其主要原因是传统滑板干磨性能较弱,其表面需涂抹 5201-2 硅脂,以减弱滑板与不锈钢对磨的磨损,但硅脂使用 3~5 年后伴随滑板滑动带出以及自身发生水解而失效,导致滑板与不锈钢发生干磨现象,且悬索桥主梁日累计位移较大,同样加剧了滑板的磨损。

a) 钢件锈蚀　　　　　　　　b) 不锈钢磨损

c) 滑板过度磨损

图 7.16　拆换下旧支座病害类型

(2) 支座力学性能

为了研究拆卸下的支座的力学性能,依据《公路桥梁盆式支座》(JT/T 391—2019),对拆卸下的 4 个支座开展竖向承载力(图 7.17)、摩擦系数(图 7.18)、转动性能(图 7.19)等方面的力学性能试验,具体如下。

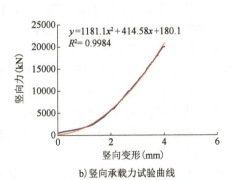

a) 竖向承载力试验装置　　　　　　　b) 竖向承载力试验曲线

图 7.17　竖向承载力试验

曲线方程: $y = 1181.1x^2 + 414.58x + 180.1$, $R^2 = 0.9984$

 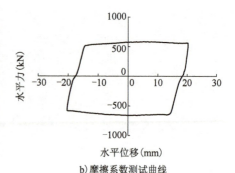

a) 摩擦系数试验装置　　　　　b) 摩擦系数测试曲线

图 7.18　摩擦系数试验

图 7.19　转动性能试验

通过对 4 个支座开展竖向承载力测试可知,1 号、3 号支座的竖向压缩变形大于规范要求的位移,不满足设计要求;而 2 号、4 号支座的竖向压缩变形满足要求,但 1 号支座变形 5.26mm,已接近规范要求的 6.2mm。可初步推断出支座在使用 20 年后,其内部的橡胶承压构件发生一定程度的性能退化。

在旧支座摩擦系数测试中,采取了以下措施模拟支座使用全寿命周期内的摩擦系数变化情况:①在滑板表面涂抹硅脂模拟新支座;②擦除滑板表面硅脂,模拟硅脂耗尽,滑板与不锈钢干磨;③取出滑板,模拟钢件干磨等。

通过测试可知:①新支座,支座摩擦系数为 0.008~0.01;②5201-02 硅脂耗尽,支座摩擦副干磨初期的摩擦系数为 0.031~0.047;③支座耐磨板磨平,钢与钢对磨初期阶段的摩擦系数为 0.082~0.085;④支座钢与钢表面严重磨损阶段的摩擦系数为 0.151~0.222。

通过对支座顶部放置 0.02rad 的斜面板,并对支座顶部的斜面板施加竖向设计荷载,使支座发生 0.02rad 的转动,验证支座具有≥0.02rad 的转动功能。整个试验过程中,支座任何部位均未出现卡滞状态,表明该支座具有

0.02rad的转动功能。

(3)滑板材料物理性能

为了研究滑板材料在使用过程中是否发生老化现象,依据《桥梁支座用高分子材料滑板》(JT/T 901—2014),对滑板的密度、球压痕硬度、拉伸强度及断裂伸长率进行检测(图7.20、图7.21)。可得出:①滑板密度为2.175g/cm³,满足《桥梁支座用高分子材料滑板》(JT/T 901—2014)中2.14~2.2g/cm³的要求;②滑板球压痕硬度为28.67MPa,满足《桥梁支座用高分子材料滑板》(JT/T 901—2014)中23~33MPa的要求;③在拉伸强度和断裂伸长率测试中,为了对比新(红色字体)、旧(黑色字体)滑板的性能差异,分别对新旧聚四氟乙烯滑板开展拉伸强度和断裂伸长率的测试,5片新滑板的拉伸强度平均值为35.17MPa,满足规范中不小于30MPa的要求,而旧滑板的拉伸强度平均值为25.23MPa,小于30MPa,不满足规范要求。5片新滑板的断裂伸长率的平均值为390.72%,满足规范中不小于300%的要求,而旧滑板的断裂伸长率的平均值为290.02%,小于300%,不满足规范要求。

a)试样

b)比重计

c)球压痕刻度仪

图7.20 密度与球压痕硬度测试

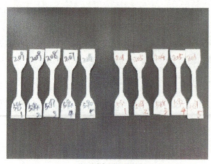
a) 试样(测试前)

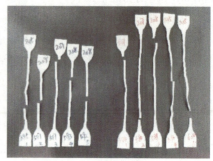
b) 试样(测试后)

c) 万能试验机

图 7.21 拉伸强度与断裂伸长率测试

经测试可知,滑板密度、球压痕硬度均满足规范的要求,而拉伸强度、断裂伸长率小于规范要求值。滑板材料物理性能退化的原因有以下几点：①结构性疲劳。滑板在支座内部时,长时间承受车辆荷载的竖向变化荷载,出现结构性疲劳问题,而导致滑板的拉伸强度、断裂伸长率降低。②老化现象。滑板受到复杂恶劣环境的影响,出现老化现象。

7.4 约束关键装置服役性能评估

特大跨径悬索桥柔性大、刚度低,活载作用下高频低幅累积行程大,且运营过程中由于过载、疲劳效应、外来冲击等作用,以及构件自身性能的不断退化,给支座、阻尼器、伸缩缝等约束关键装置带来不利影响,导致在没有达到设计年限前就产生不同程度的损伤和劣化。以服役 23 年的某大跨径悬索桥为依托工程,对支座、伸缩装置等约束关键装置服役性能进行分析评估。

(1)约束关键装置检测与评估

针对该桥支座、伸缩装置检测中统计的病害情况,根据《公路桥梁技术状况评定标准》(JTG/T H21—2011)、《公路桥梁橡胶支座病害评定技术标准》(DB32/T 2172—2012)和《公路桥梁伸缩装置病害评定技术标准》(DB32/T 3153—2016)中的评价体系进行评定,详细的检测评估内容见上一节。

(2)约束关键装置监测与评估

为验证约束关键装置的运营状况,采用20Hz米朗传感器进行了短期监测。选取其中一天的日累计位移数据,如图7.22所示。通过分析可知,大桥的日累计位移量为8.3m。

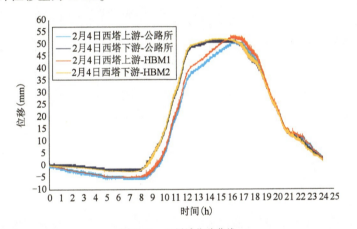

图7.22 日累计位移曲线

采用小波分析分离温度、噪声、车辆引起的波形,由上到下分别为温度、噪声、车辆引起的波形,如图7.23所示。

可以看出,温度荷载引起的长周期波动波长明显大于后两者;温度为梁端变化整体趋势的主要影响因素。

除去时间滞后效应外,温度与纵向位移随时间变化趋势具有较好的一致性,但部分区段有波折(图7.24)。说明支座仍具备变形能力,但是有短暂卡顿现象,桥梁伸缩过程中存在较大摩阻力,与聚四氟乙烯板严重损坏有关。

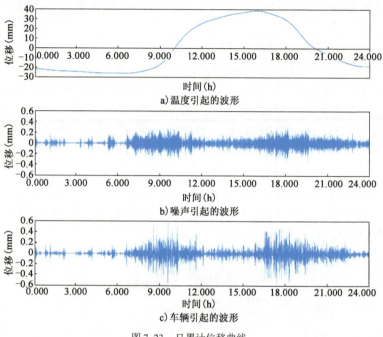

图7.23 日累计位移曲线

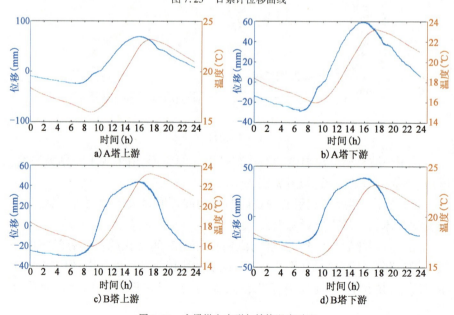

图7.24 主梁纵向变形与结构温度对比

通过温度-位移的线性拟合和评估，可以得出支座滑动存在短暂卡住、阻滞现象，且 B 主塔支座卡滞问题较 A 主塔更为严重（图 7.25）。

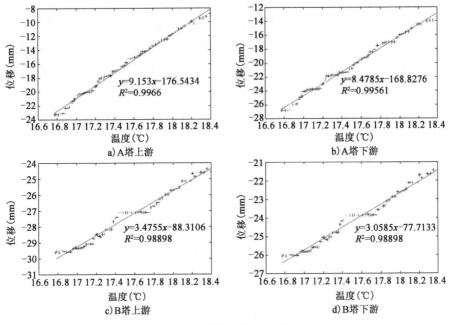

图 7.25　主梁纵向变形-温度拟合

（3）约束体系性能评估

为分析约束边界条件变化对桥梁结构力学性能的影响，结合支座室内检测结果，设置了 4 种不同摩擦系数分析工况模拟支座损伤等级对桥梁的影响，参数 $\mu = 0.01$、0.05、0.1、0.2（图 7.26）。

由分析可知，随着支座摩擦系数的增大，承载能力极限状态下塔底截面纵向弯矩基本不变；横梁处桥塔截面纵向弯矩增大，支座摩擦系数增大到 0.2 时，A 塔侧、B 塔侧分别增大了 11%、7%。经验算，承载能力极限状态和正常使用极限状态均满足规范要求。随着摩擦系数的变大，支座纵向位移和主梁跨中竖向挠度逐渐减小。当摩擦系数为 0.2 时，支座纵向位移降低了 40%，主梁跨中竖向挠度减小了 5%，约束边界条件的改变对整体竖向刚度影响较小。可以看出，约束边界条件的改变会导致横梁处桥塔局部范围内力有一定程度增大，但承载能力极限状态和正常使用极限状态均满足规范要求。

为分析约束边界条件变化对支座与横梁连接处混凝土、锚棒的局部受力性能的影响,建立了支座下座板+局部混凝土模型,分析了3种不同摩擦系数工况。分析表明,当摩擦系数为0.01时,局部约束混凝土最大压应力7.26MPa,约束锚棒最大应力46.06MPa;当摩擦系数为0.05时,局部约束混凝土最大压应力25.56MPa,约束锚棒最大应力150.2MPa,约束混凝土的压应力已接近混凝土标准强度(C40);当摩擦系数为0.20时,局部约束混凝土应力79.74MPa,约束锚棒最大应力336.5MPa,约束混凝土有被局部压溃的风险(图7.27)。

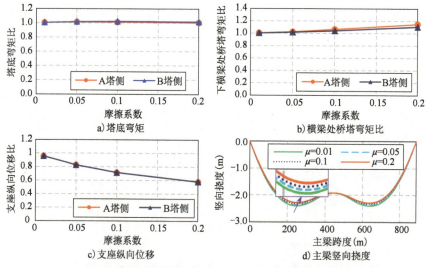

图7.26 摩擦系数对结构受力性能的影响

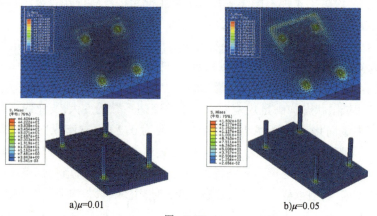

图 7.27

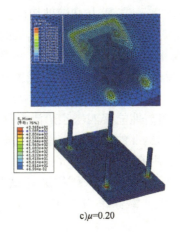

c) $\mu=0.20$

图 7.27 应力分析图

通过以上分析可知,约束边界条件变化对支座下底板和约束混凝土的影响较大,随着摩擦系数的增加,约束混凝土的压应力逐渐增加,当摩擦系数为 0.20 时,约束混凝土有被局部压溃的风险,应加强对支座约束混凝土的检测,防止混凝土被局部压溃。

7.5 约束关键装置服役性能提升

针对约束关键装置服役过程中表现出滑板磨损等病害或不足,对其性能进行改进、提升,提高约束关键装置的服役耐久性。同时,针对在役桥梁拆卸下的旧装置进行病害分析,并进行旧装置的再制造,实现旧装置绿色、低碳、耐久的可持续发展目标。

7.5.1 超高性能滑板材料

研究发现,普通滑板具有以下几点不足:①对硅脂的依赖性强,硅脂在支座运动中被带出,运营 3~5 年后硅脂耗尽且难以补充,支座摩擦系数不断增大,滑板磨损加速,最终导致支座损伤;②普通滑板抵抗快速剪切性能较差,地震作用下支座滑板严重破损,增大了支座摩阻力,改变了桥梁原抗震约束体系,降低了桥梁的抗震性能,增加了桥梁地震中倒塌风险;③高温稳定性差,普通滑板材料在与不锈钢对磨中会发热,若对磨速度较快,则温度迅速升高,导致滑板分子键断裂而降低滑板的抗剪切性能。基于此,亟需研发一种具有自润滑、超耐磨、耐高温、抗快速剪切性能优的滑板材料。

研发的滑板材料既需具备自润滑、弹性模量低的特点，又具备高分子复合材料耐蠕变、耐磨、摩擦系数低的优点。设计参数：①摩擦系数 0.03 左右；②耐磨耗性能无硅脂长期磨耗 15km 以上，线磨耗率 <30μm/km；③弹性模量低于 2000MPa。

为了研究新研发的超高性能聚四氟乙烯滑板的长距离干磨特性，需开展面压为 45MPa、距离为 15km 的干磨试验，验证其耐磨性能。

干磨试验的试样选用直径为 100mm 的圆片，厚度为 7mm，2 片为一组，共设置 3 组（图 7.28）；试验机采用线磨耗试验机，竖向最大压力为 1000kN，水平力为 100kN，加载频率为 0.01～1Hz，加载波形为三角波、正弦波。

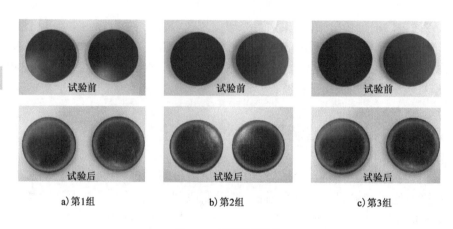

a）第1组　　　　　　b）第2组　　　　　　c）第3组

图 7.28　干磨试验试样

通过 15km 长距离干磨试验，3 组的线磨耗率分别为 5.92μm/km、5.66μm/km、4.42μm/km，三组试验磨耗率平均值为 5.33μm/km，根据设计外露 3mm 估算，可连续磨 562.8km。

图 7.29 为设置超高性能聚四氟乙烯滑板的支座快速剪切性能测试，图 7.29a)、7.29b) 分别为滑板试验前、加载速度 500mm/s 试验后的表面磨损情况。对比两图可以看出，研发的超高性能聚四氟乙烯滑板在经过峰值速度为 500mm/s 的快速剪切试验后，其表面基本未发生磨损，表明其具有较好的抗快速剪切性能。

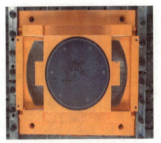

a) 滑板快速剪切试验前　　　　b) 滑板快速剪切试验后

图 7.29　快速剪切性能试验

7.5.2　服役旧支座再制造

基于某大桥拆卸下的服役 25 年的盆式支座,开展旧支座的再制造工艺及力学性能研究。

盆式橡胶支座中设有滑板、橡胶承载板、钢构件等部件。研究发现,橡胶承载板密封于中间钢板底部,其基本未发生老化现象,而导致支座更换的主要原因是滑板磨损,因此,针对旧支座开展滑板更换工艺研究是旧支座再制造的方向之一。

(1) 滑板更换工艺

滑板更换工艺基本工作是清理旧滑板、清扫除尘、更换新滑板,具体为:①不锈钢镜面清理→②滑板凹槽打磨→③清扫除尘→④涂抹黏结剂→⑤放置新滑板→⑥顶板压载(图 7.30)。

a) 不锈钢镜面清理　　　　b) 滑板凹槽打磨

图　7.30

c) 清扫除尘

d) 涂抹黏结剂

e) 放置新滑板

f) 顶板压载

图 7.30 滑板更换工艺

(2) 力学性能验证

依据《公路桥梁盆式支座》(JT/T 391—2019),针对更换新滑板的再制造支座开展竖向承载力、摩擦系数、转动性能等试验。

①竖向承载力。通过对再制造的支座开展 1.5 倍竖向设计承载力加载试验,其加载过程及测试曲线如图 7.31 所示。在竖向设计承载力作用下,试验测得支座的竖向压缩变形为 2.45mm,满足规范要求(支座压缩变形不应大于支座总高度的 2%。试验支座总高度 217mm,竖向压缩变形上限为 4.34mm)。

②摩擦系数。根据《公路桥梁盆式支座》(JT/T 391—2019)中规定,常温型支座摩擦系数 $\mu \leq 0.03$(滑板表面涂硅脂润滑),试验测得支座在 6000kN 竖向设计荷载下的摩擦系数为 0.055,超出了规范要求。其主要原因是更换的超高性能聚四氟乙烯滑板的摩擦系数随面压的增大而逐渐减小,而更换的滑板面压仅为 12MPa(该滑板正常设计面压为 45MPa),而该超

高性能滑板在面压较低时,摩擦系数较大,如图7.32a)所示;当滑板面压增大时,摩擦系数会逐渐降低并保持在滑板的设计摩擦系数。如图7.32b)所示,当滑板面压增大至20MPa(竖向荷载由6000kN增大至10000kN)时,支座的摩擦系数由0.055降低至0.042,降幅30.9%。

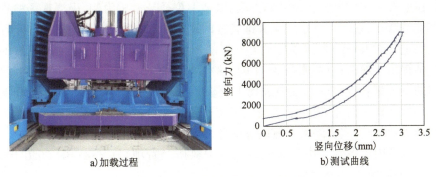

图7.31 竖向承载力测试过程及曲线

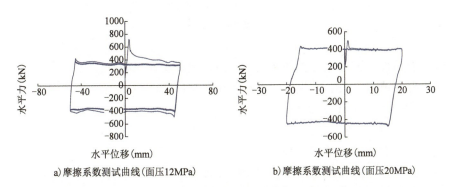

图7.32 摩擦系数测试曲线

③转动性能:通过对支座顶部放置0.02rad的斜面板,并对支座顶部的斜面板施加竖向设计荷载,使支座发生0.02rad的转动,验证支座具有大于或等于0.02rad的转动功能。整个试验过程中,支座任何部位均未出现卡滞状态,表明该支座具有0.02rad的转动功能。

7.6 结语

本章从长大桥梁约束关键装置全寿命周期安全耐久性出发,依托某新建大跨径悬索桥,系统开展了约束体系静动力性能分析、体系比选和约束关键装置参数敏感性分析,并最终确定该大桥的约束关键装置(阻尼器)功能要求和关键参数,为该装置的设计、制造、试验提供技术指导;此外,针对约束关键装置力学性能及服役性能情况,以数座大桥为工程背景,系统介绍了新约束装置安装前的试验检测、运营期服役情况监测及拆卸后室内力学性能试验等力学性能情况及评判方法;以某大跨径悬索桥为例,根据现场检查和监测数据,系统评估了约束关键装置的退化情况,并分析了约束关键装置性能退化对大桥约束体系静动力性能的影响,为长大桥梁约束关键装置的评估提出了参考;以某服役25年的大跨径桥梁拆卸下来的竖向支座为例,针对约束关键装置服役过程中表现出滑板磨损等病害或不足,对其性能开展力学性能提升研究,提出了约束关键装置预防性养护、维修、快速更换、再制造技术及工艺,实现约束关键装置绿色、低碳、耐久的可持续发展目标。

本章内容得到了中交集团院士专项科研经费项目(YSZX-03-2020-01-B)的资助,在此表示感谢。

本章参考文献

[1] 肖汝诚,等. 桥梁结构体系[M]. 北京:人民交通出版社,2013.

[2] 张喜刚,裴岷山,袁洪,等. 苏通大桥主桥结构体系研究[J]. 中国工程科学,2009,3(11):20-25.

[3] 张鑫敏,徐源庆,鲁立涛,等. 虎门二桥坭洲水道桥纵向约束体系研究[J]. 桥梁建设,2019,49(02):7-12.

[4] 董萌,崔冰,王潇军. 三跨连续弹性支撑体系悬索桥结构体系设计研究[J]. 中国工程科学,2013,15(08):18-25.

[5] Manzanarez R, Nader M, Abbas S, et al. Design of the new san francisco-oakland bay bridge[C]// Structures Congress. 2002.

[6] 李光玲,韩万水,陈笑,等. 风和随机车流下悬索桥伸缩缝纵向变形[J]. 交通运输工程学报,2019,19(05):21-32.

[7] 张宇峰,陈雄飞,张立涛,等. 大跨悬索桥伸缩缝状态分析与处理措施[J]. 桥梁建设,2013,43(5):49-54.

[8] 中华人民共和国交通运输部. 公路桥梁盆式支座:JT/T 391—2019[S]. 北京:人民交通出版社股份有限公司,2019.

[9] 中华人民共和国交通运输部. 桥梁用黏滞流体阻尼器:JT/T 926—2014

[S]. 北京:人民交通出版社股份有限公司,2014.

[10] 中华人民共和国交通部. 公路桥涵养护规范:JTG H11—2004[S]. 北京:人民交通出版社,2004.

[11] 中华人民共和国交通运输部. 公路桥梁技术状况评定标准:JTG/T H21—2011[S]. 北京:人民交通出版社,2011.

[12] 江苏省质量技术监督局. 公路桥梁伸缩装置病害评定技术标准:DB32/T 3153—2016[S]. 北京:人民交通出版社股份有限公司,2016.

[13] Freire, L. M. R., de Brito, J., Correia, J. R. Management system for road bridge structural bearings[J]. Struct. Infrastruct. Eng., 2014, 10(8): 1068-1086.

[14] Luís M. R. Freire, Brito J D, Correia J R. Inspection survey of support bearings in road bridges[J]. Journal of Performance of Constructed Facilities, 2013, 29(4):04014098-1-11.

[15] Nima Ala, Edward H. Power, Atorod Azizinamini. Experimental evaluation of high-performance sliding surfaces for bridge bearings[J]. Journal of Bridge Engineering, 2016, 21(2):04015034-1-11.

[16] Sattar Dorafshan, Kristopher R. Johnson, Marc Maguire, et al. Friction coefficients for slide-in bridge construction using PTFE and steel sliding bearings[J]. Journal of Bridge Engineering, 2019, 24(6):04019045-1-16.

[17] Marques Lima, J., de Brito, J. Inspection survey of 150 expansion joints in road bridges[J]. Eng. Struct., 2009, 31(5), 1077-1084.

[18] Guo T, Liu J, Zhang Y F, et al. Displacement monitoring and analysis of expansion joints of long-span steel bridges with viscous dampers[J]. Journal of Bridge Engineering, 2015, 20(9):04014099-1-11.

[19] European Committee for Standardization (CEN). (2003). "Structural Bearings-Part 10: Inspection and maintenance." EN 1337-10: 2003, Brussels.

[20] American Association of State Highway and Transportation Officials (AASHTO). (2013). "Manual for Bridge Element Inspection (1st Edition)." Washington, DC.

[21] European Committee for Standardization (CEN). (2018). "Anti-seismic devices" EN 15129:2018, Brussels.

[22] American Association of State Highway and Transportation Officials (AASHTO). (2017). "LRFD Bridge Construction Specifications (4th Edition)." Washington, DC.

[23] European Organization for Technical Approvals (EOTA). (2013). "Guideline for European technical approval of expansion joints for road bridges" ETAG n°032:2013, Brussels.

本章作者简介

冯良平　正高级工程师

冯良平，正高级工程师，1994年毕业于同济大学桥梁工程系，张喜刚院士工作室首席专家兼智能养护方向责任专家，现任中交公路长大桥建设国家工程研究中心有限公司副总经理兼总工程师、中国公路学会桥梁与结构工程分会秘书长。主要从事桥梁科研、设计、监测、检测、养护、加固维修与风险评估等工作。作为主要设计人员完成了广东虎门大桥、南京长江二桥、南京长江三桥、胶州湾大桥等大桥设计项目。作为项目负责人完成了铜陵长江大桥检测与加固设计、苏通长江公路大桥运营十年全面检测和综合评估等项目，以及交通运输部国家干线公路长大桥梁检测项目。主持/主研国家及省部级项目10余项，参编了多部行业标准规范。上述项目获国家优秀设计金质奖2项、省部级科技进步奖4项、国家科技进步二等奖1项。

第 8 章　基于 BIM 健康监测系统的大跨 PC 连续梁桥智能状态评估

曾勇[1],杨克华[1],王羽潇[1],陈艾荣[2]
1 重庆交通大学山区桥梁及隧道工程国家重点实验室,重庆,400074
2 同济大学桥梁工程系,上海,200092

8.1　引言

8.1.1　研究背景

桥梁作为重要的公共基础设施,是交通网络的重要组成部分,支撑着现代城市的运行和发展。但目前中国桥梁的运维管养形势严峻,各类桥梁事故频发,危桥数量在逐年增加。西南交通大学学者对全世界 181 起桥梁事故(其中美国 55 起、欧洲 44 起、中国 70 起、其他地区 12 起)进行了统计分析,桥梁从开通到出现事故的世界平均时间为 29 年,而中国发生事故的桥梁平均时间仅为 25 年[1]。过去在桥梁的管理和维护中,主要通过人工方式实现维检测修,但人工检测方式具有人工成本高、信息传递滞后和低效率的劣势,会导致桥梁运营成本的增加和资源的不合理分配。在人工检测模式下,结构的突变也不易被发觉,紧急状况下不能实现实时预警,不符合桥梁信息化发展趋势。

桥梁健康监测的出现弥补了人工检测的不足,通过远程传感器感知可以掌握桥梁状态的实时信息,具有实时性和连续性,可为桥梁承载力的评估和养护措施提供可靠依据。但是,现有的桥梁健康监测数据管理存在信息表达二维性、信息传递缺乏时效性、运维各方难以协同等问题,而从设计、施工阶段到整个运营期还传递了大量的文档信息,这使桥梁监测过程信息的管理工作更加艰巨。建筑信息模型(BIM)技术以三维数值化信息模型为基础,具有信息集成、信息共享以及可视化的优势,并贯穿于全寿命周期,是目前工程领域重要的信息化手段。在理论研究方面,K Lee[2]研究基于 BIM 技术的信息管理系统,实现了对建筑工程设计信息和管理信息的集成描述;Bazjanacz[3]基于 BIM 共享的优势,实现了基于 BIM 模型在项目管理整个过程中的信息共享和协同工作;Sheryl[4]研究了 Repcon 施工进度信息与 BIM 模型信息集成的实现方法,并且成功实现了 BIM 在项目进度管理的应用。本章通过搭建基于 BIM 的桥梁健康监测平台,结合 BIM 信息集成共享和可视化优势,旨在实现桥梁健康监测中信息数据的集成管理、预警处理以及评估分析,为桥梁的管养决策提供更加可靠的依据。研究目的和意义如下:

(1)提高了桥梁监测平台的可视化能力

在桥梁运维阶段,桥梁 BIM 模型按照 L500 的精度搭建,可以通过三维场景直观获取桥梁结构和传感器布置情况。基于桥梁 BIM 模型和信息数据的交互能力,可以实现信息的可视化查询以及结构的预警定位。

(2)提高了桥梁信息数据管理水平

BIM 技术的核心价值在于对信息的集成和共享。在传统的桥梁健康监测中,信息数据分散存储,建设期的信息难以获得,没有统一的平台进行管理。查看结构图纸,需要逐册逐页翻阅,效率低下。通过 BIM 技术的应用,建设期的各种信息文档和监测数据都与对应的模型构件关联,形成基于对象化的集成存储模式,实现信息数据的结构化和可视化管理。

(3)有利于预警处理和评估分析

传统的桥梁健康监测中没有三维信息模型的概念,对于传感器位置的判断只能根据图纸和测点布置方案进行空间想象,当传感器位置发出警报后,很难马上确定预警位置。基于 BIM 模型的桥梁三维预警评估场景中,在紧急状态下可以快速定位报警的位置,并根据传感器颜色直接判断预警的等级,提高了应急处理的效率。通过 BIM 的信息集成能力,将评估算法嵌入平台,在结构进行综合评估时,可以及时获取健康数据和结构数据,保证了评估的及时性和有效性。

(4) 有助于提高桥梁辅助决策能力

得益于 BIM 技术可视化和信息集成的能力,在 BIM 监测平台中,将监测数据和预警评估结果知识化、信息化,并输出具有可视、客观和友好的数据分析结果,从而为桥梁的管养决策提供可靠的依据和保障。

8.1.2 桥梁健康监测研究现状

桥梁健康监测(Bridge Health Monitoring,BHM)是指利用传感器设备在桥梁工程现场获取相关数据,并通过分析桥梁结构的相应特性,达到监测和检测桥梁结构损伤或退化的目的,具有自动化和实时性的特点。桥梁健康监测可以为桥梁养护、维修和管理决策提供可靠依据和指导。桥梁健康监测的发展大致经历了五个阶段,如图 8.1 所示,20 世纪 90 年代为萌芽阶段,桥梁健康监测技术刚开始在中国应用,随后经历了期望膨胀期和泡沫低谷期,主要是信息技术、监测理论的不成熟与人们的期望产生了巨大的反差。随着通信、传感器设备,特别是人工智能和大数据分析技术的发展,桥梁健康监测技术重新得到了认可。近年,随着新型基础设施建设政策的提出,以及各种监测理论和信息技术的成熟,桥梁健康监测技术迎来了实质生产的高峰期。

随着健康监测标准的完善和政策的推动,桥梁健康监测技术的应用范围正在扩大,逐步从特大跨径的缆索体系桥梁向常规桥梁扩展,其中最主要的是混凝土连续梁桥,并在逐步实现集群化的健康监测模式。翟茂林[5]开展了多跨连续梁桥健康监测系统的研究,通过有限元分析,确定了监测截面的布设点,并基于层次分析法给出了交通安全因素的评级流程。孙雅琼[6]建立了基于监测数据的连续梁桥预警和安全评估方法,基于动静力测试进行了桥梁有限元模型修正,提出基于数据变化率和数据平均值的监测数据处理方法,并根据不同采样频率的指标,提出三种提取温度效应的方法,根据有限元分析分别设置了固定阈值和动态阈值,最后基于层次分析法搭建了桥梁评估模型。韦跃[7]以江津长江大桥为工程背景,利用 Matlab 软件对监测数据进行预处理,采用回归统计方法提取温度效应,最后基于层次分析法搭建了江津长江大桥的健康监测评估模型。石鹏程[8]以渝奥大桥轻轨桥为工程背景,研究了大跨径混凝土连续梁桥的健康监测评估系统,对裂缝、固有模态的特征频率进行分析,并根据变权层次分析法确定了桥梁评估模型。刘纲[9]提出从长期静态监测数据中提取活载对大型桥梁进行安全状态评估。桥梁恒载在总荷载中占了较大比例,对桥梁结构损伤相对敏感,并从恒载提取、损伤结构反演和测点优化三个方面进行系统研究。陈闯[10]建立了富绥大桥长期监测系统,利用降采样方法进行数据数理,并分析了损伤识别方法,提出了基于监测数据的桥梁可靠度评估方法。

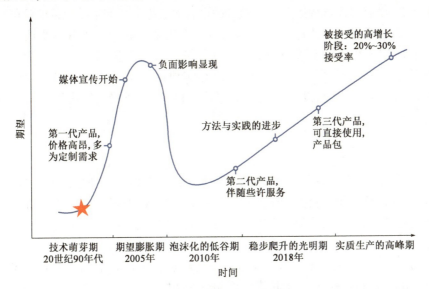

图 8.1　桥梁健康监测系统成熟度曲线图

BIM技术为桥梁养护管理的发展提供了新的演变方向,但由于发展初期BIM技术主要应用于设计、施工阶段,所以在桥梁健康监测中的研究还相对较少,直到最近几年才有学者开始涉足这一领域。李志鹏[11]通过Blender(三维图形图像软件)建立桥梁BIM模型,基于WebGL(3D绘图协议)显示桥梁模型,采用SVG(可缩放的矢量图形)模拟传感器的布置情况,实现了实测数据与桥梁模型的关联。耿芳芳[12]等人基于传统监测数据可读性差、紧急状况评估困难等问题,提出了基于BIM的桥梁健康监测系统搭建思路。王乾坤[13]基于Revit软件建立桥梁模型,通过对应用程序接口(API)进行二次开发,实现模型和监测数据的关联,初步实现了BIM数据集成管理。王里[14]等人通过 BIM 技术集成北斗监测数据,提出了基于 BIM 和北斗技术的桥梁三维监测管理方法。闫振海[15]通过 Tekla(钢结构详图设计软件)建立桥梁模型,基于 Unity 3D 集成管理 BIM 模型和监测数据,并提出了预警方法。

通过上述分析,可以看出,随着通信技术、传感技术、监测理论的成熟以及健康监测标准和政策的驱动,桥梁健康监测技术正在稳步发展,应用范围正在不断扩展,应用的前景和市场非常可观。但现有的桥梁健康监测系统重视数据的采集,忽略了数据的分析和利用,监测数据管理能力差,信息化水平低,没有体现出健康监测技术对桥梁管养数据分析和数据挖掘的价值。

目前,学者们虽然将 BIM 技术与桥梁健康监测融合做了数据集成和可视化的研究,但是大多数是基于 BIM 软件进行二次开发,简单实现了模型和数据的关联,未采用统一数据标准,没有实现桥梁海量监测数据的存储需求,数据分析能力差,没有提及结构评估的概念,对桥梁辅助决策的效果并不明显。

8.1.3 依托工程

某大跨预应力混凝土(PC)连续梁桥全长 562.2m。主桥为(95 + 176 + 95)m 的连续箱梁,主桥下部采用空心薄壁式桥墩,桩基础。江津岸桥台采用重力式桥台,扩大基础。主桥为三向预应力混凝土结构,主梁为分幅式单箱单室截面,其中箱梁顶板宽 13m,底板宽 7.6m,两翼板悬臂长 2.7m,并设置成 2% 单向横坡。箱梁跨中及边跨现浇段梁高 3.75m,箱高以 1.6 次抛物线变化。某大跨 PC 连续梁桥纵断面如图 8.2 所示。

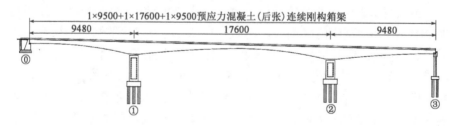

图 8.2 某大跨 PC 连续梁桥纵断面图(尺寸单位:mm)

预应力混凝土连续梁桥是目前桥梁工程中应用最广泛的桥型,具有接缝少、刚度好和行车平顺的优点,无论是从结构受力特性还是经济性角度考虑,都是理想的桥型选择,但是由于其材料、施工质量以及成桥后活载、温度的影响,往往也容易发生病害。

该大跨 PC 连续梁桥主跨达到 176m,在目前国内已建成的同类桥梁中位居前列。该桥所处路段车流量密集,桥址两侧出行不便,环境恶劣。因此通过搭建一个智能监测系统,对远程实时掌握大跨 PC 连续梁桥健康状态具有重要意义,同时通过对监测数据、安全预警和结构评估的分析,可以为大桥的养护决策提供重要的依据。随着监测技术逐步从特大跨径桥梁向中小桥梁扩展,本项目的研究对未来桥梁健康监测的实现集群化发展也具有重要参考意义。

8.2 桥梁 BIM 模型

8.2.1 桥梁健康监测系统组成

桥梁结构健康监测思路为:桥梁现场信号采集获取实时感知信息,通过无线或者有线传输方式进行采集信号的传输,在监控中心或者数据中心进行数据存储与处理,实现信息显示、人机交互和桥梁状态评估与异常情况预警报警,最终实现桥梁管养决策建议,如图 8.3 所示。

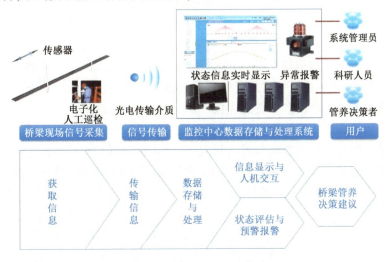

图 8.3 桥梁健康监测思路

桥梁健康监测系统是常规检测和荷载试验的重要补充。其不可替代性主要体现在连续性、同步性、实时性和自动化 4 个方面。①连续性，有目的地长期积累桥梁监测数据，用于结构损伤识别和趋势分析；②同步性，所有参数可以同时采集，便于分析在桥梁响应与荷载之间的相关性，及时掌握影响桥梁性能退化的关键因素；③实时性，实时掌握桥梁结构动态、静态、环境、荷载等响应，及时报警；④自动化，通过自动采集的方法获取监测数据，克服人工检测达不到、无法操作的问题，以及人员安全和其他问题。在基于 BIM 平台的桥梁健康监测系统中，如图 8.4 所示，传感器系统、数据采集与传输系统由硬件系统组成；数据管理子系统和结构安全与预警子系统由计算机端（Web 端）完成，基于 BIM 平台实现桥梁信息管理、数据展示、监测预警和结构评估。

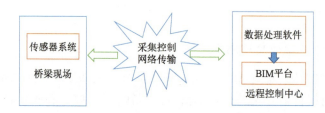

图 8.4　基于 BIM 平台的桥梁健康监测系统组成

传感器子系统是由温湿度计、风速风向仪、静力水准仪、智能弦式应变计、加速度计、压电加速度拾振器、钢筋应力计、位移计、激光测缝计等多种传感器融合组成的系统，它是整个监测系统距离桥梁结构最近的一部分，可以直接获得桥梁结构最初的各项监测指标，是直接获取桥梁结构状态原始信息的关键，同时也是桥梁健康监测系统研究需要解决的首要难题，主要包括监测内容确定和测点布置的优化。

当传感器采集完数据后，传输子系统需与远程控制中心建立连接，现场数据采集箱与远程控制服务器之间主要采用无线通信，实时传输监测数据。它是将传感器系统接入互联网，并远程实现数据自动采集和将监测数据传回控制中心的关键。传感器设备位于桥梁现场，长期使用后不可避免地会有一定程度的性能下降甚至出现部分故障。除了传输工程信息的不稳定之外，传感器设备收集到的原始状态信息不可避免地会受到各种干扰，很容易导致对桥梁健康状态的错误诊断。因此，在进行数据分析和评估之前，有必要对原始数据进行信号诊断，以减少传感器系统退化或噪声对评估结果的不利影响。

　　BIM 监测平台融合了数据管理子系统和结构预警与评估子系统，在远程控制中心通过开发 BIM 信息集成管理平台，实现对桥梁结构信息和监测数据的集成管理、显示、分析以及预警和评估。搭建基于浏览器和服务器（B/S）架构下的 BIM 监测平台，通过桥梁 BIM 模型可以实现整个监测平台的三维直观展示，为桥梁监测信息的管理、查询以及评估预警提供可视化的交互平台。如图 8.5 所示为基于 BIM 的桥梁健康监测平台的技术架构及设计思路，桥梁 BIM 数据、监测数据、结构信息以及轻量化模型构成多源信息，集成存储于 BIM 平台中，通过数据发布平台和内嵌的预警评估系统实现应用层功能。本章后面几节将重点围绕桥梁 BIM 模型、监测信息集成方法以及桥梁安全评估方法进行研究，以支撑平台应用的实现。

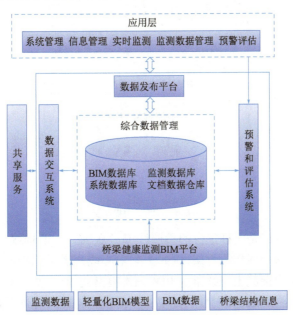

图 8.5　基于 BIM 的桥梁健康监测平台的技术架构及设计思路

8.2.2　基于 CATIA 的建模架构

　　可视化 3D 模型是信息的载体，桥梁模型的构建是桥梁 BIM 技术应用的基础，构建参数化模型也是早期 BIM 研究的热点之一。桥梁结构大都由非规则结构构件组成，变截面混凝土连续梁桥结构单元的形式和尺寸变化很大，但是这种变化具有一定的规律性，因此可以考虑制作成模板以提升建模效率。

达索 CATIA 软件建模参数化能力强、建模过程可追溯、特征树信息管理能力强、模型设计逻辑清晰，还可以记录整个建模过程，方便模型的检查和修改[16]。本章基于达索 CATIA"骨架+模板"的建模思想，应用达索高级知识 EKL 语言和 UDF（用户定义特征），提出了变截面连续梁桥 BIM 模型搭建的一般方法，参数化效果好，并使该模型能够自适应线位的空间变化，CATIA 建模流程如图 8.6 所示。

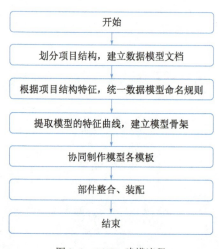

图 8.6　CATIA 建模流程

CATIA"骨架"是一种定位的参照线或者点、面，一般选取各构件具有明显定位特征的中心线作为骨架，例如主梁中心线或者道路中心线、桥墩中心线等。在预应力混凝土连续梁桥 BIM 三维模型创建中，基于 CATIA"骨架+模板"的方法将桥梁的控制性关键节点作为模型构件搭建的基准，选取的关键控制节点即称为骨架，在建模之前首先要明确桥梁整体的骨架线，然后用骨架来控制桥梁 BIM 模型的制作，方便后期的修改，由骨架驱动的建模方法方便定位，整体的逻辑层次清晰，省去了传统机械设计中装配操作的烦琐。结构单元实例化也是通过骨架实现的，不但充分应用了参数化能力，还能成功确定单元边界，对于异形、复杂结构的 BIM 模型搭建可以通过骨架形成自适应，PC 连续梁桥建模架构如图 8.7 所示。

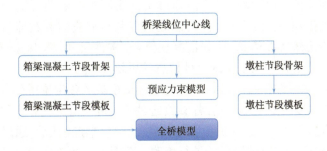

图 8.7　PC 连续梁桥建模架构

8.2.3　混凝土连续梁桥整体 BIM 模型构建

(1) 线路设计

线路设计分为平曲线设计和竖曲线设计。平曲线设计中首先定义各站点的间距和路线的交点位置,交点位置创建圆弧或者缓和曲线作为各直线段的连接曲线。在平曲线的基础上,通过 CATIA 指定平面展开的功能,设计好纵坡和曲率半径得到竖曲线。最后将平曲线和竖曲线在空间中拟合成一条三维曲线,生成如图 8.8 所示的桥梁三维中心线。

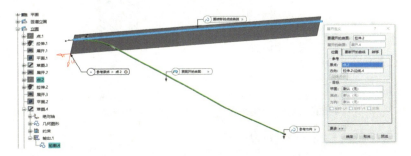

图 8.8　三维中心线设计

(2) 模板制作

CATIA 具有全参数化控制的建模理念,通过改变参数(系统参数)、定位几何元素,可以实现构件模型的重复性使用,这就是模板的概念。

根据预应力混凝土连续梁各节段的几何特征,可以设计成不同的节段模板。模板制作的关键在于设置科学、合理的参数,根据箱梁的特性可分为不同类型,根据箱梁节段的共性设置统一的控制参数,通过控制参数来调整模板的几何特征,在模型拼接阶段通过实例化模板参数即可实现整体结构模型的快速搭建,对于模型构件的修改只需调整响应的参数即可。模板在制作时同步记录属性信息,比如混凝土型号、构件尺寸、体积、材质信息等,在模板实例化过程中同步实现属性信息的更新。

  线路设计完成之后,通过骨架线确定箱梁模板的各定位平面。将变量通过参数控制可以减少重复劳动,各参数通过公式可以与草图和实体模型中的系统参数进行关联,从而得到参数化构件。构件创建完成后,通过改变参数值,即可对构件的相应结构尺寸进行修改。草图平面的轮廓通过拉伸生成构件实体,箱梁节段模板和设计参数保持一致的曲线变化高度,下部墩台结构按照同样的方式分别创建模板。桥梁主梁节段和墩台模板如图8.9所示。

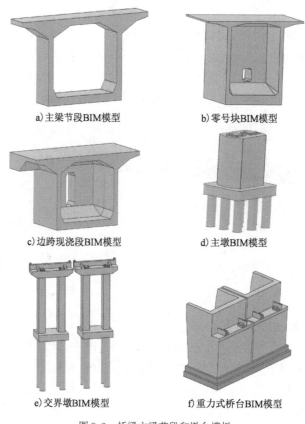

a) 主梁节段BIM模型 b) 零号块BIM模型

c) 边跨现浇段BIM模型 d) 主墩BIM模型

e) 交界墩BIM模型 f) 重力式桥台BIM模型

图8.9　桥梁主梁节段和墩台模板

(3) 实例化模板

骨架通过控制元素以及局部坐标系确定模板的位置和边界条件,前文介绍了骨架与模板的生成方法,实例化过程就是通过控制参数实现模板批量拼装的过程,参数化模板(表8.1)可以依据桥梁结构的目标位置在事先定义的范围内进行自适应变化。

变截面梁节段模板参数　　　　　表8.1

节段编号	起点桩号(m)	节段长度(m)	翼缘厚度(m)	……	起点横坡(°)	终点横坡(°)
1	100.0	4.5	0.2	……	1.146	1.146
2	104.5	4.5	0.2	……	1.146	1.146
3	109.0	4.5	0.2	……	1.146	1.146
4	113.5	4.5	0.2	……	1.146	1.146
5	117.0	4.5	0.2	……	1.146	1.146

达索 CATIA 中支持资源设计表和企业高级知识脚本语言 EKL,模板参数表可以上传至资源设计表中,通过 EKL 程序编写实例化代码反复调用资源设计表的参数,根据该设计表的节段信息,在骨架上实例化各混凝土节段的模板,生成全桥模型。通过代码驱动实例化生成上部箱梁模型。完成下部结构墩柱的装配,最后得到全桥结构 BIM 模型,如图 8.10 所示。

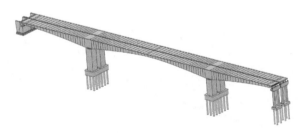

图 8.10　全桥结构 BIM 模型

8.2.4　预应力钢束建模

钢束在空间的布置为复杂的三维曲线,其空间线形由平弯和竖弯信息组成,弯起的线形为直线和圆曲线的组合。基于 CATIA 骨架建模思想,以墩顶钢束为例可以将预应力束模型搭建分为四个步骤:预应力钢筋定位、钢束路径线绘制、钢束轮廓以及钢束生成。

(1) 预应力钢筋定位

首先根据顶板钢束布置图确定其断面的定位点,然后建立定位坐标,基于定位坐标实现平、纵草图的绘制,通过草图绘制生成钢束轮廓和钢束路径线。

(2) 钢束路径线绘制

钢束路径线是纵向预应力钢绞线的行经路线,是一条与钢绞线空间变化一致的三维曲线,涉及平弯和竖弯的处理。根据连续梁桥钢束特征可知腹板钢束一般考虑竖弯,顶板钢束通常要同时考虑平弯和竖弯的处理。对于平弯和竖弯的单独处理比较简单,通过 CATIA 的曲线处理能力,建立钢束平、竖草图即可输出钢束路径线。对于空间变化的钢束路径线,需要分别输出平纵路径线,然后利用 CATIA 特有的空间曲线混合定义功能,即可得到基于空间变化的钢束路径线。

(3) 钢束轮廓

钢束轮廓包括预应力筋和波纹套管,根据实际的半径绘制并输出轮廓。

(4) 钢束生成

钢束实体的生成是钢束模型搭建的最后一步,利用钢束轮廓和钢束路径线,选择肋功能,生成实体钢束,得到如图 8.11 和图 8.12 所示的腹板钢束和顶板钢束,最后使用移除命令,在混凝土结构中留出预应力管道位置,得到如图 8.13 所示的集成预应力束的箱梁模型。

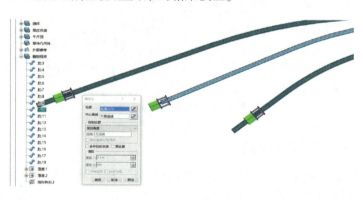

图 8.11　腹板钢束

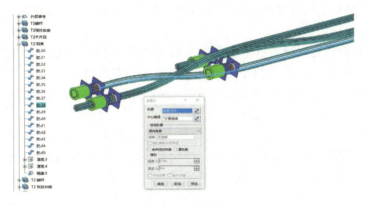

图 8.12　顶板钢束

图 8.13　集成预应力束的箱梁模型

8.3　BIM 模型与桥梁监测信息的融合

8.3.1　桥梁 BIM"数模分离"信息集成方法

桥梁监测信息具有数据体量大、数据生产快、数据种类多以及数据价值大的特点[17]。目前 BIM 信息主要通过工业基类标准(IFC)文件的方式进行集成管理,这种方法不能满足海量、动态监测数据的存储需求,没有统一的集成管理平台,数据存储缺乏组织性,不利于监测数据的分析利用和安全存储。

针对海量的桥梁工程数据和监测数据,提出一种 BIM"数模分离"的信息集成方法,在 BIM 平台中,将轻量化桥梁 BIM 模型存储于服务器,同时引入数据库存储桥梁结构化的监测信息,通过构件编码的映射关系关联模型和数据,从而实现桥梁 BIM 模型和监测信息的集成应用,具有较好的工程实用价值。

BIM 数据是工程项目全生命周期内多个阶段多个领域产生的数据,传统"分阶段分布式"存储数据的方式容易形成数据孤岛,不同部门之间缺乏联系,阻碍了建设参与各方信息的交流和共享,基于 BIM 模型集成存储的管理模式,可以解决传统分散存储的问题[18]。

不同于建筑业,桥梁工程信息体量大、种类繁多,简单的文件管理模式并不能满足庞大的数据存储需求。特别是在桥梁健康监测阶段,桥梁监测内容众多、测点布置复杂、数据生产快、数据价值大,因此动态、海量的监测数据必须要借助数据库进行存储管理。根据桥梁工程信息存储特点,可以将桥梁产生的 BIM 数据分为结构化数据和非结构化数据,结构化数据为可共享的内部数据,例如 IFC 表达的相关数据,结构化数据可以存储在数据库中,非结构化数据为工程文档、图片等,不能直接存储在数据库中。

过去学者们提出开发基于 IFC 标准的数据库,将模型和数据包含一体的 IFC 文件解析存储在关系数据库中,从而实现在数据库中的信息集成存储。IFC 文件是基于对象描述的,而关系数据表基于二维表进行存储,完全将 IFC 文件映射到关系数据库中比较难以实现,几何数据丢失严重,模型轻量化显示也不理想。总的来说,IFC 文件解析过程具有以下问题:

(1) IFC 标准中含有 700 多个对象,300 多个类型定义,作为一种数据交换格式,其内部数据定义非常复杂,要想实现解析过程,必须要深度了解 IFC 标准的各种语义结构。

(2) 对于大型结构模型,通过解析 IFC 文件的方式,无法实现轻量化效果。

(3) IFC 文件解析无法解决非结构化文档和动态监测数据与 BIM 模型的关联问题。

基于桥梁工程结构信息和监测数据的特点,本节提出了"数模分离"BIM 信息集成的方法,将结构化数据 IFC 属性和 BIM 模型分开处理和存储,在信息集成平台借助路径关联的方式实现模型和模型数据的二次关联,以实现集成应用。

"数模分离"方法顾名思义,对 BIM 的几何数据和非几何数据分开进行处理。具体做法是将实体模型进行轻量化处理存储于 Web 服务器,将 IFC 属性集相关参数信息解析存储于数据库中,如图 8.14 所示为"数模分离"

BIM 信息集成方法的具体实现流程。数模分离理念广泛用于 BIM 模型轻量化解决方案,将 BIM 非几何数据的剥离,可以实现模型的轻量化加载和交互,第 8.2 节介绍的基于 WebGL 的桥梁 BIM 模型轻量化显示,分离了 BIM 模型的非几何数据信息,减少了 20%~50% 的 BIM 数据冗余量。

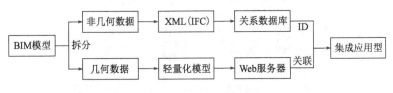

图 8.14 "数模分离"BIM 信息集成方法

在 IFC 文件中实体和属性之间的关联关系是通过特殊的语义定义的,如 IFC 中用 IfcSensor(Ifc 传感器)描述传感器实体,用 IfcProperty(Ifc 属性)描述传感器的属性信息,通过 IfcRelDefinesByProperties(IfcRelDefines 关系的子类型)关系将属性集关联到传感器实体。本章提出在"数模分离"方法中,利用构件编码的映射关系,实现模型数据和 BIM 模型的关联,这种映射方式同时也解决了非结构化文档数据与 BIM 模型的关联问题。"数模分离"BIM 信息集成方法解决了桥梁海量信息存储和信息扩展的问题。

8.3.2 桥梁运维 BIM 模型建立

桥梁运维 BIM 模型是桥梁结构 BIM 模型和监测设备 BIM 模型的统一。如图 8.15 所示,桥梁结构 BIM 模型是按照 LOD500 精度建立的桥梁竣工状态下的结构信息模型,集合了桥梁从设计施工传递过来的各项信息数据,反映了桥梁在运营初期的真实状态,解决了传统模式下运营阶段建设期信息获取不全或者获取不准确的问题;监测设备 BIM 模型是各类监测传感器信息模型的集合,包含的信息主要是各传感器的系统参数、位置以及维修记录等,根据实际监测测点的布置情况,这些监测设备 BIM 模型与桥梁结构 BIM 模型的构件相绑定,共同构成了运维阶段的桥梁 BIM 模型。

传感器 BIM 模型的搭建如图 8.16 所示,按照不同类型分别建立传感器模板库,由于传感器与桥梁结构的尺寸相比非常小,为了直观查看,传感器 BIM 模型的尺寸可以放大一定比例,传感器位置按照监测方案测点布置要求和桥梁结构一一对应。最后融合传感器模型得到图 8.17 所示的桥梁运维 BIM 模型。

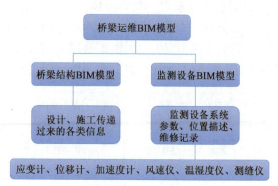

图 8.15　融合 BIM 和健康监测的桥梁运维 BIM 模型

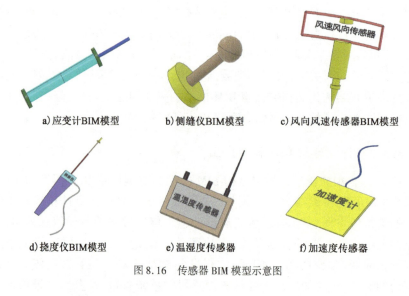

图 8.16　传感器 BIM 模型示意图

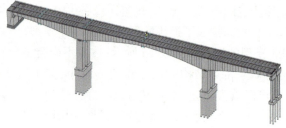

图 8.17　桥梁运维 BIM 模型

8.3.3 BIM 模型和监测信息的可视化集成

基于桥梁 BIM "数模分离"方法,桥梁监测传感器 IFC 文件信息通过 BIM 模型软件导出为 XML 文件,然后将 IFC 属性参数和传感器构件编码结构树解析存储在关系数据库,并建立测点属性表,将处理过后的监测数据读入数据库,建立监测数据表,测点属性表和监测数据表通过构件编码关联,如图 8.18 所示。存储在关系数据库的监测信息通过构件编码建立路径索引实现和桥梁 BIM 模型关联,非结构化文档信息存储于文件仓库,利用构件编码实现关联。由此可通过桥梁 BIM 模型实现监测信息和文档信息的结构化和可视化管理。

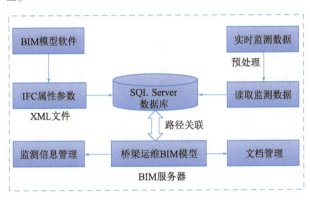

图 8.18 监测信息和桥梁 BIM 模型集成存储过程

在 SQL Server 桥梁监测数据库中设计四张表,分别为测点属性表、监测数据表、结构树目录表以及文档信息表。测点数据表存放导出的 IFC 文件相关属性参数,见表 8.2;监测数据表存储桥梁历史监测数据,见表 8.3;结构树目录表存放同 IFC 文件导出的桥梁 BIM 构件结构树,见表 8.4。非结构化的文档信息不适合存储于关系数据库中,本章将非结构化文档数据保存在文档系统中,见表 8.5,通过在关系数据库中建立文档信息表保存其文档索引路径,最后通过统一的管理界面进行管理。

桥梁测点属性表 表 8.2

字 段 名 称	数 据 类 型	信 息 描 述
ID	int	主键
SensorName	nvarchar(50)	桥梁传感器名称

续上表

字段名称	数据类型	信息描述
SensorType	nvarchar(50)	桥梁传感器类型
Code	varchar	传感器构件编码
SensorPosition	int	桥梁传感器位置
Threshold	float	桥梁测点阈值
State	nvarchar	桥梁传感器状态编号

桥梁监测数据表　　　　　　　　　　　　　　　表8.3

字段名称	数据类型	信息描述
ID	int	主键
Code	varchar	传感器构件编码
Value1	decimal(18,5)	实测值1
Value1	decimal(18,5)	实测值2
Unit	varchar(255)	监测指标单位
GetTime	datetime	监测值获取时间

桥梁BIM结构树目录表　　　　　　　　　　　　表8.4

字段名称	数据类型	信息描述
ID	int	主键
FatherID	int	父级ID
Name	nvarchar(50)	桥梁BIM构件名称
Code	nvarchar(50)	桥梁BIM构件编码
BridgeName	nvarchar(50)	桥梁名称

桥梁文档信息表　　　　　　　　　　　　　　　表8.5

字段名称	数据类型	信息描述
ID	int	主键
Code	nvarchar(50)	BIM构件编码
Name	nvarchar(50)	文档名称
Type	nvarchar(50)	文档类型
Date	datetime	文档创建时间
Path	char(100)	文档存储路径

将桥梁 IFC 属性信息、监测数据以及非结构化文档的索引路径存储在关系数据库中，这样就解决了桥梁健康监测阶段海量 BIM 数据的存储问题。在 BIM 模式下，桥梁监测信息包括传感器设备的属性信息和监测数据，将所有的桥梁传感器模型和监测信息置于统一的 BIM 平台进行集成管理，使得监测信息组织有序，可以有效解决大型桥梁结构在健康监测中监测信息管理难的问题，既可以通过模型管理监测数据，也可以通过监测数据定位到对应的传感器模型，实现模型和数据的交互。通过 BIM 集成管理的监测数据，还可以快速实现桥梁状态智能评估和预警决策。

桥梁健康监测的主要目的是通过实时获取的监测数据实现风险预警和安全评估。在 BIM 平台中，监测数据以及结构分析数据都可以基于桥梁 BIM 模型实现集成存储，然后通过相应的桥梁评估方法，提取监测数据即可方便、快速实现桥梁健康状态的在线智能评估。

目前常见的桥梁安全评估方法包括神经网络与遗传算法、模糊数学理论、特尔斐专家评估法和层次分析法等。层次分析法由于其层次结构清晰，易于将复杂问题简单化，可根据各监测指标快速实现桥梁在线评估。

8.4 BIM 监测平台

传统的桥梁健康监测系统中，可视化程度低，桥梁结构信息和监测数分散存储，使得数据利用率低，结构预警评估缺乏实时性和准确性，辅助决策能力差。

通过构建基于 BIM 的桥梁健康监测平台，以桥梁 BIM 模型为基础，以数据为核心，将桥梁工程结构化数据和非结构化数据信息进行集成，可以解决设计、施工和运维阶段信息丢失和难以查询的问题，实现监测数据的可视化展示、分析以及实时预警和智能评估，从而实现基于 BIM 技术的桥梁数字化管养。

8.4.1 平台系统架构

基于 BIM 的桥梁健康监测信息平台，一是要有信息管理的能力，二是要有实现 BIM 应用功能的能力。将 BIM 技术可视化、信息集成、信息共享的优势融合到桥梁健康监测平台，可有效解决传统监测系统存在的不足，提高桥梁健康监测平台的信息化水平。为了 BIM 技术和桥梁健康监测更好融合，本节提出了 BIM 平台的实现原则：

（1）统一数据标准

统一的数据标准是 BIM 技术应用的前提，从前期的模型建立标准到后期的信息交互和存储标准，都体现了统一标准的重要性。BIM 模型创建之前应该明确模型用途从而确定建模精度，基于 EBS 做好模型结构分解，确定模型构件编码和命名规则。明确所选择 BIM 设计软件对 IFC 标准的支持状况，对 IFC 标准表达不全的领域应该做出适当的扩展。

（2）信息集成存储

信息集成是 BIM 技术的重要特征，基于 BIM 实现桥梁结构信息和监测信息的集成管理是监测平台的核心技术之一。BIM 平台作为信息集成管理的场所应该引入数据库实现对海量结构化数据的存储，通过有效的映射关系实现 BIM 模型和模型数据的关联。

（3）BIM 模型轻量化

模型是信息承载的载体，BIM 模型是信息平台实现应用的基础。一般建设项目的结构物体量都非常庞大，同时在结构物管理的过程中还需要实现构件的精细化管理，所以对模型的人机交互能力有较高的要求，通过提高计算机的配置来解决模型可视化交互的方法经济成本高。因此，需要找到合适的轻量化解决方案，通过模型轻量化技术，提高 BIM 模型在平台的人机交互能力，降低计算机终端的配置要求，并保持经济性。

（4）科学合理、安全可靠

桥梁工程是一项参建单位多、工程信息复杂的系统工程，桥梁 BIM 信息平台的搭建必须充分考虑系统架构的合理性和功能结构的完善性，以实现多元信息的融合，同时还要考虑平台的灵活性、可维护性以及数据的安全性。

软件系统架构主要有 B/S（Browser/Server，浏览器/服务器）和 C/S（Client/Server，客户机/服务器）两种模式，B/S 作为一种新的网络架构方式，不需要在计算机安装客户端，通过 Web 浏览器即可进行访问，方便快捷，不必考虑系统兼容的问题，同时也有利于系统的维护，灵活性较高。在 B/S 架构中通常按照三层架构进行系统结构设计，根据 B/S 三层架构的定义，划分为表现层（UI）、业务逻辑层（BLL）、数据访问层（DAL）。

本章搭建的某大跨 PC 连续梁桥 BIM 健康监测平台采用 B/S 三层架构，

在 Microsoft.NET Framework 4.0 框架下，实现对平台后台的搭建，涉及的开发语言有 Visual C#、Asp.Net、javascript 和数据库语言 SQL Server。

桥梁 BIM 健康监测平台的搭建涉及计算机技术、数据库技术和桥梁专业技术。从桥梁专业的角度对平台进行构建时，可以将平台诸多要素简化为如图 8.19 所示的三个模块。数据层包括桥梁设计、施工传递过来的静态信息、实时监测数据以及桥梁维修养护的记录等信息。桥梁 BIM 模型是信息集成存储的载体，同时也是体现 BIM 可视化的关键，完整的桥梁健康监测信息模型包括传感器 BIM 模型和桥梁结构 BIM 模型，在桥梁 BIM 健康监测平台中，模型层连接着数据层和功能层，具有承上启下的作用。实现功能层的应用是 BIM 平台搭建的目标，该层是用户实现人机交互的部分，包括桥梁各类信息的管理、实时监测、预警评估管理以及辅助决策等内容。

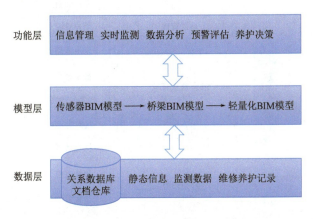

图 8.19 基于 BIM 的桥梁健康监测平台简要框架

面向桥梁运维管养的健康监测平台管理的信息庞大，不仅要存储传感器设备信息和监测数据，还要管理桥梁从设计、施工传递过来的工程结构信息，传统模式下，这些信息的管理方式是分单位、分部门、分阶段、分类型进行存储，这种分散存储的方式，信息数据难以共享并且容易丢失，不利于信息数据的管理和使用，影响了结构预警评估分析的准确性和及时性。对于桥梁工程这种复杂的结构，传统监测系统用二维平面进行结构描述，管养人员很难对桥梁结构和传感器布置情况进行快速、直观的了解，在紧急状况下不能迅速定位到病害位置，造成了预警处理时间的延迟。传统桥梁健康监测系统中信息管理还存着很多问题,在此不一一罗列。BIM 技术基于真实的桥梁 BIM 模型,在三维场景下直观显示整个桥梁结构监测状况,对桥梁构件和传感器设备的掌握一目了然。通过 BIM 平台实现信息集成存储,各项信息数据基于对象化构件的方式进行管理,通过这种结构化存储管理的方式,改善了过去分散存储的弊端,使桥梁从设计到运维形成了完整的数据链,提高了数据利用率,有利于桥梁健康状态的及时预警和智能评估,对于桥梁构件出现的病害信息,可以根据构件二维码进行跟踪记录,在 4D BIM 模式下,通过对病害的预测分析,还可以实现桥梁的预防性养护。本章研究的基于 BIM 技术的某大跨 PC 连续梁桥健康监测平台包括监测平台系统管理、静态信息管理、监测数据管理、紧急预警、智能评估和辅助决策六大功能模块,如图 8.20 所示。

图 8.20 基于 BIM 的桥梁健康监测平台功能结构

8.4.2 静态信息可视化与结构化管理

在桥梁 BIM 健康监测平台中,桥梁的静态信息是指桥梁从设计施工传递过来的各类信息以及监测设备的各项属性信息,这类信息在桥梁运维阶段基本不会变动。与桥梁静态信息对应的就是动态信息,桥梁动态信息包括各项监测数据、结构预警评估结果以及维修养护记录等。

在传统的运维模式下,施工单位在桥梁竣工验收后将桥梁结构及相关的文档资料交付给管养单位,这些交互资料以往基本是以纸质为主,没有统一的信息平台进行存储,随着时间的推移和管养人员的变更,这些纸质资料容易遗失和破坏,对于桥梁的养护工作极其不利。例如在桥梁维修过程中,首先要查看结构图纸,其次要参考桥梁的施工工序和施工日志,但成桥多年后,这些资料难以查找,可能破坏或者丢失。如果能通过一种可视化、结构化的方式对这些资料和数据进行集成管理,那么将大大提高桥梁管理和养护的效率。

桥梁 BIM 监测平台静态信息实现的功能如图 8.21 所示。

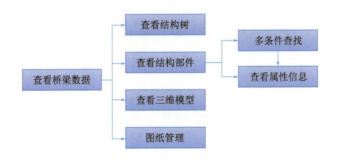

图 8.21　静态信息可视化管理

BIM 具有信息集成和可视化的特点,在 BIM 平台中所有桥梁信息数据基于层次化的构件编码实现与桥梁 BIM 模型的关联,因此在基于 BIM 的桥梁健康监测平台中,所有的静态信息都可以实现可视化和结构化管理,可视化管理体现在通过三维模型获取信息,结构化管理体现在信息数据与层次化构件编码的绑定。设计阶段的信息主要涉及图纸信息,可以通过构件编码将二维图纸和 BIM 模型关联,对于材料属性等信息可以在制作桥梁 BIM 模板时批量添加。施工阶段的信息主要涉及文档、图片等非结构化数据,可以按照施工阶段的质量验收标准分类与桥梁 BIM 模型进行关联。将桥梁 BIM 模型和设计施工信息进行集成关联后,就形成了在竣工状态下的桥梁结构 BIM 模型,BIM 模型相比二维图纸更加直观,解决了传统模式下图纸归档、信息检索和信息查询方式效率低的问题。桥梁 BIM 模型和图纸关联实现了图模一体化，有助于设计图纸的组织管理，在桥梁养护过程中，通过模型即可快速检索到需要的图纸信息。管养人员还可以通过 BIM 监测平台的查找和筛选功能定位需要的结构构件，并查看构件相应的属性信息。

图 8.22 为某大跨 PC 连续梁桥整体结构物信息界面，桥梁模型构件通过结构树进行层次化管理。

图 8.22 某大跨 PC 连续梁桥整体结构物信息界面

桥梁设计施工传递过来的各类信息与 BIM 构件进行关联，实现层次化和可视化管理。在某大跨 PC 连续梁桥 BIM 健康监测平台中通过桥梁 BIM 模型可以直接查看构件图纸信息和构件相关的属性信息，极大提高了信息的管理效率以及文档检索的效率。

8.5 监测数据智能管理

8.5.1 监测数据查询

监测数据的管理是桥梁健康监测平台最重要的内容之一，监测数据管理具体包括数据的实时监测与历史数据管理。在 BIM 平台中，监测数据通过传感器构件编码与传感器 BIM 模型构件相关联，通过传感器 BIM 模型可以查看实时监测数据，通过监测数据可以定位到传感器测点位置，实现模型

第 8 章 基于 BIM 健康监测系统的大跨 PC 连续梁桥智能状态评估

和数据的交互。管养人员不必在传统监测模式下依靠空间想象来确定监测位置，通过直观的桥梁 BIM 模型即可快速查询到测点位置以及测点数据，提高了对监测数据的处理效率。过去对于历史数据的分析通过控制单一指标无法比较不同截面、不同测点处的数据相关性，而通过 BIM 技术的集成管理，可以提取不同测点传感器监测值，实现多指标的对比分析[19]。

监测数据管理功能主要分为实时监测、历史监测数据管理以及数据对比分析三个模块，如图 8.23 所示。对于监测数据的查询可以通过点击传感器模型查询，也可以通过选择监测内容和监测位置进行查询，通过对监测结果进行对比分析，还可以及时诊断传感器状态和分析不同监测指标之间的相关性，所有数据都是通过时间序列趋势图进行可视化展示，降低了对复杂数据的理解难度。

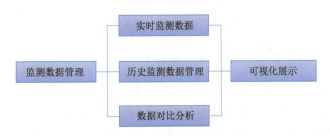

图 8.23　监测数据管理功能

在传统的桥梁实时监测模式下，采集到监测数据并经平台分析后，很难和测点位置对应起来，特别是对于大型复杂的桥梁结构，仅仅依靠空间想象能力和平面图纸就更难确定数据对应的测点位置了。在桥梁 BIM 监测平台中，数据和测点传感器一一对应，不但能通过模型快速检索和查询数据，同时通过数据和模型的三维交互还能对整个监测体系有更直观的认知。将数据信息转换成模型信息，通过传感器 BIM 模型可以快速查询测点设备信息以及测点实时监测结果。

在历史监测数据的管理中，BIM 监测平台按照时间序列将历史监测数据进行存储，管养人员可以查看过去任何一个时间段的数据，也可以将数据批量导出。如图 8.24 所示，以大跨 PC 连续梁桥应力监测数据查询为例，依次选择截面、测点位置以及查询时间段即可快捷、直观地查看过去任意时刻基于时间序列的监测数据趋势图，方便将监测数据导出为 Excel 表，便于运用专业软件分析和挖掘监测指标的内在价值。

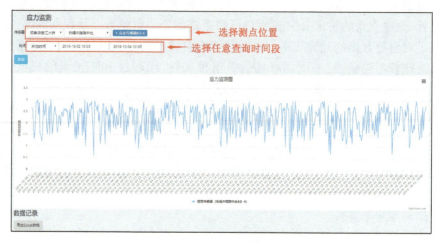

图 8.24　历史监测数据查看界面

8.5.2　监测数据分析与预警管理

为了对桥梁结构监测状况有全面的了解，某大跨 PC 连续梁桥 BIM 监测平台中设置了一个实时监测数据分析中心，如图 8.25 所示，将所有的监测指标通过可视化的趋势图展示在同一界面，以便更直观全面地分析桥梁整体监测数据，实时调取不同位置的监测信息，查看实测值的最大值及最小值，通过与监测指标阈值进行对比分析，及时掌握桥梁异常状态。

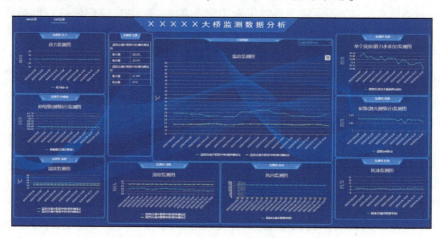

图 8.25　数据实时监测分析界面

数据的对比分析可以分为同一监测指标的对比分析和不同监测指标的对比分析。在桥梁健康监测数据中,可以通过对比分析同一监测指标的数据,对传感器的异常状态进行简单识别。由连续梁桥的结构特性可知,主梁主要受弯矩作用,跨中箱梁顶板受压、底板受拉,因此可以通过对比同一截面不同测点的应力值正负号,简单诊断传感器的状态。不同监测指标之间有较大的相关性,例如温度对桥梁应力和位移变化往往有较大影响,通过相关性分析可以为桥梁健康状态的评估以及养护决策提供更可靠的数据支撑。在某大跨 PC 连续梁桥 BIM 监测平台中调取温度和应变的监测数值,通过监测数据的时间序列趋势图的对比,可以大致得出温度和应变具有线性相关性,如图 8.26、图 8.27 所示。

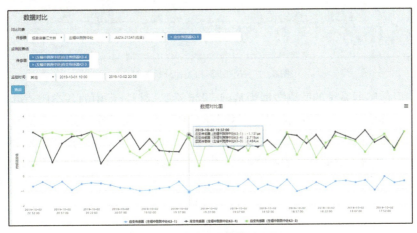

图 8.26 同一指标监测值比较界面

紧急状态下实时预警,在桥梁结构破坏之前及时做出响应,可以最大程度降低桥梁灾害发生时造成的损失。基于监测指标的实时预警是桥梁健康监测平台的重要内容,预警管理分为预警位置确定、预警等级确定、反馈机制设置以及预警结果处理四个方面。预警等级根据阈值大小设定告警的限值,通过本章提出的预警值计算方法,结合有限元分析结果,从而确定各测点阈值。在 BIM 监测平台中,预警等级可以通过不同的颜色进行区分,即在预警状态下,传感器颜色将直观反映风险等级,在某大跨 PC 连续梁桥 BIM 健康监测平台中一级表示良好,用蓝色区分;二级表示一般,用黄色区分;三级表示严重,用橙色区分;四级及以上表示特别严重,用红色区分。预警等级和预警位置都可以通过桥梁 BIM 模型确定。反馈机制是将预警情况通过无线的方式及时告知给管养人员,以实现快速的预警响应,预警处理主要是对预警的具体情况以及预警的处理结果进行跟踪记录。

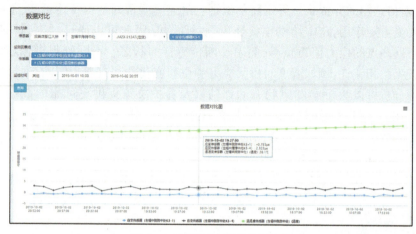

图 8.27　不同指标相关性分析界面

以传感器系统的监测数据为基础,设定桥梁运行过程中的各类阈值,可以及时了解桥梁异常状况,依据监测数据的异常变化,直接定位到异常位置,提供给管养人员有效的解决方案和预案分析。预警功能实现过程如图 8.28 所示,首先平台读取处理后的监测数据,然后存储到数据库并与数据库存储的阈值进行对比,看是否超过相应的阈值,如果没有超过阈值则继续监测,如果超过阈值则发出警报,并通过平台的反馈机制迅速通知管养人员。

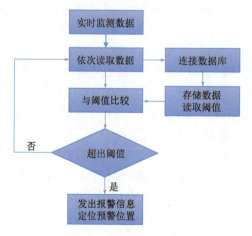

图 8.28　预警功能实现过程

预警反馈机制主要是通过短信的方式实现的,预警接收人按照不同的用户权限和角色定位会被定义不同的接收等级,比如低等级的预警可以只告知普通养护管养人员,管养人员通过常规方法即可排除险情。高等级预警还需要直接通知相关的养护专家,以便及时对于复杂状况的预警做出快速的响应决策。

在某大跨 PC 连续梁桥 BIM 监测平台中,当收到预警通知后,管养人员可以根据桥梁 BIM 三维模型直接定位到告警位置,并通过传感器颜色直观判断预警等级。如图 8.29 所示,发出警报后,管养人员及时获得预警信息,通过传感器 BIM 模型直接定位到预警位置,并通过颜色识别预警等级,然后及时做出响应。

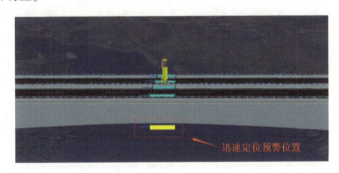

图 8.29 传感器快速定位以及预警等级判断

由于目前整个监测指标都处于正常状态,还未出现异常情况的预警,因此本章对于预警处理只做了一个测试过程,记录了预警位置、预警等级、预警时间、预警原因和处理结果,并生成预警报告,提交专家进行评定和审核。最后将这些预警信息和预警报告集成关联到对应的传感器 BIM 模型,作为以后预警决策重要的参考依据。

8.5.3 在线综合评估

某大跨 PC 连续梁桥 BIM 健康监测平台在线评估流程,不同于传统的桥梁结构评估模式,得益于 BIM 技术的信息集成度高,桥梁 BIM 健康监测平台不但集成了海量监测数据,还有大量的结构信息以及桥梁技术评定规范,平台内嵌了桥梁安全评估算法,可以自动调用集成的 BIM 数据用于权重分析和评估计算,因此可以实现桥梁健康状态快速、准确地在线评估。对于复杂的评估分析结果,平台可以开放专家权限,基于集成的各种关键信息,专家可以快速了解桥梁结构状况和监测状况,并结合可视化的桥梁 BIM 模型三维场景,实现远程会诊,对相关的疑难问题快速做出决策分析。同时将评价结果和诊断结果存储到 BIM 数据库中,作为养护管理的维修参考。

基于层次评估模型和监测指标各层权重值,只需提取 BIM 监测平台各项监测值并逐层计算即可获得某大跨 PC 连续梁桥的评估结果。

(1)评价指标值的处理

在某大跨 PC 连续梁桥健康监测评估系统中,底层评价指标有应力、位移和温度,它们分别表示不同的属性指标,单位量度也不一致。因此,在评估之前要进行无量纲化处理。

①应力评价指标无量纲化

在 BIM 数据库中提取大桥 2019 年 8 月 15 日 5 时 25 分的应力数据,见表8.6。

各测点某时刻实测应力值(单位:MPa)　　　　表 8.6

截面位置	顶板		底板	
	左侧	右侧	左侧	右侧
K1	-0.257	-0.286	0.134	0.119
K2	0.279	0.332	-0.275	-0.268
K3	0.340	0.236	-0.297	-0.263

采用无量纲化公式进行处理,上下限值取测点位置的阈值,基准值取 0,求得各测点的无量纲化指标,见表8.7。

测点无量纲化处理应力指标值　　　　表 8.7

截面位置	顶板		底板	
	左侧	右侧	左侧	右侧
K1	85.9	84.2	92.5	93.2
K2	77.4	78.2	76.8	79.1
K3	86.7	87.7	87.3	90.1

将无量纲化处理的应力指标评价值乘以相应测点的权重值,求得应力总的评价为:

$$V_1 = 85.9 \times 0.05 + 84.2 \times 0.05 + 92.5 \times 0.057 + 93.2 \times 0.057 + 77.4 \times$$
$$0.049 + 78.2 \times 0.049 + 76.8 \times 0.05 + 79.1 \times 0.05 + 86.7 \times 0.079 +$$
$$87.7 \times 0.079 + 87.3 \times 0.212 + 90.1 \times 0.212$$
$$= 85.896$$

② 位移评价指标无量纲化

位移评价指标分为主梁竖向挠度和主梁纵向位移,纵向位移和竖向位移分开处理,首先提取大桥实测监测数据,然后进行无量纲化处理。提取大桥 2019 年 8 月 15 日 5 时 25 分的监测数据,见表 8.8。

大桥某时刻实测位移数据(单位:mm) 表 8.8

评价指标		实测位移量
竖向位移	L1	12.37
	L2	0.11
	L3	38.25
纵向位移	江津侧	2.48
	綦江侧	1.97

按照无量纲化公式,基准值取 0,上下限值取阈值,无量纲化处理的值见表 8.9。

大桥某时刻位移评价指标量 表 8.9

评价指标	位移评价指标量	评价指标	位移评价指标量
竖向位移	90.5	纵向位移	88.7

位移总的评价值:

$V_2 = 90.5 \times 0.76 + 88.7 \times 0.24 = 90.086$

③ 温度评价指标无量纲化

查得大桥 2019 年 8 月 15 日 5 时 25 分的温度数据为 27.7℃,同理进行无量纲化处理,基准值取该地平均温度 27.7℃,上下限值分别取当地最高温度 42.9℃ 和最低温度 -1.5℃,最后求得温度的评价量为 $V_3 = 87.5$。

(2) 桥梁综合评价值

在层次分析法的基础上引入模糊数学理论,提高了对具有模糊性问题判断的准确性,在这些理论的基础上对大跨 PC 连续梁桥各层次进行划分,将各构件的评估值作为评估指标,最后得出大桥的综合评估值,即:

桥梁综合评估值 = 位移评估值 × 位移权重 + 应力评估值 × 应力权重 + 温度评估值 × 温度权重

大桥总的评价值等于各指标评估值分别乘以对应的权重值,结果为:

$V = V_1 \times$ 应力权重 $+ V_2 \times$ 位移权重 $+ V_3 \times$ 温度权重
$= 85.56 \times 0.483 + 90.086 \times 0.431 + 87.5 \times 0.086$
$= 87.68$

BIM 监测平台只向用户展示最后的评估结果，数据评估模型和智能算法均在后台进行，评估功能分为监测项选择和评估项选择，监测项选择主要是选择监测的桥梁类型和桥梁名称，评估项主要是评估方法的选择。本书搭建的评估系统还只是初步研究，希望未来可以引入多种评估方法，同步实现对桥梁快速的综合评估。

8.5.4　D-BIM 预防性养护

桥梁工程在建设中有大量的设计施工信息，在运维中也会有大量的养护信息，信息结构复杂。以 BIM 为核心的桥梁健康监测平台集成了各阶段、各参与单位的信息数据，并通过相关的分析方法进行可视化输出与利用，为桥梁工作人员的决策分析提供了有力的数据支撑。集成信息的展示方式有多重途径，可以通过二维码获取桥梁相关的构件基本信息以及养护动态信息。

我国在桥梁养护初期，通常是采取矫正性的方法对桥梁进行养护维修，也就是维修发生在发现桥梁问题之后。但是这样往往会错过维修的最佳时期，因此我国的桥梁养护原则开始变为"预防为主，防治结合"，预防性养护的概念逐渐被提出。

桥梁健康监测 4D BIM 的功能可以为桥梁预防性养护提供思路，在桥梁 BIM 健康监测平台中可以基于三维(3D)可视化展示监测数据，在 3D 的基础上加入时间轴，形成 4D BIM 模型，跟踪、记录、可视化展示病害的发展规律，并结合相关的技术分析手段，探索桥梁预防性养护实现方法。

8.6　结语

(1) 针对目前桥梁健康监测存在的一些问题，本章以某大跨 PC 连续梁桥为工程依托，结合 BIM 技术可视化和信息集成的优势，构建了基于 BIM 的桥梁健康监测平台，将桥梁工程的结构化和非结构化数据进行集成管理，实现了监测数据的可视化展示、分析，以及桥梁状态的实时预警和智能评估。

(2) 将 BIM 技术引入桥梁健康监测中，通过 BIM 技术的三维可视化、信息集成的优势,将桥梁结构化数据和非结构化数据进行集成管理,解决桥梁建设期信息获取困难的问题,实现桥梁监测数据的可视化分析、展示以及实时预警和智能评估,为桥梁的管养决策提供可靠的支撑。

(3)基于 B/S 三层架构,并结合桥梁 BIM 模型轻量化技术、BIM 监测信息集成方法和桥梁预警评估的理论计算方法,构建了大跨 PC 连续梁桥 BIM 健康监测平台。基于该平台实现了大跨 PC 连续梁桥静态信息管理、监测数据管理、实时预警、综合评估以及辅助决策的功能应用。结果表明基于 BIM 技术可视化、信息集成的优势提高了桥梁健康监测平台的信息化管理能力和可视化水平,为做出科学合理的桥梁养护决策提供了可靠的支撑。

本章参考文献

[1] 张宇峰. 第 55 期桥梁结构健康监测技术应用、瓶颈与突破[R]. 南京:江苏省长大桥梁健康监测数据中心,2019.

[2] K Lee,S Chin,J Kim. A core system for design information management using industry foundation classes[J]. Computer-Aided Civil and Infrastructure Engineering,2003(18):286-298.

[3] Bazjanac. Applying information modeling to building[J]. Virtual Building Environments. 2006(10):185-192.

[4] Sheryl S,Alan R,Ngoc T. Linear scheduling and 4D visualization[J]. Journal of Computing in Civil Engineering,2008,5(6):192-205.

[5] 翟茂林. 多跨长联连续梁桥健康监测系统与运营管理技术研究[D]. 南昌:南昌大学,2015.

[6] 孙雅琼. 基于安全监测数据的桥梁预警及安全评估方法研究[D]. 北京:清华大学,2018.

[7] 韦跃. 基于长期监测数据的混凝土梁桥健康状态评判方法研究[D]. 重庆:重庆交通大学,2014.

[8] 石鹏程. 大跨度预应力混凝土连续刚构桥健康监测评估系统研究[D]. 重庆:重庆交通大学,2009.

[9] 刘纲. 基于长期静态监测数据的大型桥梁安全状态评估方法研究[D]. 重庆:重庆大学,2010.

[10] 陈闯. 基于监测数据的大跨经 PC 连续梁桥状态评估[D]. 黑龙江:哈

尔滨工业大学,2016.

[11] 李志鹏.桥梁健康监测数据可视化系统设计与实现[D].重庆:重庆大学,2016.

[12] 耿方方,尹方舟,丁幼亮,等.基于BIM的桥梁健康监测系统研究[J].现代交通技术,2018,15(1):35-38.

[13] 王乾坤,张雨峰,蒋小凡.基于BIM-SHM的大跨度钢结构实时感知预警系统研究[J].建筑经济,2017,38(3):51-54.

[14] 王里,孙伟,刘玲,等.基于BIM和北斗的三维桥梁监测管理研究[J].地理空间信息,2018,16(7):5-7.

[15] 闫振海,郭毅霖,李法雄,等.BIM-施工监控与健康监测结合点[J].公路交通科技,2017(4):168-170.

[16] eicholz P, Fischer M. Strategy for computer integrated construction technology[J]. Construction Engineering and Management,1994,120(1):117-1.

[17] 朱小羽.达索系统3D体验平台支持BIM数据存储标准[J].铁路技术创新,2015,1(6):34-37.

[18] 林迪南.基于实时监测的混凝梁桥安全性能快速评估方法研究[D].南京:东南大学,2016.

[19] 杨克华.基于BIM的桥梁健康监测平台应用研究[D].重庆:重庆交通大学,2020.

第8章 基于BIM健康监测系统的大跨PC连续梁桥智能状态评估

本章作者简介

曾勇　教授

曾勇,男,1980年生,现为重庆交通大学土木工程学院教授,博士,硕士研究生导师;山区桥梁结构与材料教育部工程研究中心副主任;重庆市桥梁协会副秘书长。2002年毕业于重庆交通大学桥梁与隧道工程专业,2005年获重庆交通大学桥梁与隧道工程硕士学位,2009年获同济大学桥梁与隧道工程博士学位。

参与了巫山长江大桥、合江长江公路大桥、青草背长江大桥、万州长江公路三桥、重庆两江大桥、双碑嘉陵江大桥、江阴长江大桥等的监控和科研工作;主持了灵仙河特大桥(主跨160m连续刚构)、贵州仁江河大桥(主跨120m连续刚构)、忠县龙潭渡改桥(主跨100m连续刚构)、桂林龙门大桥新建工程(主跨106m连续梁桥)、合阳嘉陵江大桥(主跨200m拱桥)等大桥的施工监控工作。

目前是国际桥梁维护与安全协会(International Association for Bridge Maintenance and Safety,IABMAS)与国际全寿命土木工程协会(International Association for Life Cycle Civil Engineering,IALCCE)的会员。

杨克华

杨克华,男,1994年生,毕业于重庆交通大学建筑与土木工程专业,研究方向为桥梁健康监测、桥梁信息化养护。

王羽潇

王羽潇,女,1997年生,现就读于重庆交通大学土木工程学院,主要研究方向为桥梁结构分析与养护策略。

陈艾荣　教授

博士，博士生导师，同济大学桥梁工程系教授，兼任国际桥梁维护与安全协会（IABMAS）中国团组主席、国际结构与建筑协会（IASA）副主席、世界交通运输大会（WTC）桥梁工程学部主席、中国公路学会桥梁与结构工程分会副理事长等职务。

陈艾荣教授的研究领域主要为桥梁造型及设计伦理、桥梁寿命周期设计理论、多尺度多物理场数值模拟技术、桥梁维护、安全及管理、极端事件下的桥梁安全性能、多尺度结构拓扑优化理论等。先后主持国家科技支撑计划项目、国家自然科学基金项目、国家863计划项目、交通运输部西部交通建设科技计划项目等十余项国家及部委科研项目。主持编制和修订行业标准和规范4部，出版学术专著18部，发表学术期刊论文300余篇。

第9章 长寿命钢桥结构体系、设计理论与制造技术探索

王春生[1],段兰[1],王茜[1],张静雯[1],李军平[2],翟晓亮[3],车平[2],崔文科[4]

1 长安大学公路学院桥梁系,陕西 西安,710064
2 中铁宝桥集团有限公司,陕西 宝鸡,721006
3 中交第一公路勘察设计研究院有限公司,陕西 西安,710065
4 甘肃博睿交通重型装备制造有限公司,甘肃 兰州,730300

9.1 引言

钢结构桥梁具有自重轻、跨越能力强、施工周期短、可回收利用等优点,广泛应用于现代公路、铁路及城市道路桥梁建设中。近年来,中国桥梁建筑材料、设计水平、制造和施工技术不断进步发展,大跨、特大跨钢桥建设水平不断提升,已建成港珠澳大桥、杨泗港长江大桥、沪苏通长江公铁大桥、马鞍山长江大桥等举世瞩目的重大桥梁工程,深中通道、南盘江普者黑特大桥、贵黄高速公路阳宝山特大桥等又一批重大工程正在如火如荼建设中,中国

桥梁正在由桥梁大国向桥梁强国迈进。聚焦中国桥梁建设"重品质、延寿命"的现实需求,近十年前长安大学王春生教授研究团队在中国率先提出了高性能、强韧化长寿命钢桥的设计新理念,并将建筑新材料、创新结构形式、创新设计理论和建造新技术有机结合,在交通运输部科技项目资助下,进行了基础研究与工程实践,积极推动设计使用年限达到 150 年、200 年的长寿命桥梁设计理论与建造技术的创新研究[1-2],且王春生教授研究团队所提长寿命高性能桥梁设计技术理念已列入交通运输部《交通运输科技创新中长期发展规划纲要(2021—2035 年)》。长寿命钢桥具有突出的结构综合性能和全寿命周期经济性,可满足艰险、极端环境作用下快速建造、易维护、少维护、绿色低碳等建养一体化技术需求,更符合低碳、环保的绿色交通发展理念。可以预见,长寿命钢桥将以其突出的技术经济优势,在川藏高速公路、川藏铁路、青藏高速公路、城际高速铁路等重大工程和量大面广的常规跨径桥梁中得到广泛应用,必将产生显著的社会经济效益。

在桥梁建筑新材料的研发与应用方面,国内外学者研发出高强度、高韧性、耐候性好的高性能钢、耐候钢,开展了高性能钢梁受力性能相关研究,并应用于多座高性能钢桥、耐候钢桥的工程建设中[3-12]。在结构形式创新方面,提出了改进结构受力性能、优化构造方式的管翼缘组合梁、波形钢腹板组合梁,并进行了受力性能研究,推动了新型组合梁在世界范围内的工程应用[13-18]。在钢桥关键构件受力性能和设计方法研究方面,缆索系统作为悬索桥、斜拉桥等桥梁结构的主要承重构件,长期承受恒载、活载、风雨、紫外线照射等作用,其使用性能直接决定了结构的安全性和耐久性,然而目前相关规范对高强钢丝的性能要求仅限于成品钢丝的静力学性能和规定应力范围的疲劳寿命,有关强度等级、腐蚀因素、应力比等因素对高强钢丝疲劳性能的影响研究还处于空白[19-21];将超高韧性水泥基复合材料(UHPFRC)、超高性能混凝土(UHPC)等新型建筑材料与钢桥面板相结合,形成 UHPFRC 组合钢桥面板、组合塔墩等,并开展相关受力性能与设计方法研究,为长寿命钢桥面板的发展应用奠定了良好的技术基础[22-32]。然而,现行设计规范仍缺乏高强钢梁混合设计准则、耐候钢梁腹板间隙面外变形疲劳强度等级等技术规定,有关钢桥塔的设计规定不完善,管翼缘组合梁、波形腹板钢箱组合梁的相关设计和计算规定更是空白,亟需构建长寿命钢桥设计计算基本理论与设计准则。

在桥梁可靠性设计方面,利用一次二阶矩中心点法、响应面法等理想数学模型,开展构件可靠度计算方法与结构体系可靠度计算方法研究,识别结构主要失效模式,并成功应用于斜拉桥、悬索桥等大跨径桥梁结构的可靠度分析中[33-41]。但国内外规范中尚无温度疲劳荷载模型,缺乏体系可靠性设计计算方法和基于体系可靠性的优化设计模型与算法,无法满足长寿命的设计目标,建立与长寿命设计目标相匹配的钢桥体系可靠性设计与优化分析理论研究十分必要。

在钢桥制造装备研发与技术改进方面,智能焊接设备、钢桥制造计算机信息处理系统的研发,实现了制造机械化、流水化作业,提高了钢桥制造的自动化水平和钢桥的制造质量,加深了精细化管理程度,推动了钢桥制造水平的进步[42-44]。然而,现行钢桥制造规范缺乏与国产高强桥梁钢、耐候桥梁钢匹配的焊接工艺技术规定,传统焊接工艺措施不易保证钢桥中复杂曲线、狭小空间区域的制造质量,制造效能仍需提升。因此,需要研发自动化、智能化制造装备、构建长寿命钢桥制造成套技术,为长寿命钢桥的推广应用提供制造技术保障。

本章聚焦长寿命钢桥建设领域的重大技术需求,开展长寿命钢桥结构体系、设计理论与制造技术探索,从构造与连接创新、构件与结构体系改进、可靠性设计理论革新、长寿命钢桥制造成套技术等方面突破长寿命钢桥建设的技术瓶颈,实现钢桥高性能、强韧化、长寿命的技术目标,充分发挥钢桥高效便捷、智慧引领、资源集约等绿色发展潜能。

9.2 长寿命钢桥结构体系研究

本节开展混合设计高强钢梁、耐候钢梁、管翼缘组合梁、波形腹板钢箱组合梁、长寿命缆索、钢-UHPFRC冷连接组合桥面板等新型高性能结构的受力性能研究,建立了系列长寿命钢桥结构体系设计准则和计算分析方法。

9.2.1 高强钢梁受力性能与设计准则

对高强工字钢梁开展抗弯性能、抗剪性能的试验与理论研究,分析高强工字钢梁的抗弯承载力、抗剪承载力、弹塑性变形、失效模式和局部屈曲位置,明确关键参数对高强钢梁抗弯性能、腹板剪切屈曲和抗剪极限承载能力的影响规律,获得高强钢板梁的弹塑性受力特征,提出高强钢梁抗弯、抗剪承载能力计算方法。

(1)高强钢梁抗弯性能试验

利用国产高强度钢材 Q420qD、Q500qE 及 HPS 485W,考虑翼缘宽厚比、腹板高厚比、加载方式、侧向约束效应的影响,设计并加工制作 30 根高强度工字钢梁,对试验梁开展焊接残余应力测试,并进行高强钢梁抗弯性能试验与数值分析(图 9.1)。

a)抗弯破坏

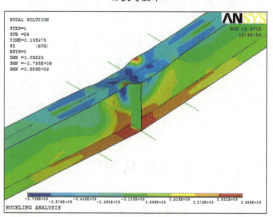

b)有限元模拟屈曲模式

图 9.1 高强钢梁试验破坏形态和有限元模拟结果

对混合设计的高强度钢梁,高强度翼缘对钢梁抗弯承载能力起主要贡献,而腹板对抗弯承载能力的贡献较小,但腹板材料强度影响钢梁的转动能力(图 9.2),可见,翼缘材料强度和腹板强度存在最佳匹配。对混合设计的钢梁,由于强度较小的腹板先屈服,腹板刚度显著减小,混合梁残余变形较大,因此基于混合设计理念进行高强钢梁设计时,腹板与翼缘材料强度等级差应不大于两个强度等级,以防止腹板屈服范围过大引起较大的不可恢复变形,影响桥梁的正常使用性能。

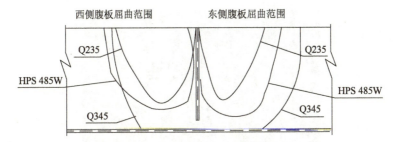

图 9.2 混合设计的 HPS485W 高强钢梁腹板屈曲范围

抗弯试验过程中考虑两种加载工况,包括跨中单点加载模拟连续梁中支点负弯矩区的受力性能,跨中区域两点加载研究纯弯段的受力性能。试验与分析结果表明,跨中区域单点加载和两点加载的抗弯试验梁的总体受力过程相类似。对跨中单点加载的试验梁,屈服范围从跨中向两侧扩展,达到一个屈曲波长时发生局部屈曲,发生局部屈曲时试验梁仍然具有承载能力,试验梁刚度的降低促使其发生侧倾,侧倾扭转控制卸载;而对采用两点加载的纯弯钢梁,随着屈服范围的不断扩展,发生局部屈曲,局部屈曲控制卸载(图 9.3)。

a) 跨中单点加载　　　　　　　b) 跨中区域两点加载

图 9.3 不同加载方式的高强钢梁抗弯破坏形态

(2) 高强钢梁抗剪性能试验

随着桥梁用钢强度等级的不断攀升,高强、轻质的钢桥设计使其稳定问题更加突出。为了充分利用钢材的高强特性,考虑腹板尺寸效应、加劲肋效应、翼缘约束效应,设计并加工制作 6 根焊接工字形截面的高强钢梁,对试验梁开展焊接残余应力测试,并进行高强钢梁抗剪性能试验与数值分析(图 9.4、图 9.5)。

不同腹板尺寸效应的高强钢梁试验与分析结果表明,高强度钢梁抗剪受力过程可分为以下三个阶段。

图9.4 高强度工字钢梁抗剪试验

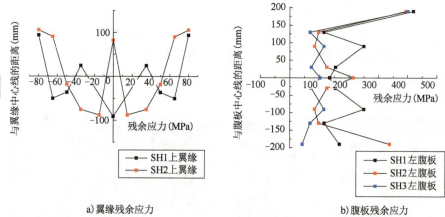

a) 翼缘残余应力   b) 腹板残余应力

图9.5 残余应力测试结果

①剪切屈曲前:在加载初期,试验梁应力、挠度随荷载的增大基本呈线性增长,试验梁处于弹性工作状态。随着荷载的增大,直至达到弹性剪切屈曲临界应力 τ_{cr}(对应剪切屈曲强度 V_{cr})。

②剪切屈曲后强度:当荷载增长大于弹性剪切屈曲荷载(V_{cr})时,荷载-挠度曲线斜率明显降低,试验梁腹板的面外剪切屈曲变形持续增大,在腹板斜对角线区域形成拉力场,继续增大的荷载将由不断增大的主拉应力(σ_1)来承担。随着荷载的继续增大,钢材开始屈服形成屈服带。当拉力场完全屈服时,达到试验梁的极限剪切强度(V_u)。

③形成变形框架:达到 V_u 后,随着荷载的维持,位移显著增长,直至腹板

剪切屈曲变形不断增大，促使端加劲肋截面位置附近的上翼缘发生局部屈曲，上翼缘失去对腹板的约束作用，形成框架机构。

不同端加劲形式的试验梁抗剪破坏形态如图9.6所示。由试验结果可知，与采用单端部加劲肋形式相比，采用双端部加劲肋形式可提高试验梁的屈曲后强度。当试验梁达到极限承载能力时，采用单端部加劲肋的试验梁呈现翼缘局部屈曲、梁端腹板屈曲，且随着加劲肋厚度的降低，梁端腹板屈曲变形更加显著，但试验梁采用双端部加劲肋时，加劲刚度大，梁端腹板没有屈曲现象。

a) 16mm厚端加劲肋

b) 8mm厚双端加劲肋

c) 8mm厚端加劲肋

图9.6 不同端加劲形式的高强钢梁抗剪破坏形态

9.2.2 耐候钢梁受力性能与应用技术

耐候钢材的耐腐蚀性能和锈层稳定性能是保障耐候钢桥安全使用的关键。本节从材料性能、疲劳性能两方面开展耐候钢桥受力性能研究，进行耐候钢材腐蚀挂片试验研究及耐候钢构件、结构锈层稳定性评价，明确耐候钢材在不同环境下的腐蚀速率，评价耐候钢构件及在役桥梁锈层的稳定性。开展耐候钢梁典型细节面外变形疲劳试验，明确竖向加劲肋腹板间隙与水平节点板腹板间隙疲劳强度与破坏机理，为建立耐候钢桥抗疲劳、防断裂设计与维护准则提供理论基础。

(1) 耐候钢材的耐腐蚀性能试验

为确定耐候钢在不同环境工况中的耐腐蚀速率,开展耐候钢挂片试验以研究耐候钢材母材耐腐蚀性能。试验共设计四种腐蚀工况,分别为大气环境、淡水全浸、3.5%浓度盐水中全浸、淡水半浸。试验后取出挂片(图9.7),对腐蚀产物进行清除处理,擦干挂片试样表面的水后进行称重,并采用失重法计算挂片的腐蚀速率。试验结果表明,HPS 485W耐候钢材在大气腐蚀环境中的耐候优越性初期并不明显,但后期曲线斜率降低较快并逐渐趋于平直线,腐蚀速率远低于普通钢材Q235、Q345。HPS 485W耐候钢材在盐水全浸、淡水全浸、淡水半浸中的耐候性在整个腐蚀过程中均优于普通钢材Q235、Q345。淡水半浸环境下HPS 485W耐候钢材腐蚀最快,盐水全浸次之,然后是淡水全浸环境,在大气腐蚀中腐蚀速率最低。

图9.7 腐蚀挂片形貌

(2) 耐候钢桥的原位测试

耐候钢形成的锈层是否致密、稳定,关系到桥梁长期使用的耐久性能。在耐候钢桥管养阶段,应进行耐候钢桥锈层均匀程度与锈层状态的检测识别,从而确定耐候钢桥的维护策略。因此,如何判断耐候钢锈层的均匀性,以及识别锈层早期损伤是问题的关键。目前耐候钢桥锈层检测的方法主要有目测检查法、胶带黏附试验法、氯化物测试法、超声波测试法等[45]。

对陕西境内免涂装耐候钢组合梁桥——眉县常兴二号桥(图9.8)开展锈层原位测试(2014年建成通车)。采用目测法与胶带黏附力法相结合的试验方法,对管翼缘下翼板、腹板等关键构件表面锈层进行分析评价,见表9.1。评价结果表明,桥梁构造形式与构件所处位置极大地影响了耐候钢桥锈层的稳定性,同一构件的不同位置处锈层状态亦不相同。例如,管翼缘主梁下翼板下侧发现有严重腐蚀,可观测到大面积起皮鳞状锈层且分层现象严重,而腹板处锈层均匀致密,呈巧克力色,无明显剥落锈层。

图9.8 眉县常兴二号桥表面锈层状态

主梁典型位置锈层胶带黏附力原位测试结果　　　　表9.1

构件	测点位置	锈层形貌		样　本
腹板	距下翼缘5cm处		18mm×18mm	19mm
	下翼缘上表面		18mm×18mm	19mm
上翼缘	上翼缘下表面边缘		18mm×18mm	19mm
下翼缘	下翼缘下表面局部异常		18mm×18mm	19mm

(3)耐候钢桥抗疲劳性能研究

耐候钢桥在裸露使用过程中,依靠表面的致密锈层来阻滞锈蚀的进一步发展,因此免涂装耐候钢桥各类疲劳细节中存在腐蚀锈坑,会导致在疲劳荷载、环境侵蚀介质作用下耐候钢桥疲劳细节的失效机理、疲劳强度等与传统钢桥不同。本节通过开展物理疲劳试验,研究耐候钢桥竖向加劲肋、水平节点板腹板间隙面外变形典型疲劳细节的疲劳机理。

耐候钢桥竖向加劲肋、水平节点板腹板间隙面外变形疲劳试验的试件采用钢板梁的节段,腹板采用耐候钢材 Q345qDNH。耐候钢桥竖向加劲肋腹板间隙面外变形疲劳试验(图9.9)模型中,分别考虑加劲肋与翼缘板间20mm、40mm 和 60mm 的间隙。耐候钢桥水平节点板腹板间隙面外变形疲劳试验模型中,分别考虑加劲肋与翼缘板间 40mm、60mm 和 80mm 的间隙。

a)竖向加劲肋腹板间隙　　　　b)水平节点板腹板间隙

图9.9　耐候钢桥面外变形疲劳试验装置

在物理疲劳试验过程中,耐候钢桥腹板间隙处均有不同程度的开裂(图9.10)。在循环荷载作用下,腹板间隙处产生反复的面外变形,疲劳损伤不断累积。当疲劳损伤累积到一定程度时,对于耐候钢桥竖向加劲肋腹板间隙试件,面外变形疲劳裂纹在加劲肋与腹板焊趾端头处萌生,随着荷载的不断循环,焊趾与腹板脱开 1cm 左右后,疲劳裂纹垂直于焊缝远离加劲肋并在腹板内扩展,如图9.10a)所示。对于耐候钢桥水平节点板腹板间隙试件,面外变形疲劳裂纹在加劲肋-腹板焊缝焊趾与水平节点板在腹板投影线交点处萌生,随着荷载的不断循环,疲劳裂纹沿焊趾向两侧扩展,如图9.10b)所示。

a) 竖向加劲肋腹板间隙与腹板焊趾处　　b) 水平节点板腹板间隙加劲肋与腹板焊趾处

图9.10　耐候钢桥腹板间隙面外变形典型疲劳裂纹

试验结果表明:耐候钢桥竖向加劲肋、水平节点板腹板间隙面外变形细节疲劳强度随着应力比的增加而显著降低,耐候钢桥竖向加劲肋腹板间隙面外变形疲劳强度随腹板间隙的增大有一定提高。建议对耐候钢桥竖向加劲肋腹板间隙面外变形疲劳进行设计时腹板间隙尺寸大于40mm。考虑到间隙尺寸过大,局部刚度可能不足,在进行抗疲劳设计时,建议腹板间隙尺寸位于40～60mm之间。

9.2.3　管翼缘组合梁桥受力性能

传统组合梁多采用工字形钢板梁截面,其自身扭转刚度较小,易于发生局部或侧向弯扭屈曲破坏,同时受刚度、疲劳等条件限制,致使在很多工况下并非由强度极限条件控制设计,无法发挥高性能钢材的强度优势。为克服工字钢梁的非强度极限条件限制,通过截面构造及尺寸优化,将有效材料分布于远离截面形心,并最大程度增强截面的自身稳定能力,是工字钢梁截面创新优化的主要原则。按此设计构思,将工字钢梁的平板翼缘用钢管翼缘替代,形成管翼缘组合梁。根据钢管翼缘形状的不同,管翼缘组合梁可分为多种截面梁,其中,圆管翼缘、矩形管翼缘、双矩形管翼缘组合梁因可采用常规型材,具有构造简单、易于制作等特点,因此具有更强的工程适用性(图9.11)。

与传统工字钢梁相比,管翼缘组合梁除具有良好的稳定性能外,还具有独特的技术经济性能优势,例如:因具有远大于传统工字钢梁的扭转刚度,管翼缘组合梁横向加劲肋和连接系的设置数量可显著减少,故可在减少焊接疲劳细节数量的同时,降低结构建造和维护成本,加快施工速度;管翼缘组合梁具有较高的承载力,其主梁高度较传统工字钢梁更小,从而可节省材料用量,降低结构自重,在桥下净空受严格限制的立交桥梁和城市桥梁中有较好的推广价值;管翼缘组合梁具有良好的延性性能和较大的安全储备,适用于地震设防烈度较高的区域。

a) 圆管翼缘组合梁　　b) 矩形管翼缘组合梁　　c) 双矩形管翼缘组合梁

图 9.11　高性能管翼缘组合梁

(1) 管翼缘组合梁正弯矩区抗弯性能

设计并制作 5 根管翼缘试验梁(CFTFG),其中试验梁 CFTFG-1、CFTFG-2 为不带混凝土翼板,以模拟施工阶段圆管翼缘组合梁的力学性能,试验梁 CFTFG-3~CFTFG-5 为带混凝土翼板组合,以模拟使用阶段圆管翼缘组合梁的力学性能。各试验梁钢梁横截面形式相似,由内填混凝土圆管受压翼缘、平板受拉翼缘及腹板组成。以试验梁 CFTFG-3 为例,其几何构造如图 9.12 所示。

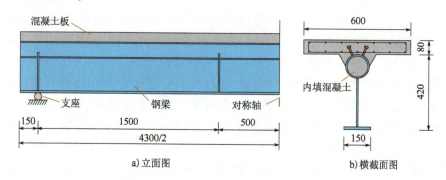

a) 立面图　　　　　　　　　　　　b) 横截面图

图 9.12　试验梁 CFTFG-3 构造图(尺寸单位:mm)

由抗弯试验过程可知,试验梁均发生了显著的塑性弯曲破坏(图 9.13)。总体上,各试验梁经历了相似的受弯破坏过程,即钢梁翼缘首先屈服,之后应力状态重新分布,最终因施工阶段管翼缘组合梁的内填混凝土或使用阶段管翼缘组合梁的混凝土翼板发生压溃破坏而达到承载能力极限状态。加载过程中,试验梁腹板仅发生微小弹性侧向变形,未出现面内、面外屈曲,证明了管翼缘梁对提升稳定性的贡献。此外,钢梁与混凝土翼板间未出现可见的相对滑移或掀起,体现出良好的协同工作性能。

由图9.13c)可知,试验梁受弯破坏过程总体上可近似分为弹性阶段、弹塑性阶段及破坏阶段。①从开始加载至钢梁翼缘屈服前,曲率随弯矩增大呈线性增长,试验梁处于弹性工作阶段。②跨中钢梁翼缘屈服后,随弯矩的继续增大,屈服区域向截面内部、两侧不断发展,试验梁截面刚度持续降低,内力重新分配,挠度增速加快,曲率呈显著非线性增长,试验梁处于弹塑性工作阶段。③当弯矩达到一定数值后,混凝土开始破坏,试验梁达到承载能力极限状态,此后承载力急剧下降,试验梁处于破坏阶段。

a) CFTFG-1破坏形态

b) CFTFG-3破坏形态

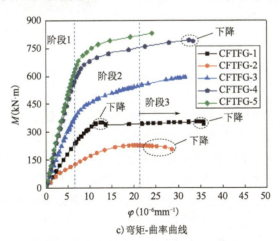
c) 弯矩-曲率曲线

图9.13 管翼缘组合梁正弯矩区抗弯性能试验结果

(2) 管翼缘组合梁负弯矩区力学性能

试验采用跨中受集中力简支梁模型来模拟连续组合梁中墩位置的负弯

矩区(图 9.14 中 B-C-D 区)。以钢板下翼缘宽度为变化参数,共设计制作了 3 根使用阶段简支管翼缘组合梁。为模拟连续组合梁负弯矩区的受力性能,试验梁采用简支条件下的截面梁倒置方式,由千斤顶通过钢垫板进行跨中加载(图 9.15)。

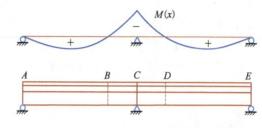

图 9.14 连续梁负弯矩区示意

a) 立面　　　　　　　　　b) 横截面

图 9.15 试验梁构造图(尺寸单位:mm)

负弯矩区圆管翼缘组合梁破坏过程划分为 5 个阶段:①未开裂弹性阶段:从开始加载至混凝土翼板受拉开裂前,挠度随荷载的增大呈线性增长,组合梁整体工作性能良好。②开裂后弹性阶段:当荷载大于开裂荷载后,受拉区混凝土开裂,荷载-跨中挠度曲线斜率稍有下降,但因受拉混凝土裂缝宽度较小,故荷载-跨中挠度曲线仍近似呈线性关系。随着荷载的增加,受拉钢筋逐渐屈服,中性轴向钢梁侧移动,不断有新的裂缝出现。③弹塑性阶段:当荷载加至 $0.65F_u$ 时钢梁腹板发生剪切屈服,当荷载加至 $0.82F_u$ 时钢梁受压翼缘屈服,截面刚度进一步降低,此阶段荷载-跨中挠度曲线呈非线性变化。④破坏阶段:当荷载加至 $0.92F_u$ 时,试验梁腹板开始出现局部屈曲,随荷载的增大,腹板屈曲变形急剧增大,同时各种伴随破坏不断产生并发展,直至组合梁达到极限承载力 F_u。⑤承载力下降段:达到极限荷载后,随组合梁承载力的下降,挠度仍可继续增大,荷载-跨中挠度曲线呈平缓下降趋势发展。

(3) 管翼缘组合梁抗剪性能

分别考虑无混凝土翼板、带混凝土土翼板，制作4根简支管翼缘抗剪组合试验梁进行抗剪性能试验。试验梁破坏形态如图9.16所示。对施工阶段管翼缘试验梁，首先在1/2腹板高度区域发生剪切屈曲，随荷载的增大，跨中挠度增速逐渐加快，剪切屈服区域逐渐发展至全腹板范围，试验梁达到腹板剪切屈服极限状态。当腹板发生剪切屈曲后，腹板侧向变形虽逐渐显著，但承载力仍可继续增大，表示试验梁表现出一定的屈曲后强度。当荷载增至试验梁极限荷载时，继续加载后出现承载力下降，但跨中挠度和腹板侧向变形仍可继续增大，试验梁表现出较好的延性。由于混凝土翼板的抗剪承载力作用，使用阶段圆管翼缘试验梁腹板剪切屈服极限承载力较施工阶段圆管翼缘试验梁更大，在试验过程中腹板未出现剪切屈曲破坏，在试验梁卸载后，腹板侧向变形可基本恢复。

a) 施工阶段　　　　　　　　b) 使用阶段

图9.16　试验梁破坏形态

(4) 管翼缘组合梁抗扭性能

建立矩形管翼缘组合梁纯扭、弯扭复合受力状态下的非线性分析模型，进行管翼缘组合梁抗扭性能全过程荷载-位移分析。模型考虑材料、几何双重非线性及初始几何缺陷影响，同时考虑矩形管翼缘钢梁与混凝土翼板间的界面滑移及掀起效应。采用模拟的加载横梁对模型梁施加成对力偶，实现扭矩加载。

在纯扭荷载作用下，随着扭矩的增大，管翼缘组合梁混凝土翼板首先在长边形成与轴线呈近45°斜裂缝。随后扭矩继续增大，斜裂缝向两短边延伸，同时斜裂缝数量不断增加，且在表面基本均匀分布。随着短边及底板斜裂缝贯通,形成环绕整个混凝土板的螺旋形裂缝。扭矩超过开裂扭矩后结构进入弹塑性阶段,扭转角度明显增大,抗扭刚度急剧减小。当达到极限扭矩时,混凝土板形成均匀分布的受拉斜裂缝,混凝土翼板形成有斜裂缝工作的空间笼式工作。

在弯扭荷载作用下,不同扭弯比作用下的矩形管翼缘组合梁破坏模式不同(图9.17)。在大扭弯比作用下,混凝土顶板除承受由扭矩作用产生的剪应力外还承受由于弯矩作用产生的压应力,压应力抑制了裂缝的产生和扩展,翼板下部弯曲正应力相对较小,裂缝主要由扭矩产生的斜拉应力控制,表现为扭型破坏。在小扭弯比作用下,斜拉裂缝首先出现在混凝土翼板的剪跨段内;随着荷载继续增大,在跨中位置出现平行于梁轴线方向的纵向劈裂裂缝;随着荷载的继续增加,当中性轴上移到混凝土翼板内时,在弯曲正应力和扭转受拉主应力复合作用下混凝土翼板侧面和底面出现与纵轴近乎垂直的裂缝;随着荷载进一步增大,裂缝沿侧面向上延伸,同时向上表面发展,方向由垂直转向倾斜并与斜拉裂缝连通;破坏时,钢筋混凝土翼板沿最薄弱的裂缝迅速发展,使得在钢筋混凝土翼板顶面斜压塑性铰线处的混凝土发生压碎破坏,此时组合梁扭转角较小,跨中挠度较大,表现为弯型破坏。

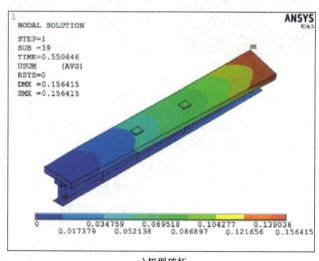

a)扭型破坏

图 9.17

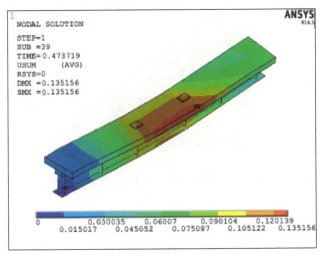

b) 弯型破坏

图 9.17 弯扭复合作用下模型梁破坏形态

(5) 工程应用

跨柳忠高速公路桥主桥为 (51 + 61 + 51) m 三跨连续斜角管翼缘钢-混组合梁桥,斜交角为 63°。主梁采用 Q345qENH 和 Q500qENH 耐候钢,主体结构无涂装,主梁节段之间现场采用焊接连接。每根主梁分为三段,主梁节段通过焊接实现纵向腹板、下翼缘连接;端横梁采用工字形截面,端横梁与主梁之间仅腹板通过高强螺栓连接,中横梁采用桁架式,中横梁与纵梁之间采用栓焊混合连接。中墩免涂装钢盖梁采用门式框架,盖梁跨径为 30m,墩高 12.5~15m(图 9.18)。

a) 耐候钢管翼缘主梁

b) 大跨免涂装耐候钢盖梁

图 9.18

c) 完成架设

图 9.18 三跨连续斜角管翼缘钢-混组合梁桥制造与架设

9.2.4 波形腹板钢箱组合梁桥结构性能

波形腹板开口钢箱组合梁是一种新型的组合结构(图9.19),顶板为混凝土板、底板为钢板、腹板为波形钢腹板,可利用其"褶皱"效应降低附加应力,充分利用钢底板的抗拉性能,降低结构自重、简化连接构造,解决钢混组合梁桥面板易开裂的通病。在施工阶段,通过先组合后架设的施工方案,可实现与现有架桥设备和施工技术的衔接,有较好的推广应用前景。

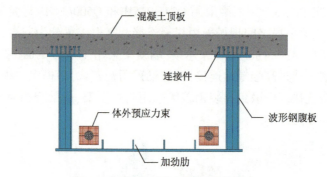

图 9.19 波形腹板开口钢箱组合梁截面

(1)波形腹板钢箱组合梁桥施工期原位试验

依托工程兰州中川机场进出口立交桥改建工程(交通运输部第一批九个公路钢结构桥梁典型示范工程)采用了 25~50m 钢-混凝土组合结构,桥梁面积约30000m²,用钢量约10000t(包括部分钢盖梁),上部结构全部采用波形钢腹板开口钢箱组合梁。选取其中 5×50m 波形钢腹板连续组合梁桥开展施工期原位监测(图9.20)。监测与计算分析结果表明:各截面底板应力实测平均值与计算值变化规律基本一致。在墩顶负弯矩钢束张拉前，0.4L截面的底板受拉（L为桥梁跨径，下同），且拉应力值接近于零，而0.5L截面的底板受压；但在墩顶负弯矩钢束张拉完成后，截面底板均呈受压状态，且实测应力值大于计算应力值。截面顶板实测应力值与计算值变化趋势基本一致，且实测值大于计算值，截面顶板均呈受压状态。各截面的实测应力值均小于《公路钢筋混凝土及预应力混凝土桥涵设计规范》（JTG 3362—2018）第7.2.8条限值的规定。

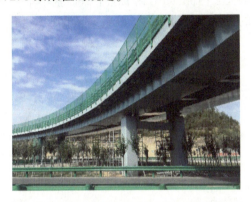

图9.20　波形腹板钢箱组合梁桥施工期原位监测

（2）波形腹板钢箱组合梁桥运营期结构性能原位试验

选取曲率半径为90m的4×40m连续波形钢腹板组合桥梁进行运营期结构性能原位试验。该桥的主梁截面是由开口钢箱梁和预应力混凝土桥面板通过开孔钢板抗剪连接件（PBL抗剪连接件）组成的双箱单室截面，两箱之间设置箱间钢横梁。加载测试桥跨为第3跨，应变与挠度测点以箱梁中心线为对称轴布置。静力荷载试验加载工况见表9.2，试验车辆纵向加载位置根据控制截面控制内力影响线确定。

静力荷载试验加载工况　　　　　　表9.2

工况序号	控制截面	控制内力	横向加载位置
工况1	0.5L截面 (5-5)	外边梁最大正弯矩	外侧偏载
工况2		内边梁最大正弯矩	内侧偏载
工况3		0.5L截面最大正弯矩	中载
工况4	3号墩顶对应截面	外边梁最大负弯矩	外侧偏载
工况5		内边梁最大负弯矩	内侧偏载

各加载工况 $0.5L$ 底板应变测试结果如图 9.21 所示。各工况下各箱梁底板测点的应变值均为外侧大于内侧,中载工况下底板正应变成分中翘曲应变所占比重高于其余工况,而在外侧偏载工况下低于其余工况。各加载工况下边跨 $0.5L$ 截面顶板应变实测值与计算值变化规律基本一致,且各测点的实测压应变值基本均低于计算值。工况 1 与工况 2 下箱内与箱间截面的应力梯度均较小,且内外箱的应力梯度基本相同。工况 1~工况 3 下截面的挠度值均为外侧大于内侧,即中载工况下截面基本不发生扭转变形,外侧偏载工况下截面的扭转变形值为内侧偏载工况的 1.56 倍。

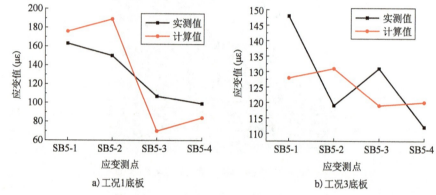

图 9.21　边跨 $0.5L$ 截面底板应变测试结果

对 $0.5L$ 截面动应变与动挠度进行了测试,动力特性试验测试结果表明:动应变随车速的增加呈现出先减小后增大的趋势,动应变最大值易在车速较高的工况出现。各工况的最大动应变值呈现出钢箱梁外侧测点明显高于其内侧测点的规律。

9.2.5　桥梁高强缆索钢丝疲劳与腐蚀疲劳性能研究

考虑不同强度级别、应力比、腐蚀程度,采用电液伺服疲劳试验机开展桥梁高强缆索钢丝疲劳与腐蚀疲劳性能研究,如图 9.22 所示。

为了对比分析不同强度级别高强钢丝疲劳性能的变化规律,选取了强度级别为 1670MPa、1770MPa 和 1860MPa 的钢丝进行疲劳试验。不同强度级别高强钢丝的疲劳试验结果如图 9.23 所示。可以看出,1770MPa 强度级别钢丝与 1670MPa 强度级别钢丝 S(应力)-N(寿命)曲线的第一段折线基本平行;1860MPa 强度级别钢丝的 S-N 曲线斜率较 1670MPa 强度级别和

1770MPa 强度级别的大。不同强度级别钢丝的 S-N 曲线在双对数坐标系下表现为双折线的形式,S-N 曲线的拐点随钢丝极限抗拉强度的增大而升高,同等应力幅条件下钢丝的疲劳寿命与极限抗拉强度呈正相关关系,这表明随钢丝极限抗拉强度的提升新钢丝的疲劳性能有变好的趋势,若采用较高强度级别的钢丝进行设计时,可考虑适当增大钢丝应力的设计值。

为了对比分析不同应力比对高强钢丝疲劳性能的影响规律,将 1670MPa 级别新钢丝 $R=0.4$ 和 $R=0.8$ 下的疲劳试验数据

图 9.22 桥梁高强缆索钢丝物理疲劳试验

绘制于图 9.24。可以看出,1670MPa 强度级别新钢丝不同应力比下的 S-N 曲线在双对数坐标系表现为双折线形式,钢丝的疲劳强度随应力比增大显著降低;$R=0.4$ 和 $R=0.8$ 下钢丝的 S-N 曲线均表现出明显的拐点特征,$R=0.8$ 下的拐点对应的应力幅较 $R=0.4$ 下的拐点低很多;随应力比增大 S-N 曲线的疲劳极限会显著降低,但 S-N 曲线的斜率基本一致,这表明应力比会显著降低钢丝的疲劳强度,但对钢丝疲劳寿命随应力幅降低的速率却几乎无影响。实桥钢丝在使用过程中应力比较大,在 0.8 以上,考虑钢丝的实际使用情况,建议钢丝在进行设计时要考虑应力比的影响。

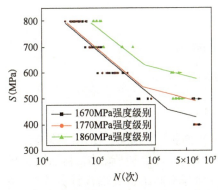

图 9.23 不同强度级别高强钢丝的 S-N 曲线

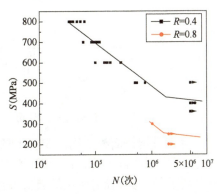

图 9.24 不同应力比高强钢丝的 S-N 曲线

对 1770MPa 级别高强钢丝开展不同程度预腐蚀,并对不同腐蚀程度的缆索高强钢丝进行疲劳试验,试验结果如图 9.25 所示。由图 9.25 所示的

S-N 曲线可知，双对数坐标系下，腐蚀缆索钢丝的 S-N 曲线位于无损伤缆索钢丝 S-N 曲线的左侧，位于美国后张预应力协会（PTI）《斜拉索设计、测试和安装条例》(Recommendations for stay cable design, testing and installation) 和国际混凝土联合会（FIB）《预应力钢质拉索的验收推荐性规范》(Acceptance of Stay Cable Systems Using Prestressing Steels) 缆索钢丝 S-N 曲线之间，位于欧洲 Eurocode 规范缆索 S-N 曲线的右侧，这表明腐蚀明显降低了缆索钢丝的疲劳强度；腐蚀缆索钢丝 S-N 曲线比无损伤缆索钢丝、欧洲 Eurocode 规范缆索、PTI 和 FIB 缆索钢丝的 S-N 曲线陡，这表明腐蚀不仅会降低缆索钢丝的疲劳强度，而且会显著加快其疲劳强度的降低速率，从而进一步降低其疲劳性能。现有国内外缆索标准规范的规定不允许缆索钢丝发生腐蚀，但已有断索、换索事故均表明需要对腐蚀缆索的疲劳性能从设计和维护的角度进行限定。因而，考虑腐蚀对缆索钢丝疲劳性能的不利影响，建议缆索规范给出实桥缆索钢丝可能出现的典型腐蚀程度下缆索钢丝 S-N 曲线，同时要考虑腐蚀对 S-N 曲线斜率的影响。

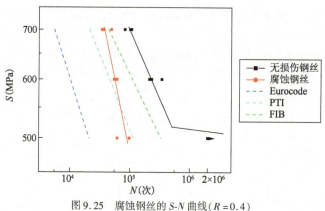

图 9.25　腐蚀钢丝的 S-N 曲线（$R = 0.4$）

9.2.6　UHPFRC 组合钢桥面受力性能

为提升钢桥面板使用性能、合理延长桥面板使用寿命，提出冷连接设计理念，研发了波折板剪力连接键，考虑自然连接、环氧树脂黏结、粘贴波折板连接键连接、焊接栓钉+黏结波折板剪力键等不同组合界面设计方式，对系列超高性能纤维钢筋水泥混凝土（UHPFRC）组合钢板试件进行正弯矩区、负弯矩区受力性能物理试验与数字孪生试验研究（图 9.26）。结果表明：采用环氧树脂黏结和粘贴波折板连接键的组合层设计方式可以有效提高桥面板刚度；随着UHPFRC厚度从25mm增加到40mm，组合板刚度有较大提升，但随着UHPFRC厚度继续增加到50mm，组合板刚度不再增加；与环氧树脂黏结界面连接方式相比，粘贴波折板连接键不仅有助于增强组合效应，还可以有效地约束UHPFRC塑性变形的发展；建议将波折板连接键布置在正交异性桥面板潜在的最大负弯矩区域，从而提高桥面结构的组合效应。

a) 监测界面　　　　　　　　　b) 组合板破坏形态

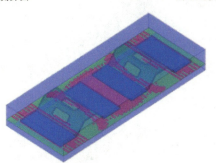

c) 组合界面损伤累积模拟

图9.26　UHPFRC组合钢板试件抗弯性能物理试验与数字孪生试验

建立UHPFRC组合钢桥面板数字孪生试验，考虑自然连接、焊接栓钉连接、粘贴波折板连接键连接等不同组合层界面连接方式，开展UHPFRC组合钢桥面板受力性能分析（图9.27）。数值分析结果表明：与自然连接和焊接栓钉连接相比，粘贴波折板连接键连接时顶板竖向变形分别降低23.3%和15.9%；当组合层厚度小于40mm时，随着UHPFRC层厚度的增加，界面剪应力降幅明显，当组合层厚度大于40mm时，界面剪应力随着UHPFRC层厚度的增加趋于稳定；随着波折板连接键间距的增大，UHPFRC横向拉应力和界面横向剪应力增长速率均大于纵向增长幅度,说明布置间距对横桥向受力性能影响较为显著;选用波折板连接键时,横桥向黏结长度控制在65mm左右为宜。

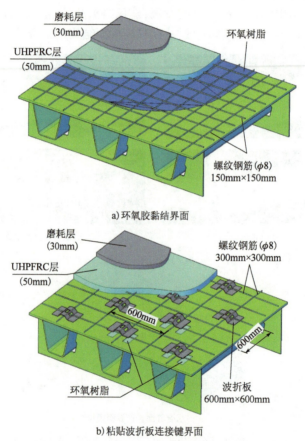

图 9.27 UHPFRC 组合钢桥面板

9.2.7 长寿命高性能钢塔与组合塔的结构性能与设计方法

钢桥塔具有自重轻、强度高、结构耐久可靠、施工周期短、抗震性能好等优点,近年来,在我国有较多应用。然而,由于钢桥塔的长细比较大,容易发生整体失稳,桥塔的钢板厚度相对较薄,容易发生局部失稳,对桥塔与整个桥梁结构的承载能力与使用安全都会造成不利影响。钢-混凝土组合桥塔在钢塔内部填充了混凝土,能够充分发挥钢材和混凝土的优点,具有更高的承载力和更好抵抗局部失稳的能力。明确钢塔与组合塔的结构性能,是提升桥塔寿命并进行合理设计的重要前提。

(1) 钢塔与组合塔结构性能试验研究

设计了两种典型截面形式的钢塔与组合塔模型,分别为矩形和带切角的矩形截面,模型由壁板、加劲肋、横隔板等部分组成,对模型进行了轴心抗压试验,得到失稳模态如图9.28所示。

a) 钢塔　　　　　　　　　b) 组合塔

图9.28　钢塔与组合塔模型的失稳模态

通过对试验结果进行对比,可以得出:对矩形截面钢塔进行切角,不但可以减小原壁板的宽厚比,提高壁板自身的失稳临界应力,而且新加入的切角处壁板由于宽厚比较小,可以对其相邻宽厚比较大的壁板提供有利的约束作用,更加提高了壁板的抗失稳能力。

组合塔中混凝土的存在,降低了钢壁板所承受的荷载,充分发挥了核心混凝土的抗压性能。组合塔在制作过程中,内部混凝土的收缩导致了壁板与核心混凝土结合不密实,在加载过程中,壁板和混凝土先各自单独受力,直到混凝土的横向变形大于壁板的横向变形,此时,虽然壁板对混凝土有一定的约束作用,但混凝土对壁板也会产生反作用力,促成壁板局部失稳的发生,而此时壁板尚未完全屈服。当混凝土达到其承载能力时,试件发生破坏。可见,提高壁板抵抗局部失稳的能力,增强壁板对混凝土的约束作用以及增加壁板、加劲肋与混凝土之间的黏结性能,对于防止组合塔发生局部失稳、提高组合塔的承载能力具有重要的作用。

对钢壁板与混凝土间采用不同连接件的矩形截面组合塔进行了轴心受压试验,3 种模型分别为无连接件、各壁板中间分别设一列纵向加劲肋和一列栓钉。3 种模型的荷载-轴向变形曲线如图 9.29 所示,可以看出,带加劲肋组合塔的轴向变形和极限承载力最大,其次为带栓钉组合塔,两者均高于对比组合塔,说明在组合塔中设置连接件可以提高塔的极限承载力,提升其后期延性。在整个变形过程中,带加劲肋组合塔的轴向变形始终小于带栓钉组合塔,说明与栓钉相比,加劲肋连接件能够更好地增强混凝土与钢板之间的联结作用,其加劲效果更好。

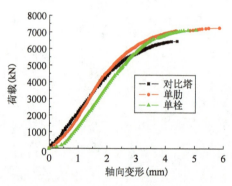

图 9.29 荷载-轴向变形曲线

(2)长寿命高性能钢塔与组合塔的设计方法

长寿命高性能钢塔与组合塔中宜优先选用高性能钢材、高性能混凝土或超高性能水泥基复合材料等,基于高性能材料强度高、延性和韧性较高、耐久性好等优势,满足高寒、高海拔、跨海、跨江等特殊地区和环境的使用需求,延长桥梁的使用寿命。

通过对不同塔形钢塔的静力和稳定性能进行比较得出,钢塔的塔形及塔柱横梁位置对钢塔的受力、抗失稳能力、抗扭转能力及极限承载能力具有显著影响。在自重作用下,当钢塔塔形分别为 H 形、门形和倒 V 形时,塔根部的轴向力依次减小,弯矩依次增大,抗面内失稳和抗扭转能力逐渐获得改善,承载能力逐渐提高;A 形桥塔随着横梁的下移,塔根部轴力增大,弯矩减小,承载能力降低,但是抗面内失稳能力明显提高;H 形桥塔随横梁的上移,其抗面内失稳和抗扭转能力显著增加。各种塔形抵抗面外失稳的能力相差不太明显。

钢塔的塔柱截面大多采用矩形空心箱式(单室或多室),或对其进行变化,形成 T 形或准十字形的空心箱式等。为使桥塔更有效地抵抗风荷载作用,可将塔柱截面设计成带切角的矩形截面。从稳定角度来看,相同外形尺寸的带切角矩形截面钢塔较矩形截面钢塔抵抗局部失稳的能力强,但是,其加工制作不如矩形截面钢塔简单,残余应力的分布也更为复杂,在钢塔截面形式的选择中,应根据实际情况综合考虑。组合塔的截面形式与钢塔基本相同,但由于填充了混凝土,在相同荷载作用下,组合塔的截面尺寸可以更小一些。组合塔可做成中空形式,内层钢管的截面形式可以根据需要设计为矩形、方形、圆形或多边形,以减轻自重。

9.3 长寿命钢桥可靠性设计理论

目前,我国钢桥已经采用基于可靠性的设计方法,但仍处于构件和截面可靠度设计水平,我国《公路钢结构桥梁设计规范》(JTG D64—2015)也主要针对钢桥构件和截面进行设计规定。虽然构件可靠度对简单的静定结构可靠性分析近似适用,但复杂的超静定结构,尤其是大跨度钢结构桥梁,可能导致因缺乏考虑构件破坏后结构内力重分布的有利影响,使桥梁设计过于保守,或导致在结构不能实现内力重分布时,高估了桥梁的真实能力,使桥梁设计偏于不安全。

为了实现钢桥建设的健康发展,保障钢桥使用过程中的可靠性,在结构构件可靠性分析的基础上,还需要深入开展钢桥体系可靠性研究,以明确由构件、部件组成的钢桥体系冗余度的高低,以及失效路径的长短,推动钢桥设计理论与设计方法向体系可靠性方向的进步。因此,本章开展了长寿命高性能钢桥可靠性设计理论研究,通过实桥测试、理论分析等手段研究钢桥的荷载概率模型与抗力概率模型;分别针对钢梁桥及缆索承重钢桥提出了不同的构件可靠度计算方法;考虑钢结构破坏特性,提出针对钢桥的系统失效准则、体系失效模式识别方法及体系可靠度计算方法;最后,结合以上研究成果,提出长寿命高性能钢桥结构体系可靠性设计方法。

9.3.1 荷载概率模型与抗力概率模型

(1)恒载概率模型

以哈尔滨滨北线公铁两用桥改建项目为测试对象,该桥采用预制拼装的施工方法,主桥钢桁梁构件在工厂预制,在现场拼装。基于现场试验结果对钢桥有限元模型进行修正,并结合有限元法对桥梁结构进行分析,确定桥梁各构件中应力较高的位置,明确了恒载效应在钢桁架梁桥中的传递机制;通过现场试验结果进行统计分析,确定恒载统计分析类型。

(2) 车辆荷载概率模型

选取全国多个省份的多条高速公路及国、省级公路,对其进行交通信息统计及数据分析,根据 WIM 系统采集的数据,对代表车型进行分类,对各种车型所占比例、轴重、车辆载重等数据进行参数估计和假设检验,确定各代表车型所服从的分布类型和参数取值。

通过数据统计分析,发现现阶段我国车辆荷载呈现明显的多峰分布,因此,采用多峰的概率模型进行分析,获得我国车辆荷载的概率模型,见式(9.1)、式(9.2),其中,$P(X<q)=\eta_1$,$P(X\geq q)=\eta_2$,$\eta_1+\eta_2=1$。η_1 和 η_2 可以通过实测车辆荷载确定。实测得到正常运营下和超载运营下的汽车荷载概率模型,见表9.3、表9.4。

$$F_{X,1}(x)F_{X|x<q}(x)P(X<q)=\frac{\sum_{i=1}^{n}b_iF_i(x)}{\sum_{i=1}^{n}b_iF_i(q)}\eta_i \quad (9.1)$$

$$F_{X,2}(x)=F_{X,1}(q)+F_{X|x\geq q}(x)P(X<q)=\eta_1\frac{\phi\left(\frac{x-\mu}{\sigma}\right)-\phi\left(\frac{q-\mu}{\sigma}\right)}{1-\phi\left(\frac{q-\mu}{\sigma}\right)}\eta_2 \quad (9.2)$$

正常运营条件下 K_Q 概率分布类参数统计表　　　　表9.3

车辆运行状态	分布类型	累计概率分布函数	统计参数	
			平均值	变异系数
一般运行状态	正态分布	$F_Q(x)=\frac{1}{0.1333\sqrt{2\pi}}\int_{-\infty}^{x}\exp\left[-\frac{(\mu-0.6684)^2}{0.0355}\right]du$	0.6684	0.1994
	耿贝尔(Gumbel)分布	$F_Q(x)=\exp\{-\exp[-(x-0.6376)/0.084]\}$	0.6861	0.1569
密集运行状态	正态分布	$F_Q(x)=\frac{1}{0.0853\sqrt{2\pi}}\int_{-\infty}^{x}\exp\left[-\frac{(\mu-0.7882)^2}{0.0146}\right]du$	0.7882	0.1082
	Gumbel分布	$F_Q(x)=\exp\{-\exp[-(x-0.7685)/0.0537]\}$	0.7995	0.0862

超载运营条件下 K_Q 概率分布类参数统计表　　　表9.4

车辆运行状态	分布类型	累计概率分布函数	统计参数	
			平均值	标准差
一般运行状态	Gumbel分布	$F_Q(x) = \exp\{-\exp[-2.502(x-2.616)]\}$	2.8466	0.1798
密集运行状态	Gumbel分布	$F_Q(x) = \exp\{-\exp[-3.821(x-2.496)]\}$	2.6470	0.1269

(3) 钢箱梁和索塔抗力概率模型

参考文献[33]建立了钢箱梁的抗力概率模型参数,得到了钢箱梁抗力的均值和变异系数。根据混凝土棱柱体强度试验数据、几何尺寸调查数据及对偏心受压试验进行统计分析,考虑试验环境、试验条件和人为误差等因素,确定其统计参数特征,获得 C50 混凝土索塔的抗力概率模型。

(4) 主缆和拉(吊)索抗力概率模型

收集国内外 ϕ5mm 及 ϕ7mm 短钢丝静力拉伸试验数据,进行 K-S 检验和分布拟合,获得短钢丝抗力概率模型,统计参数见表9.5。

典型拉索和吊索短钢丝统计参数　　　表9.5

构件名称	直径(mm)	名义极限强度(MPa)	偏差系数	变异系数
斜拉索	7	1770	1.0204	0.0137
吊索	5	1670	1.1111	0.0200

根据拉(吊)索构造特点,考虑长度效应、丹尼尔效应,最终获得拉(吊)索抗力概率模型的建立方法。

9.3.2　温度荷载概率模型

(1) 温度梯度荷载研究

目前各国设计规范关于钢梁及钢-混凝土组合梁温度梯度作用的规定不尽一致。《公路桥涵设计通用规范》(JTG D60—2015)及早期版本中将美国 AASHTO 规范中温度梯度曲线经过修改加以采用,但是钢箱梁与组合板梁实测数据表明,该温度曲线并不适用钢箱梁和组合板梁,所参考 AASHTO 规范中的温度梯度曲线也不一定适用于中国的桥梁结构。同时,除考虑静力效应,还应研究温度引起的疲劳损伤及温度疲劳机理。

通过实测与数值模拟研究了钢桥温度梯度模式与温度效应的不确定性,探讨了温度效应在钢桥中的传递机制。基于对钢箱梁试验梁、组合板梁试验梁与某公路钢箱梁桥的长期温度监测,对钢箱梁与组合板梁日照作用下温度场分布规律及温度梯度模式进行研究,进而确定温度效应在钢桥中的传递机制。图9.30为钢箱梁试验梁及组合梁试验梁。

a) 钢箱梁试验梁　　　　　b) 组合梁试验梁

图9.30　温度监测试验梁

试验梁温度场监测从2013年8月开始至今,试验梁竖向温度梯度模式通过对温度数据进行统计分析后确定,分析比较了不同季节不同天气条件下的日极值竖向温度梯度。温差标准值的取值依据数理统计原理,对铺装前后的温度数据进行分析整理,得出温差频率直方图,再对直方图进行概率拟合,最后依据分布函数求出具有一定保证率的温差标准值。

基于长期监测数据,统计顶板和腹板各个折点的日极值温差值并输入计算机,应用数理统计分析软件分别做出顶板和腹板的各折点的日极值温差值的概率直方图,再分别对顶板和腹板各折点的日极值温差值的概率直方图进行函数拟合,得到对应的概率密度函数,并计算不同重现期 N 对应的温差标准值 T。

(2)温度疲劳荷载研究

对于温度疲劳荷载模型研究,以位于沈阳绕城高速公路(三环)的一座三跨连续钢箱梁桥为温度场监测对象,跨径组合为(38+61+38)m。该钢箱梁采用单箱三室断面形式,其中心线处梁高3.11m,顶板宽19.8m,底板宽11.25m,顶、底板厚度均为16mm,加劲肋厚度为8mm。

选取沿桥纵向15m位置处作为监测断面,温度场监测历时一年,连续采集。图 9.31 给出了公路钢箱梁桥顶板、腹板以及底板位置等典型测点的夏季日温度变化曲线,可以看出钢箱梁测点温度具有明显的日疲劳特性。

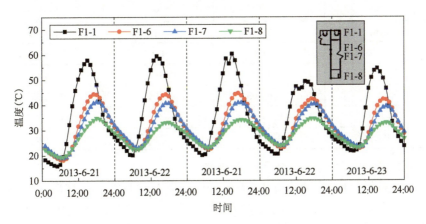

图 9.31　钢箱梁夏季日温度变化曲线

对钢箱梁截面不同高度的温度应力历程进行计算,基于等效损伤力学及温度长期监测数据,将测试数据加载至上述标准温度疲劳模型的结果部分,获得目标桥梁典型高度处温度荷载时程曲线,如图 9.32 所示。

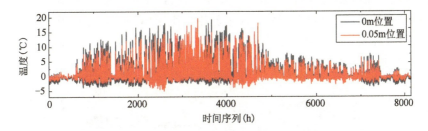

图 9.32　距顶板 0m 和 0.05m 位置温度荷载时程曲线

通过雨流计数法,对温度应力历程进行处理得到截面不同高度处的疲劳温度荷载谱。基于等效疲劳损伤理论,将设计基准期 100 年内的温度荷载总损伤换算为日循环作用下对应高度处的温度等效疲劳荷载。同样地,对组合梁试验梁温度场开展长期监测,基于温度长期监测数据,将测试数据加载至上述标准温度疲劳模型的结果部分,基于等效疲劳损伤理论,将设计基准期 100 年内的温度荷载总损伤换算为日循环作用下对应高度处的温度等效疲劳荷载。钢箱梁及组合梁温度等效疲劳荷载模型计算结果见表 9.6。

钢箱梁及组合梁截面竖向温度等效疲劳荷载　　　表9.6

沿箱梁顶板竖向深度 （m）	温度等效疲劳荷载 （℃）	沿组合梁顶面竖向深度 （m）	温度等效疲劳荷载 （℃）
顶板	7.36003	顶板	11.14499
−0.05	7.10316	−0.05	9.55878
−0.1	3.03773	−0.1	6.57562
−0.2	−0.61803	−0.2	9.69857
−0.3	−2.03458	−0.3	6.46098
底板	−3.12215	底板	4.00195

（3）温度-车辆耦合作用下疲劳研究

在疲劳设计或疲劳验算中，需要考虑车辆荷载与温度荷载耦合作用下的疲劳损伤。如图9.33所示，蓝色曲线表示一个典型日温度变化下的温度-车辆耦合作用下的应力历程，变化的温度荷载提供周期性地变幅应力，而车辆荷载在温度应力变化的基础上增加相应的应力波动。在多种疲劳荷载耦合作用下，钢桥细节的应力历程呈现一种车辆应力叠加在温度应力上的现象，车辆应力像冲浪运动员而温度应力像波荡起伏的海浪，因此我们称其为"冲浪运动员模型"。根据疲劳损伤累积理论，当多个荷载同时作用时，耦合作用造成的疲劳总损伤显然并不等于各个作用单独作用下损伤的线性之和。因此需要通过计算耦合作用产生的应力谱，并对其进行雨流计数法统计，计算真实的疲劳损伤。

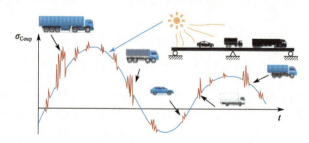

图9.33　车辆-温度耦合作用下的应力历程示意图

采用《公路钢结构桥梁设计规范》（JTG D64—2015）规定的疲劳荷载计算模型Ⅲ-单车模型以及上述温度疲劳荷载模型计算车辆-温度耦合作用下的疲劳损伤。除了横向多车道效应外，参考欧洲规范Eurocode 3中的Ⅲ型疲劳荷载,对于超过40m的桥梁需要考虑形势方向的多车效应。表9.7为各疲劳荷载及耦合作用下的标准钢箱梁底板疲劳损伤计算值。

标准钢箱梁底板疲劳损伤计算值　　　　　　　表9.7

荷载类型	车辆荷载	温度疲劳荷载	耦合作用	(耦合-车辆)/车辆
疲劳损伤	0.0975	0.0059	0.1067	9.5%

可以看出,考虑温度-车辆耦合作用的疲劳损伤,大大地超过了单独考虑车辆荷载造成的疲劳损伤,甚至接近10%的设计损伤。因此,有必要在长寿命高性能钢桥设计及后期评估中考虑温度疲劳荷载对疲劳损伤的贡献。

9.3.3 钢桥构件可靠性设计

(1) 构件可靠度综合算法

采用遗传算法进行BP(Back Propagation,后向传播)神经网络算法的优化改进,并结合蒙特卡洛(Monte-Carlo)重要抽样法实现了特大跨钢桥构件可靠度的高效计算,提出构件可靠度计算的综合算法(GBGM法),计算流程如下:

①利用DPS数据处理系统生成均匀设计样本点,通过有限元程序计算结构样本响应。

②构建BP神经网络,确定合理的隐含层节点数量。

③采用遗传算法优化BP神经网络权值和阈值。

④训练BP神经网络直至收敛。

⑤采用遗传算法搜寻功能函数验算点 x^*。

⑥以Monte-Carlo重要抽样法计算构件可靠度。

(2) 改进向量投影响应面法

为了更有效地拟合隐式极限状态方程,针对响应面形状、取样点位置和取值范围这三个主要影响因素展开研究,确定这些影响因素的作用机理,提出改进向量投影响应面法,具体的改进方法如下:

①以不含交叉项的二次多项式作为响应面函数(RSF)的形式。

②将向量投影取样中心点由验算点 x^* 移至插值点 x。

③动态调整取样点区间策略。

通过结果对比发现,提出的改进响应面法计算结果与Monte-Carlo法最接近。

9.3.4 钢桥体系可靠性设计

1) 钢桥体系失效准则

(1) 钢斜拉桥体系失效准则

根据斜拉桥各主要构件的失效类型、特点以及对体系失效的影响,设置以下斜拉桥系统失效准则:

①单根拉索破坏不会引起结构整体失效,拉索破坏数量足够多使结构整体失稳,停止搜索,结构整体失效。

②主梁形成足够多的塑性铰,致使斜拉桥整体失效或挠度过大,停止搜索,结构整体失效。

③索塔任一截面失效,会导致斜拉桥整体垮塌,停止搜索,结构整体失效。

④主梁扭转失效,会导致主梁整体翻转,继而垮塌,停止搜索,结构整体失效。

⑤拉索、索塔和主梁均未失效,主梁位移超过限值,则认为斜拉桥达到正常使用极限状态而失效。

(2) 钢悬索桥体系失效准则

从工程实际角度出发,综合考虑索塔、主梁、吊索和主缆失效对于悬索桥体系失效的影响,提出承载能力极限状态下悬索桥的整体失效准则如下:

①主梁及吊索失效不会直接引起结构的整体失效;当足够多的主梁和吊索逐步失效后引起其余构件无法承载或结构成为机构时,则认为悬索桥整体失效。

②索塔作为悬索桥的关键构件,任一索塔单元失效即认为悬索桥整体失效。

③主缆为悬索桥的关键构件,其应力达到极限抗拉强度就会发生断裂破坏,因此任一主缆单元失效即认为悬索桥整体失效。

2) 钢桥体系失效模式快速识别方法

针对传统失效模式识别存在的问题,结合极限状态体系与概率评估体系优点,提出了一种快速识别失效模式的方法。基本原理是:首先,对结构进行一次基本分析,提取关键构件的计算结果,根据荷载增量法基本原理计算各构件承力比 $\lambda_{r_k}^{(k)}$,定义约界参数 $c_k(0 < c_k \leqslant 1)$,满足 $\lambda_{r_k}^{(k)} \geqslant c_k \max[\lambda_{r_k}^{(k)}]$ 的单元 r_k 将成为失效路径重点选择构件,这一步的目的在于先删除安全余

量足够高的构件,缩小搜索范围;其次,根据综合算法计算重点选择构件的可靠指标,确定最小构件可靠度$\beta_{\min}$,满足$\beta \leqslant \beta_c = 1.29 + 0.86\beta_{\min}$的构件将成为候选失效单元;最后,选取候选失效单元,改变拓扑模型,进入下一阶段失效模式搜索。

3)钢桥体系可靠度分析流程

为了提高特大跨度钢桥的体系可靠度计算效率,提出了基于改进微分等价递归算法的一套体系可靠度计算方法,编制了相关程序。具体计算步骤为:

(1)体系可靠度分析中考虑的随机变量为$X = (X_1, X_2, \cdots, X_r)$,计算各构件的可靠指标$\beta_i (i = 1, 2, \cdots, m)$、验算点$x_i^* (i = 1, 2, \cdots, m)$及非线性功能函数$g_i(X) (i = 1, 2, \cdots, m)$。

(2)转换各随机变量$X_i (i = 1, 2, \cdots, r)$为标准正态随机变量$Y_i = (X_i - \mu_{X_i})/\sigma_{X_i}$,将经过随机变量变换的功能函数$G_i(Y)$在验算点$Y^*$处泰勒(Taylor)展开并取至一次项,得到各构件的线性功能函数,见式(9.3)。

$$G_i(Y) = \alpha_{Y_i}^T Y + \beta_i = 0 \quad (9.3)$$

式中,α_{Y_i}为功能函数$G_i(Y)$在验算点Y^*处的单位法线向量。

(3)根据式(9.4)和式(9.5)的线性等价原则,求解两两失效构件的线性功能函数,见式(9.6),并计算其广义可靠指标。重复步骤3)直至求解出体系的线性功能函数,最后计算体系可靠指标。

$$P[(\overline{A}^T\overline{Y} \leqslant -\beta_1) \cap (\overline{B}^T\overline{Y} \leqslant -\beta_2)] = P[(\overline{C}^T\overline{Y} \leqslant -\beta_{12})] \quad (9.4)$$

$$P[(\overline{A}^T\overline{Y} \leqslant -\beta_1 - a_1\Delta Y_i) \cap (\overline{B}^T\overline{Y} \leqslant -\beta_2 - b_1\Delta Y_i)]$$
$$= P[(\overline{C}^T\overline{Y} \leqslant -\beta_{12} - c_1\Delta Y_i)] = P[(\overline{C}^T\overline{Y} \leqslant -\beta_{12} - \Delta\beta_{12})] \quad (9.5)$$

$$G_{12}(Y) = \overline{C}^T\overline{Y} + \beta_{12} = 0 \quad (9.6)$$

式中,ΔY_i为随机变量Y_i的一个微小增量;$\overline{A} = \{a_1, a_2, \cdots, a_n\}$、$\overline{B} = \{b_1, b_2, \cdots, b_n\}$是构件线性功能函数中随机变量的系数向量;$\overline{C} = \{c_1, c_2, \cdots, c_n\}$是等价线性功能函数中随机变量的系数向量。

4)钢桥体系可靠度分析方法

基于已经建立的特大跨钢桥荷载及抗力概率模型,结合桥梁实测数据选择合适的荷载及抗力概率模型参数,根据构件功能函数特点选择当量正态化法（JC 法）、改进响应面法或综合算法实现构件可靠度计算，在此基础上识别结构主要失效模式建立体系失效串并联模型，应用改进微分等价递归算法计算体系失效概率，基于此建立了一套多因素作用下特大跨钢桥体系可靠度分析方法，流程如下：

①确定结构主要随机变量及其分布。
②产生样本点组合。
③基于 ANSYS 建立有限元模型。
④计算样本点处的结构响应，并提取结果输出保存。
⑤可靠度计算程序读入计算结果。
⑥构件可靠度计算程序计算构件可靠度，并筛选候选失效单元。
⑦改变结构拓扑，对结构进行重分析。
⑧重复④～⑦，直至钢桥系统失效，形成一条完整的失效路径。
⑨遍历所有主要失效路径，建立失效树。
⑩钢桥体系可靠度计算。

基于已经建立的长寿命高性能钢桥恒载及车辆荷载统计分布类型，结合实桥试验数据，选择合适的荷载分布类型及参数；基于已经建立的构件抗力计算模型，针对长寿命高性能钢桥主塔、主梁及拉索等不同受力构件，选择合适的构件抗力计算模型并计算构件抗力统计参数。

由于长寿命高性能钢桥构件极限状态方程通常为隐式功能函数，针对低次隐式功能函数，采用改进的响应面法以二次多项式拟合出隐式极限状态方程，并计算构件可靠度；针对高次隐式功能函数，采用 BP 神经网络拟合隐式极限状态方程，结合重要抽样法计算构件可靠度。考虑到长寿命高性能钢桥结构复杂、失效模式识别困难，采用一种结合极限状态体系与概率评估体系优点的搜索方法，快速识别长寿命高性能钢桥失效模式。

根据已经识别的长寿命高性能钢桥失效模式，结合失效树分析法，建立结构失效串并联模型，并采用改进的微分等价递归算法计算结构体系可靠指标。基于既定的长寿命高性能钢桥目标可靠指标，对长寿命高性能钢桥体系可靠指标及其他性能指标做出评价，若当前设计体系可靠指标低于体系目标可靠指标或者当前设计不是最优设计，则调整设计参数，并通过决策寻优获得一组最佳设计参数组合，反馈回初步设计并进一步完善结构方案，实现基于体系可靠度的长寿命高性能钢桥设计。

9.3.5 长寿命钢桥可靠性设计

随着大跨、特大跨桥梁的设计基准期突破100年,对其进行可靠性设计时,不同的设计基准期对应的荷载概率模型及结构抗力模型均有所改变。因此,对于超过100年设计基准期的桥梁工程结构,首先应给出相应设计基准期的设计目标可靠指标,其次对于可变荷载应给出其在不同设计基准期下的荷载标准值或荷载修正因子。

(1)长寿命高性能钢桥多层次目标可靠指标

为确保大跨钢桥的设计基准期达到100年、120年和150年长寿命设计的目标,参考《公路工程结构可靠性设计统一标准》(JTG 2120—2020)对桥梁构件目标可靠指标的规定,结合钢梁桥、斜拉桥及悬索桥构件可靠性计算结果,考虑到各构件的重要程度,确定设计基准期分别为100年、120年和150年的长寿命大跨钢桥构件目标可靠指标,见表9.8~表9.10。

钢桥构件目标可靠指标(100年设计基准期) 表9.8

破坏类型	安全等级		
	一级	二级	三级
延性破坏	4.7	4.2	3.7
脆性破坏	5.2	4.7	4.2

钢桥构件目标可靠指标(120年设计基准期) 表9.9

破坏类型	安全等级		
	一级	二级	三级
延性破坏	4.9	4.4	3.9
脆性破坏	5.4	4.9	4.4

钢桥构件目标可靠指标(150年设计基准期) 表9.10

破坏类型	安全等级		
	一级	二级	三级
延性破坏	5.2	4.7	4.2
脆性破坏	5.7	5.2	4.7

基于钢梁桥、斜拉桥及悬索桥体系可靠性计算结果,大跨钢桥结构目标可靠指标不应低于构件目标可靠指标,并根据结构的重要程度提高0.5~1,

设计基准期为 100 年、120 年、150 年的大跨钢桥结构体系目标可靠指标具体取值见表 9.11~表 9.13。

钢桥结构体系目标可靠指标（100 年设计基准期） 表 9.11

破坏类型	安全等级		
	一级	二级	三级
延性破坏	5.3	4.7	4.2
脆性破坏	6.2	5.7	5.2

钢桥结构体系目标可靠指标（120 年设计基准期） 表 9.12

破坏类型	安全等级		
	一级	二级	三级
延性破坏	5.5	4.9	4.4
脆性破坏	6.4	5.9	5.4

钢桥结构体系目标可靠指标（150 年设计基准期） 表 9.13

破坏类型	安全等级		
	一级	二级	三级
延性破坏	5.8	5.2	4.7
脆性破坏	6.7	6.2	5.7

（2）长寿命高性能钢桥温度梯度模式

参考《公路工程结构可靠性设计统一标准》（JTG 2120—2020）对桥梁构件目标可靠指标的规定，结合钢箱梁、组合梁温度梯度模式统计分析结果，以 50 年、100 年、120 年及 150 年作为长寿命设计目标，确定各设计基准期对应温度梯度模式中的温差标准值。其中，钢箱梁梯度模式及相应温差标准值取值见表 9.14 及图 9.34、图 9.35。

钢箱梁竖向温差标准值建议值 表 9.14

铺装类型	重现期	竖向正温差标准值		竖向负温差标准值		
		T_1(℃)	T_2(℃)	T_1(℃)	T_2(℃)	T_3(℃)
无铺装	50 年	32.7	15.8	−4.4	−2.1	—
	100 年	34.6	16.2	−4.5	−2.2	—
	120 年	35.1	16.3	−4.5	−2.2	—
	150 年	35.7	16.4	−4.5	−2.2	—

续上表

铺装类型	重现期	竖向正温差标准值		竖向负温差标准值		
		T_1(℃)	T_2(℃)	T_1(℃)	T_2(℃)	T_3(℃)
5cm 铺装	50 年	26.0	15.0	-6.8	-3.2	-5.4
	100 年	27.0	15.4	-6.9	-3.3	-5.6
	120 年	27.2	15.5	-6.9	-3.3	-5.6
	150 年	27.4	15.6	-7.0	-3.3	-5.7
10cm 铺装	50 年	14.6	12.7	-11.3	-5.7	-6.1
	100 年	15.0	13.0	-11.6	-5.9	-6.3
	120 年	15.0	13.1	-11.7	-5.9	-6.3
	150 年	15.1	13.2	-11.8	-6.0	-6.4

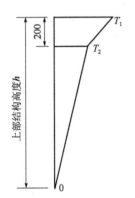

图 9.34　钢箱梁竖向正温度梯度图
（尺寸单位：mm）

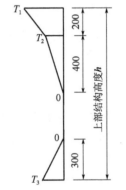

图 9.35　钢箱梁竖向负温度梯度图
（尺寸单位：mm）

(3) 长寿命高性能钢桥疲劳荷载设计使用年限修正系数

我国《公路桥涵设计通用规范》(JTG D60—2015)中关于疲劳荷载的相关内容中并不包含考虑设计使用年限的系数。因此，借鉴欧洲规范 Eurocode 中关于考虑桥梁设计使用年限修正系数的计算方法，确定长寿命高性能钢桥疲劳荷载设计寿命系数 λ_{td}，计算公式如下：

$$\lambda_{td} = \left(\frac{t_{td}}{100}\right)^{\frac{1}{m}} \tag{9.7}$$

其中，计算车辆疲劳荷载设计使用年限修正系数时，参数 m 参考欧洲规范取 5，则 $\lambda_{td车辆}$ 取值见表 9.15。

车辆疲劳荷载设计使用年限系数　　　　表9.15

设计寿命(年)	50	80	100	120	150
系数 $\lambda_{td车辆}$	0.871	0.956	1.00	1.037	1.084

计算温度疲劳荷载设计使用年限修正系数时，考虑温度应力通常较大，参数 m 取为3，则 $\lambda_{td车辆}$ 取值见表9.16。

温度疲劳荷载设计使用年限系数　　　　表9.16

设计寿命(年)	50	80	100	120	150
系数 $\lambda_{td车辆}$	0.794	0.928	1	1.063	1.145

9.4 长寿命钢桥制造关键技术

基于现有制造技术，聚焦长寿命钢桥制造过程中面临的核心技术难题，开展高性能耐候钢桥制造技术研究及智能制造装备研发，形成了长寿命钢桥制造成套技术。

9.4.1 高性能耐候钢桥制造技术研究

高性能耐候钢与常规钢材化学成分及材料性能有一定的差异，为确保高性能耐候钢桥制造水平，本节开展针对Q345qNH、Q420qNH、Q500qNH等系列高性能桥梁钢焊材选型、焊接工艺参数和关键工艺的系统研究，包括：高性能耐候钢力学性能试验、熔敷金属试验、焊接性试验研究、焊接裂纹试验、最高硬度试验、锈层稳定化处理等。

(1) 高性能耐候钢焊材选择及焊接性能试验

通过对Q345qENH、Q420qENH、Q500qENH、HPS485W等系列国产高性能耐候钢进行力学性能试验研究，确定了高性能耐候钢的屈服强度、抗拉强度、延伸率、母材常温及低温下的冲击韧性。针对高性能耐候钢的特点，考虑不同焊接方法、不同厂家焊材组合，对各类焊材共计进行30余组熔敷金属试验，分别确定了与埋弧焊接、混合气体保护焊、药芯焊丝气体保护焊3种不同焊接方法相匹配的焊丝、焊剂匹配方案，以满足熔敷金属力学性能和耐腐蚀指数I。

为了确保高性能耐候钢焊接接头性能，开展高性能耐候钢焊接接头的冷裂敏感指数分析、斜Y形坡口焊接裂纹试验及最高硬度试验。冷裂敏感指数分析结果表明,Q345qENH 钢的焊接冷裂纹敏感指数 P_{cm} 值均小于 0.18%、Q420qENH 钢的 P_{cm} 值均小于 0.19%,体现了较好的焊接性,冷裂倾向不大。斜 Y 形坡口焊接裂纹试验主要是评定碳钢和低合金高强钢焊接热影响区对冷裂纹的敏感性,采用手工电弧焊接分别对 Q345qENH、Q420qENH 钢 32mm、52mm 钢板进行冷裂纹试验(小铁研试验),采用埋弧焊在室温条件下对 Q345qENH、Q420qENH 钢 52mm 钢板进行冷裂纹试验。焊后试件经 48h 冷却后,对试件进行外观检查和解剖,检查焊接接头表面和断面,焊缝表面、焊根、断面均未发现裂纹(图 9.36)。对不同厚度 Q345qENH、Q420qENH 钢板分别开展热影响区最高硬度试验,试验结果表明:Q345qENH、Q420qENH 钢在常温焊接时最高硬度值(HV_{max})在 205~258 之间,小于 350,表明该钢材在不预热情况下焊接未产生淬硬组织,冷裂纹倾向不大,焊接性良好。

a) 小铁研宏观金相照片　　　　　　b) 大铁研宏观金相照片

图 9.36　典型宏观金相分析结果

(2) 高性能耐候钢桥锈层稳定化处理研究

耐候钢最经济的使用方式是裸露使用,但是不经过锈层稳定化处理时一般要经过 3~10 年表面锈层才逐渐稳定。为防止出现早期锈液流挂问题,常采用表面稳定化处理技术,即在耐候钢使用前对其表面进行处理,形成一种透气透水的膜。依托工程西藏拉林铁路雅鲁藏布江钢管拱桥采用了桥面以下靠近水面位置局部涂装、桥面以上裸露使用的表面处理措施。对于裸露使用的耐候钢部分,开展了锈层稳定化处理,对喷砂除锈后的杆件喷淋锈层稳定剂,每天 1~3 次,至少进行 1 个月,使杆件表面生成致密均匀的稳定锈层。在进行喷淋处理时,每 24h 对构件进行均匀喷水处理一次,并确保每次喷水之前,杆件和板材表面已经干燥,形成干湿交替的过程,加快锈层的生成。喷水后尽量保持杆件和板材水平,确保同一表面干燥速率一样,以免形成的锈层厚度不均匀,直到杆件和板材表面形成均匀致密的锈层(图 9.37)。

图 9.37 对杆件外表面进行周期性喷淋水处理

9.4.2 钢桥智能制造装备研发

针对波形腹板钢箱组合梁的制造难题,研发了具有精密数控切割、深熔焊接、焊接机器人集成站点、单件信息自适应追踪等技术融合特征的钢桥自动化制造设备,建立波形腹板钢箱组合梁全流程智能制造生产线(图9.38),解决了常规坡口开设精度不足、坡口钝边弧坑等问题,实现了全熔透焊缝单面焊双面成型的焊接,保障了波形腹板钢箱组合梁的生产制造质量及效率,突破了制约长寿命钢桥发展的建造技术难题。

a) 焊接过程示意

b) 自动焊接装备

c) 焊缝质量

图 9.38 高性能钢桥自动化、智能化制造新技术与装备

为了提升传统钢桥面板制造精度、稳定焊接质量,融合多头自动无尘打磨装置、激光数控划线装置、肋单元组焊一体机、示教或离线编程模式等技术,建立了U形肋单元焊接系统、顶板U形肋组焊(内焊)一体机、横隔板焊接机器人(图9.39),消除了因定位焊工序带来的质量隐患,提升了产品质量,降低了生产成本,延长了桥梁使用寿命,体现了长寿命钢桥制造理念。

a) 双机械手同时焊接　　　　　b) 焊缝端部包角焊接质量

图9.39　横隔板单元机器人

9.5　结语

长寿命钢桥是高性能建筑材料、创新结构形式、设计理论革新和智能建造技术的有机结合,具有高性能、强韧化、长寿命的技术优势。本章通过开展长寿命钢桥结构体系、设计理论与制造技术探索,研发了长寿命钢桥的创新构造与构件,并形成了系列的设计准则和计算分析方法,建立了长寿命钢桥体系可靠性设计理论,研发了具有技术融合特征的钢桥自动化制造设备,研制了波形腹板钢箱组合梁全流程智能制造设备及生产线,有力支撑了长寿命钢桥设计与制造技术体系的建立与完善,成果支撑建设了十余座长寿命钢桥,经济社会效益显著。

本章研究得到了陕西省创新人才推进计划科技创新团队(2019TD-022)、国家"万人计划"科技创新领军人才支持项目(W03020659)、长安大学中央高校基本科研业务费专项资金(300102219309)的资助,以此表示感谢。

本章参考文献

[1] 王春生,段兰,王茜.《长寿命高性能钢桥结构性能与设计方法研究》可行性研究报告[R].西安:长安大学,2014.

[2] 王春生,段兰,王茜.《长寿命高性能钢桥结构性能与设计方法研究》研究报告[R].西安:长安大学,2018.

[3] 聂建国.钢-混凝土组合结构桥梁[M].北京:人民交通出版社,2011.

[4] 邵长宇.梁式组合结构桥梁[M].北京:中国建筑工业出版社,2015.

[5] 项海帆.中国土木工程学科的发展战略.建筑、环境与土木工程学科发展战略研讨会特邀报告[R].北京:国家自然科学基金委员会,2004.

[6] Azizinamini, A., Barth, K., Dexter, R. and Rubeiz, C. High performance steel research front-historical account of research activities[J]. Journal of Bridge Engineering, ASCE, 2004, 9(3):212-217.

[7] 刘玉擎,陈艾荣.耐候钢桥的发展及其设计要点[J].桥梁建设,2003(5):39-41.

[8] Albrecht, P., Coburn, S. K., Wattar, F. M., et al. Guidelines for the use of weathering steel in bridges (NCHRP 314) [R]. Washington: Transportation Research Board, 1989:1-108.

[9] Wang, C. S., Duan, L., Chen, Y. F., et al. Flexural behavior and ductility of hybrid high performance steel I-girders[J]. Journal of Constructional Steel Research, 2016, 125(125):1-14.

[10] 王春生,张静雯,段兰,等.长寿命高性能耐候钢桥研究进展与工程应用[J].交通运输工程学报,2020(1):1-26.

[11] 段兰,唐友明,王春生,等.混合设计的高性能钢梁抗弯性能试验[J].交通运输工程学报,2014,14(5):19-28.

[12] 段兰,王春生,王世超,等.高强度工字钢梁腹板抗剪性能试验[J].中国公路学报,2017,030(003):65-71.

[13] Sause R., Abbas H., Kim B. G. Innovative high performance steel girders for highway bridges[C]. Bridge Materials. Reston, 2003:309-318.

[14] 王春生,朱经纬,翟晓亮,等.双管翼缘钢-混凝土新型组合梁抗弯性能试验研究[J].中国公路学报,2017,30(3):147-158.

[15] 段兰,王春生,朱经纬,等.带混凝土翼板的圆管上翼缘钢-混凝土组合梁抗弯性能[J].交通运输工程学报,2019,19(01):52-63.

[16] 王春生,王晓平,朱经纬,等.波形钢腹板管翼缘组合梁抗弯性能试验研究[J].桥梁建设,2019,49(01):18-23.

[17] 徐勋,余泓,冉川.波形钢腹板曲线箱梁桥静力特性分析[J].铁道建筑,2020,60(3):1-5.

[18] 李青,杨建喜.波折钢腹板组合箱梁桥承载能力试验研究[J].低温建筑技术,2017,39(05):34-37.

[19] 郑祥隆.腐蚀钢丝疲劳性能及桥梁缆索疲劳可靠性评估方法研究[D].杭州:浙江大学,2018.

[20] 姚博.缆索钢丝的腐蚀疲劳性能与断裂机理研究[D].西安:长安大学,2019.

[21] 刘冲.桥梁缆索钢丝疲劳裂纹扩展试验研究与数值模拟[D].西安:长安大学,2020.

[22] Walter,R.,Olesen,F.J.,Stang,H.,Vejrum,T. Analysis of an orthotropic deck stiffened with a cement-based overlay[J]. Journal of Bridge Engineering,2007,12(3):350-363.

[23] Dieng,L.,Marchand,P.,Gomes,F.,et al. Use of UHPFRC overlay to reduce stresses in orthotropic steel decks[J]. Journal of Constructional Steel Research,2013(89):30-41.

[24] Buitelaar,P.,Braam,R.,and Kaptijn,N. Reinforced high performance concrete over-lay system for rehabilitation and strengthening of orthotropic steel bridge decks[C]. Orthotropic Bridge Conference, Sacramento, California,2004:384-401.

[25] Wouter D. C. Renovation techniques for rib to deck plate fatigue cracking in orthotropic bridge deck[J]. Scientific Research and Essays,2011,6(9):1977-1986.

[26] Duan,L.,Brühwiler,E.,Wang,C.S. Cold stiffening of orthotropic steel decks by a composite UHPFRC layer[J]. Journal of Constructional Steel Research,2020(172):106209.

[27] Shao,X.,Cao,J. Fatigue assessment of steel-UHPC lightweight composite deck based on multiscale FE analysis:case study[J]. Journal of Bridge

Engineering,2018,23(1):05017016-1-15.

[28] 张清华,李乔,唐亮. 桥塔钢-混凝土结合段剪力键破坏机理及极限承载力[J]. 中国公路学报,2007,20(1):85-90.

[29] 王春生,王茜,俞欣,等. 钢桥塔节段局部稳定试验[J]. 中国公路学报,2009,22(06):74-81.

[30] 王春生,王茜,王欣欣,等. 钢-高性能混凝土组合桥塔受力性能试验研究[J]. 长安大学学报(自然科学版),2011,31(01):51-58.

[31] 王茜,王春生,俞欣,等. 钢-高性能混凝土组合桥塔承载能力试验研究[J]. 郑州大学学报(工学版),2008,29(3):108-112.

[32] Nakai, H., Yoshikawa, O., Terada, H. An experimental study on ultimate strength of composite columns for compression or bending[J]. Doboku Gakkai Ronbunshu,1986(374):67-77.

[33] 李昆. 基于可靠度理论的公路钢桥概率极限状态设计方法研究[D]. 上海:同济大学,2007.

[34] Xie, Y. M., Steven, G. P. A simple evolutionary procedure for structural optimization[J]. Computers & Structure,1993(49):885-896.

[35] Bucher, C. G., Bourgund, U. A fast and efficient response surface approach for structural reliability problems[J]. Structural Safety,1990,7(1):57-66.

[36] Coolen, F. P., Newby, M. J. Bayesian reliability analysis with imprecise prior probability[J]. Reliability Engineering and System Safety,1994,43(1),75-86.

[37] Murotsu, Y., Okada, H., et al, Automatic generation of stochastically dominant modes of structural failure in frames structure[J]. Structural Safety,1984(2):17-25.

[38] 罗晓瑜,王春生,姚书奎,等. 基于双向渐进结构优化法的钢桥系统失效模式识别[J],中国公路学报,2017,30(3):31-39.

[39] 陈铁冰,王书庆,石志源. 计入结构几何非线性影响斜拉桥可靠度分析[J]. 同济大学学报,2000,28(4):407-412.

[40] 程进,肖汝诚. 斜拉桥结构静力可靠度分析[J]. 同济大学学报,2004,32(12):1593-1598.

[41] 张建仁,刘杨. GA 和人工神经网络在斜拉桥可靠度分析中的应用[J].

土木工程学报,2001,34(1):7-13.
[42] 李军平.免涂装耐候钢在雅鲁藏布江钢管拱桥上的研究应用[J].钢结构(中英文),2019,34(06):107-111.
[43] 车平,李军平,邹勇,等.港珠澳大桥组合梁钢主梁机器人自动焊试验及应用[J].焊接,2017(10):59-60.
[44] 李宗民,李军平.港珠澳大桥组合梁之钢主梁焊接变形及几何精度控制技术[J].钢结构,2015,30(01):65-68.
[45] Crampton, D. D., Holloway, K. P., Fraczek, J. Assessment of weathering steel bridge performance in Iowa and development of inspection and maintenance techniques[R]. Ames: Iowa Department of Transportation, 2012:1-144.

本章作者简介

王春生　教授

长安大学二级教授,国家"万人计划"科技领军人才,全国百篇优秀博士论文奖、国务院政府特殊津贴、茅以升科学技术奖——桥梁青年奖获得者。

主要从事钢与组合结构桥梁、桥梁耐损性设计方法与安全维护技术、长寿命高性能桥梁结构理论研究,主持承担了6项国家自然科学基金、2项"973"项目子题,以及教育部新世纪优秀人才基金、霍英东青年教师基金等省部级科研项目20余项,主持编制交通运输部行业技术标准《公路钢桥疲劳监测、评估与维护技术规程》,参与编制《公路钢结构桥梁设计规范》《公路工程可靠性设计统一标准》《公路钢结构桥梁养护技术规范》3部交通行业技术标准,主持编写地方与协会标准6部。发表论文被SCI、EI收录100余篇,出版专著2部,获准国家发明专利10余项。曾获国家科技进步二等奖1项、中国公路学会科学技术特等奖2项(主持),以及省级和学会科技奖10余项。

第 10 章 基于 UHPC 高抗拉特性的混凝土主梁拼宽及薄层加固

刘超,吴纪曙

同济大学土木工程学院桥梁工程系,上海,200092

10.1 引言

混凝土是当前桥梁工程中使用最为广泛的材料,具有生产成本低、材料易获取、施工方便等特点,但随着桥梁建设进程的不断发展,交通量不断增加,混凝土材料本身变形能力不足、抗拉强度低的力学特性使得其在运营期间容易开裂。裂缝还会加剧混凝土碳化、钢筋锈蚀、渗水等多种耐久性问题,使混凝土结构性能不断劣化。

超高性能混凝土(UHPC)是一种由 Richard 和 Cheyrezy 等[1]首先研发的超高强水泥基材料,由活性粉末混凝土和钢纤维组成。根据 CCPA-UHPC 分会的调查数据表明,2020 年国内 UHPC 用量已经超过 4 万 m^3,工程应用发展迅速[2]。

与普通混凝土相比,UHPC 最为显著的优势在于抗拉特性的提升,即高抗拉强度和拉伸变形能力[3]。UHPC 的高抗拉特性来源于其基本制备原理之——纤维增强理论[4]。UHPC 与钢纤维具有超强的黏结性能,能高效发挥内部钢纤维的性能。当 UHPC 受拉时,受拉部位钢纤维的桥搭作用能抑制裂缝的生成,UHPC 的抗拉强度得以明显提高[5]。钢纤维还具有增韧效果,使 UHPC 在拉伸变形中具有类似钢材屈服的应变硬化行为,变形能力强[6]。

目前,UHPC 的制备工艺和组分材料要求高,生产成本高,结构的全截面使用 UHPC 往往并不经济。根据《UHPFRC-材料、设计和应用》(瑞士标准 SIA 2052-2016),UHPC 宜用于结构中的高拉应力区域和延性要求较高的关键节点[7],适合结构的加固和改扩建工程。

根据《2020 年交通运输行业发展统计公报》[8],截至 2020 年底,我国既有公路桥梁高达 91.28 万座,里程共计 6628.55 万延米。其中,大部分桥梁采用混凝土材料。既有的混凝土桥梁,尤其是一些服役时间较长的混凝土桥,主梁结构开裂、交通承载力不足等问题突显。对既有混凝土桥梁的加固和改扩建已经成为桥梁管养的重要内容之一。拼宽是桥梁改扩建中的一个关键工程,其中新老桥拼缝是最为关键的受力部位。拼缝受结构的不均匀沉降、收缩徐变等因素影响较大[9],受力非常复杂,对抗拉和抗变形能力要求较高[10-14]。对于传统的混凝土拼缝,虽然采用各种加强钢筋或者特殊构造等措施来抵抗复杂的受力状况,但由于普通混凝土具有抗拉能力低、变形能力差的脆性材料属性,很难解决拼缝在使用过程中的开裂现象。另一方面,受设计理论落后、交通量增大、先天结构缺陷等因素的影响,国内大量的混凝土桥梁在运营期由于混凝土变形能力和抗拉强度不足产生开裂病害。虽然粘贴碳纤维加固法、粘贴钢板加固法、施加体外预应力法和增大截面法等加固方法已经被广泛应用,但这些传统加固手段往往具有很多不足。

本章首先基于一个改扩建工程,针对新老桥 UHPC 拼缝的受力性能开展相关理论和模型试验研究,验证 UHPC 优异的抗拉特性。之后,针对某槽型梁桥面板底部的受拉区开裂病害,结合理论研究、计算分析、线下足尺试验和成桥试验,研究 UHPC 加固技术。最后,介绍针对重载下的铺装损坏、桥梁火灾、快速换梁三种情况下应用 UHPC 的实际工程。

10.2 基于UHPC高抗拉特性的桥梁拼缝受力性能研究

10.2.1 传统拼缝构造及病害分析

旧桥的横向拼宽方法包括修建复桥法、增设悬臂法、斜撑杆拼宽法、正交异性钢悬臂板法等。综合经济效益和力学性能，国内通常采用修建复桥的方式。因此，在桥梁拼宽时需要考虑新桥和旧桥的上部结构、下部结构的连接方式。根据新桥和老桥的上部结构、下部结构连接方式，可以将拼缝构造分为以下三类[15-22]：

(1) 上部结构、下部结构均不连接

上部结构、下部结构均不连接，新旧结构间留纵缝(图10.1)。通常采用以下的方式处理纵缝：①采用沥青、木板填充新旧桥间的纵缝；②接缝两侧用钢板包裹；③采用非结构化的连续桥面；④纵缝采用伸缩缝，以适应主梁间的变形差。

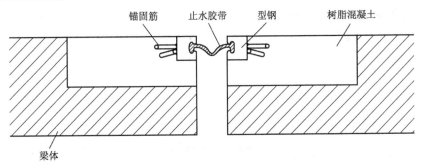

图10.1 上部结构、下部结构均不连接示意图

当采用上部结构、下部结构均不连接的接缝时，新桥和旧桥之间相互分离，受力明确，在设计和施工时不用考虑旧桥对新桥的约束。但由于新桥和旧桥相对独立，在长期运营期间，新桥和旧桥受力不均衡，接缝两侧的主梁变形不一致。此外不均匀沉降会导致桥面横向错位，容易使桥面铺装混凝土层开裂，不利于行车的安全性和舒适感。

(2) 上部结构、下部结构均连接

新桥和旧桥的上部结构可以通过横向植筋、现浇湿接缝、焊接钢板等方式连接起来,使新桥和旧桥形成整体,协同工作。同时,下部结构桥墩、盖梁也可以利用横向植筋的方式连接(图10.2)。这种方法的优点是新桥和旧桥整体性强,减小了不均匀沉降和主梁间的变形差,但会产生附加内力,导致帽梁、桥台、系梁连接处容易开裂。此外,这种拼缝构造施工工艺复杂,施工费用高,后期维护也比较困难。

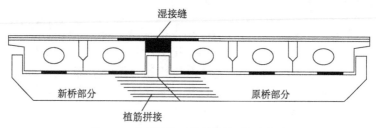

图10.2 上部结构、下部结构均连接示意图

(3)上部结构连接、下部结构不连接

采用上部结构连接、下部结构不连接的拼缝构造时,新桥和旧桥的下部结构相互分离,上部结构通过植筋、浇筑横隔梁等方式连成整体形成刚性连接,或削弱部分截面刚度形成半刚性连接(图10.3)。这种拼缝构造的优点是上、下结构内力相互影响较小,病害相对前两者较小。但是由于新旧结构的材料在性能上存在差异,基础也会有不均匀沉降,这使得上部结构接缝处的内力增大,可能导致拼缝开裂。所以新桥和旧桥均需要加强地基,减少基础沉降。同时还需要增加上部结构接缝处钢筋以提高接缝处的承载力。

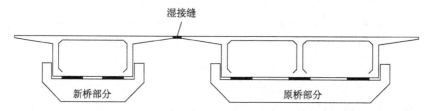

图10.3 上部结构连接、下部结构不连接示意图

以上三种常见的拼缝构造,都存在一种常见的破坏形式[23]:拼缝在活载或基础不均匀沉降作用下产生较大的变形和拉应力,拼缝处混凝土抗拉强度或变形能力不足导致其开裂。因此,拼缝开裂问题的主要内因来源于混凝土较低的抗拉特性,提高拼缝的抗拉性能是桥梁拼缝设计的重点。

10.2.2 UHPC 拼缝构造

UHPC 材料抗拉强度和变形能力强,可以适应当前桥梁拼缝由于活载或基础不均匀沉降引起的变形和应力集中,较适于新、老桥梁的拼缝构造,为解决桥梁拼缝构造设计提供了一种良好的思路。同时,UHPC 优秀的耐久性能可以延长拼缝的使用寿命。此外,UHPC 具有自密实、施工方便、早强等特性,也能加快拼缝的施工速度[24]。

常见的拼缝构造中,上、下部结构均不连接的构造受力明确,有利于设计与施工,但活载和基础不均匀沉降产生的变形容易导致桥面开裂。为了适应实际拼宽工程需求,基于 UHPC 的高抗拉特性并结合上、下部结构均不连接的构造,提出一种新、老桥梁快速拼接的新型拼缝构造,具体连接方式为:新、老桥梁上、下部结构均不连接,拼缝处新、老桥梁上部结构间预留 0.1m 空隙,通过对横桥向 1.5m 范围钢筋混凝土铺装层浇筑 UHPC 拼缝层,在拼缝层内布置横、纵向钢筋,并与老桥钢筋混凝土铺装层进行连接固定,实现新、老桥梁的连接,如图 10.4 所示。

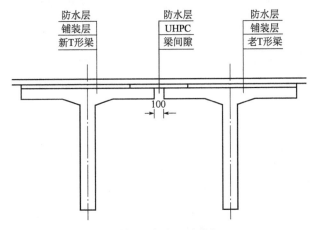

图 10.4 拼缝示意图(尺寸单位:mm)

目前,UHPC 的材料种类多样,为验证 UHPC 拼缝的抗拉性能并选择最优拼缝层材料,拟采用三种类型 UHPC 进行试验研究,分别定义为高应变强化Ⅰ型 UHPC(HSH-UHPC)、应变软化型 UHPC(LSS-UHPC)和高应变强化Ⅱ型 UHPC(SF-UHPC)。

三种 UHPC 材料均通过材料的轴拉试验测定其性能和本构关系。轴拉试验采用骨头形试件,试件尺寸为50mm×100mm×500mm,试件轴拉试验如图10.5所示,三种材料的拉伸本构关系曲线如图10.6所示。

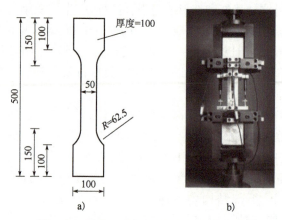

图10.5 试件尺寸及轴拉试验(尺寸单位:mm)

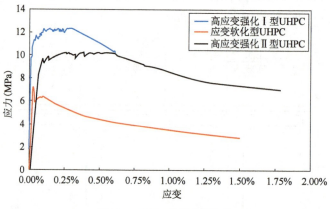

图10.6 UHPC拉伸本构关系

10.2.3 拼缝力学性能试验

(1)试验方案

拼缝试验采用700mm×200mm×(60~80)mm的条形试件,如图10.7所示。其中,2个尺寸长300mm、宽200mm、高250mm的C50混凝土块模拟新、老桥边梁挑臂结构,下部长700mm、宽200mm、60~80mm厚的薄板为拼缝层,试件制作如图10.8所示。试验采用非对称加载以模拟新、老桥不均匀沉降造成的受力不均。拼缝试验主要考虑4个影响参数：拼缝自由长度(L)、横向钢筋配筋率、门筋配筋率和拼缝层厚度。拼缝自由长度(L)是考虑到某些地基土质较差的地区相对沉降较大，拼缝层和主梁分离，试验中在拼缝L长度范围内添加橡胶，从而使拼缝层达到更佳的弯曲能力。本研究共制备拼缝模型试件8个，采用HSH-UHPC的拼缝试件2个(UQ-1、UQ-2)，LSS-UHPC拼缝试件4个(UR-1～UR-4)，SF-UHPC拼缝试件2个(UF-1、UF-2)，试件参数见表10.1。

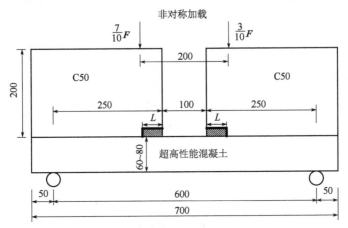

图10.7 拼缝尺寸(尺寸单位:mm)

图10.8 试件浇筑成形

拼缝试件参数表　　　　　　　　　　表10.1

编号	拼缝材料	拼缝层厚(mm)	自由长度(mm)	横筋直径(mm)	门筋直径(mm)	纵筋直径(mm)
UQ-1	高应变强化Ⅰ型 UHPC	80	100	4Φ18	12	10
UQ-2		80	0	4Φ18	12	10

续上表

编号	拼缝材料	拼缝层厚（mm）	自由长度（mm）	横筋直径（mm）	门筋直径（mm）	纵筋直径（mm）
UR-1	应变软化型UHPC	60	0	4⌀18	12	10
UR-2		60	100	4⌀18	12	10
UR-3		60	0	4⌀18	18	10
UR-4		60	0	4⌀12	12	10
UF-1	高应变强化Ⅱ型UHPC	60	100	4⌀18	12	10
UF-2		80	100	4⌀18	12	10

为防止局部应力集中,两侧加载点均离C50混凝土块内侧边缘50mm。拼缝层内布置横筋、纵筋。同时,为了保证拼缝层有良好的连接性,在C50混凝土块和拼缝层间增设门筋,钢筋布置如图10.9所示。

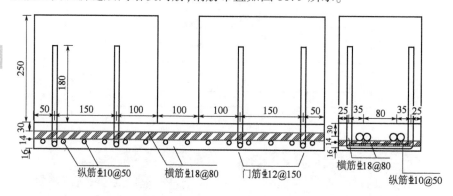

图10.9 钢筋布置图(尺寸单位:mm)

(2)拼缝破坏模式分析

HSH-UHPC拼缝试件UQ-1和UQ-2在加载初期,位移、转角与荷载呈线性关系,随着荷载的不断增大,结构进入塑性阶段,此时曲线斜率慢慢减小,最后结构达到极限荷载发生破坏。当荷载分别达到113kN和104kN时,UQ-1和UQ-2的UHPC板底部中间位置应变突变,出现微裂缝。UQ-1和UQ-2的极限承载力为356kN、338kN。在试验过程中,UHPC拼缝层裂缝发展缓慢,逐渐成为裂缝族形态。最终破坏时,裂缝没有贯穿拼缝层,试件加载破坏裂缝图如图10.10a)、b)所示。

LSS-UHPC拼缝试件UR-1~UR-4在加载初期结构处于弹性受力状态,

第10章 基于UHPC高抗拉特性的混凝土主梁拼宽及薄层加固

随着荷载的不断增大,结构突然破坏,受力过程中挠度与转角呈线性关系。当荷载为15kN、18kN、24kN和10kN时,UR-1~UR-4出现第一条裂缝,裂缝宽度分别为0.033mm、0.028mm、0.025mm和0.037mm。拼缝结构进入塑性受力状态,随着荷载的不断增大,拼缝发生破坏。UR-1~UR-4的极限荷载分别为46kN、58kN、82kN和38kN。最终各试件破坏时,裂缝贯穿拼缝层,试件破坏裂缝图如图10.10c)~f)所示。

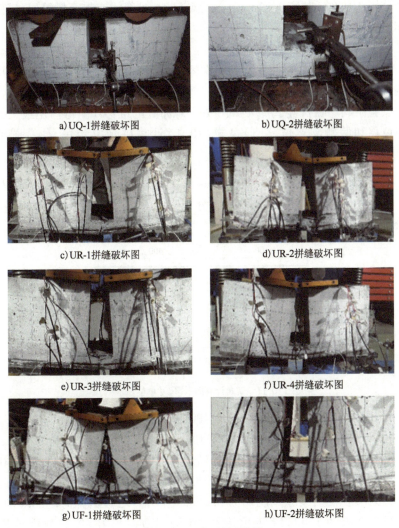

a) UQ-1拼缝破坏图   b) UQ-2拼缝破坏图
c) UR-1拼缝破坏图   d) UR-2拼缝破坏图
e) UR-3拼缝破坏图   f) UR-4拼缝破坏图
g) UF-1拼缝破坏图   h) UF-2拼缝破坏图

图10.10 试件破坏裂缝图

SF-UHPC 拼缝试件 UF-1 和 UF-2 在加载初期结构呈弹性受力状态,随着荷载的不断增大,拼缝有明显的屈服平台,结构受力过程中挠度和转角呈线性关系。当荷载分别为 40kN 和 52kN 时,UF-1 和 UF-2 出现裂缝,裂缝宽度分别为 0.026mm 和 0.022mm。拼缝进入塑性受力状态,当荷载分别为 85kN 和 100kN 时,UF-1 和 UF-2 出现大量裂缝。当荷载达到 197kN 时,UF-1 发生破坏,当荷载达到 240kN 时,UF-2 拼缝结构发生破坏,此时两试件裂缝宽度分别为 0.82mm 和 0.79mm。最终破坏时,裂缝没有贯穿拼缝层,试件的破坏裂缝图如图 10.10g)、h)所示。

(3)拼缝变形能力分析

通过分析 8 组拼缝的荷载-转角关系和在设计极限转角(1.2%)下拼缝的裂缝宽度来评估拼缝的抗拉特性。

试验中利用在拼缝试件 A、B、C 处下缘布置的位移计测得弯矩最大处拼缝层位移和两侧支点位移,通过式(10.1)计算拼缝层转角,计算图示如图 10.11 所示。

$$\theta = (y_B - y_A)/l_{AB} + (y_B - y_C)/l_{BC} \tag{10.1}$$

式中,θ 为拼缝层转角;y_A、y_B、y_C 分别为 A、B、C 三点处的竖向位移;l_{AB}、l_{BC} 分别为 AB、BC 间距。

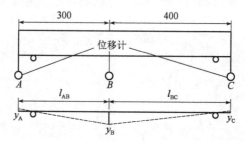

图 10.11 转角计算图示(尺寸单位:mm)

图 10.12a)和 b)分别为 HSH-UHPC 拼缝(UQ)、SF-UHPC 拼缝(UF)和 LSS-UHPC 拼缝(UR)试件的荷载-转角曲线。

由图 10.12a)可知,在加载初期,转角与荷载呈现很好的线性关系,在达到 1.2% 转角时,试件 UQ-1 和试件 UQ-2 荷载约为 185kN 和 213kN,此时 UHPC 板出现裂缝,裂缝宽度均为 0.16mm 左右。之后随着荷载的增加,结构逐渐进入塑性,当拼缝转角达到 2% 时,UQ-1 和 UQ-2 的荷载分别为

290kN 和 311kN，此时裂缝宽度均为 0.2mm，最终结构的破坏极限荷载分别为 356kN 和 338kN。

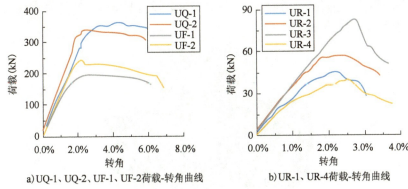

图 10.12 试件荷载-转角曲线

SF-UHPC 试件 UF-1 和 UF-2 拼缝转角分别为 0.5% 和 0.38% 时出现裂缝，裂缝宽度分别为 0.026mm 和 0.022mm，此时荷载分别为 40kN 和 52kN。在达到 1.2% 转角时，UF-1 和 UF-2 的荷载约为 135kN 和 160kN，此时 UHPC 板裂缝宽度均为 0.19mm 和 0.22mm。

由图 10.12b)可知，当转角分别为 0.19%、0.21%、0.24% 和 0.27% 时，LSS-UHPC 试件 UR-1～UR-4 开裂，裂缝宽度分别为 0.033mm、0.028mm、0.025mm 和 0.037mm。在达到 1.2% 转角时，试件 UR-1～UR-4 荷载分别为 30kN、40kN、50kN 和 25kN，此时裂缝宽度分别为 0.81mm、0.76mm、0.54mm 和 0.87mm。

综上可知，三种 UHPC 拼缝中，HSH-UHPC 抗拉能力最强，SF-UHPC 其次，两者在转角达到 1.2% 时裂缝宽度较小，能达到不漏水的正常使用状态。LSS-UHPC 拼缝抗拉能力在三种 UHPC 拼缝中最差，在转角达到 1.2% 时已经有较大的裂缝宽度。因此，采用 HSH-UHPC 拼缝可以明显地提高拼缝的变形能力，适应活载或基础不均匀沉降引起的拼缝变形。

10.2.4 基于有限元的应用扩展分析

采用 ABAQUS 软件(工程模拟有限元软件)建立拼缝模型进行有限元分析，模型尺寸根据试验确定，有限元模型如图 10.13 所示。模型两端采用简支约束，采用的材料分别为钢、C50 混凝土、HSH-UHPC、LSS-UHPC 和

SF-UHPC。由于 C50 混凝土仅起传力的作用,不是拼缝结构的重点研究对象,为了计算收敛,将其应力-应变关系设置为线弹性,其余材料设置为非线性,各材料定义为各向同性材料。各材料参数设置见表 10.2,计算本构关系曲线如图 10.14 所示。

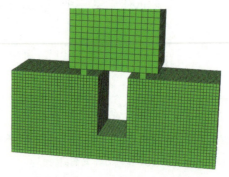

图 10.13 有限元模型

参数选取 表 10.2

材 料	密度(kg/m³)	弹性模量(GPa)	泊 松 比	单元类型
C50 混凝土	2600	34.5	0.2	C3D8
HSH-UHPC	2600	50	0.2	C3D8
钢筋	7800	210	0.3	Truss
LSS-UHPC	2600	25	0.2	C3D8
SF-UHPC	2600	12	0.2	C3D8

通过有限元分析,拼缝试件 UQ-1、UQ-2、UF-1、UF-2 和 UR-1 ~ UR-4 的破坏模式如图 10.15 ~ 图 10.17 所示。

由图 10.15 得出,HSH-UHPC 拼缝试件在模拟不均匀沉降的非对称加载下,加载点正下方转角不断增大,UHPC 层应变不断增加,最终达到极限拉应变而开裂。

由图 10.16 可知,SF-UHPC 拼缝试件 UF-1、UF-2 两组试件在不均匀沉降的非对称加载下,破坏前结构处于弹性阶段,随着荷载的不断增大,UF-2 试件出现多点开裂状态,裂缝较多,挠度最大处和裂缝出现处为同一位置。主裂缝出现较晚,最终主裂缝出现,结构破坏,结构破坏时主裂缝没有贯穿拼缝。

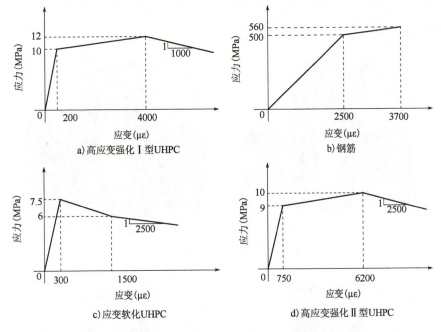

图 10.14 材料本构关系

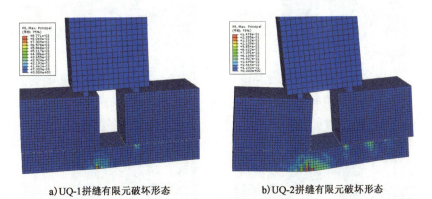

a) UQ-1 拼缝有限元破坏形态　　b) UQ-2 拼缝有限元破坏形态

图 10.15　UQ-1、UQ-2 拼缝破坏形态

由图 10.17 可知,LSS-UHPC 拼缝试件 UR-1~UR-4,在非对称加载作用下,结构破坏较为迅速,裂缝宽度较大。

通过上述分析结果与试验结果对比可知,拼缝有限元破坏形态和试验结果吻合较好。考虑到不同工程中,拼缝自由长度、拼缝层厚度不尽相同,为拓展该拼缝设计的适用性,利用有限元分析拼缝自由长度、拼缝层厚度与抗拉性能的关系。

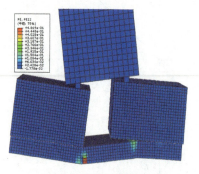 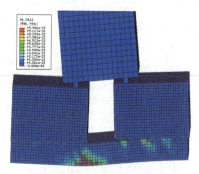

a) UF-1 拼缝有限元破坏形态　　　　b) UF-2 拼缝有限元破坏形态

图 10.16　UF-1、UF-2 拼缝破坏形态

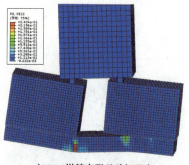 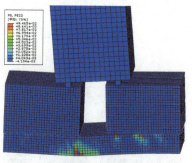

a) UR-1 拼缝有限元破坏形态　　　　b) UR-2 拼缝有限元破坏形态

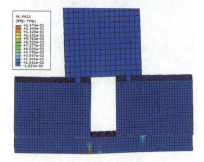 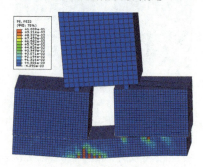

c) UR-3 拼缝有限元破坏形态　　　　d) UR-4 拼缝有限元破坏形态

图 10.17　UR-1～UR-4 拼缝破坏形态

保持其他参数不变,取橡胶厚度为 20mm,对 HSH-UHPC 拼缝(UQ)和 SF-UHPC 拼缝(UF),在拼缝层厚度为 80mm 时,分别取拼缝自由长度为 $L=0\text{mm}$、$L=30\text{mm}$、$L=50\text{mm}$、$L=100\text{mm}$(HSH-UHPC 拼缝和 SF-UHPC 拼缝实际试验参数)进行有限元模拟,结果如图 10.18 所示(拼缝层应变取拼缝下缘最大应变)。

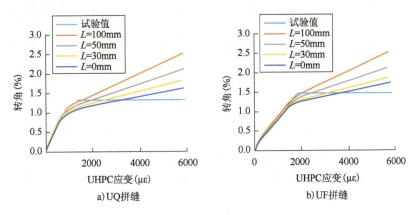

图 10.18 不同自由长度下转角-拼缝层应变曲线

由图 10.18 可知,在相同转角下(最大转角为 1.2%),UHPC 应变情况为:100mm 自由长度 < 50mm 自由长度 < 30mm 自由长度 < 0mm 自由长度。同时,在 1.2% 转角范围内,自由长度为 100mm 的拼缝应变增长速度较慢,弯曲能力较好。因此,随着自由长度的增加,拼缝刚度减小,有助于增强拼缝结构的弯曲能力。

保持其他参数不变,变量取为拼缝厚度,分别计算拼缝层厚度 $H=80\text{mm}$、$H=100\text{mm}$、$H=120\text{mm}$ 情况下对 HSH-UHPC 拼缝和 SF-UHPC 拼缝弯曲性能的影响,并将有限元模拟结果与试验结果进行对比。转角-拼缝层底面应变曲线如图 10.19 所示,其中拼缝层应变取拼缝下缘最大应变。

由图 10.19 可知,在相同的转角下,UHPC 拼缝应变情况为:拼缝厚度 $H=80\text{mm}$ < 拼缝厚度 $H=100\text{mm}$ < 拼缝厚度 $H=120\text{mm}$。同时,随着转角的增加,厚度较厚的拼缝应变增加较快,弯曲性能较差。结合两张曲线图可以看出,当厚度为 120mm、转角为 1.2% 时,SF-UHPC 拼缝应变小于 HSH-UHPC 拼缝应变。因此,随着拼缝厚度的增加,SF-UHPC 的弯曲性能优于 HSH-UHPC。可见,增加拼缝厚度并不利于提高拼缝的弯曲能力。

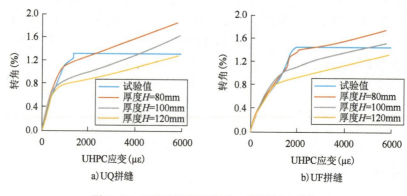

图 10.19 不同拼缝厚度下转角－拼缝层应变曲线

综上所述,采用自由长度为 100mm、厚度为 80mm 的 HSH-UHPC 拼缝能满足在转角为 1.2% 时裂缝宽度小于 0.2mm 的要求,达到不漏水的正常使用状态。如果极限转角大于 1.2%,可以通过增加自由长度和减小拼缝层厚度来进一步增强拼缝的抗拉能力。

10.2.5 UHPC 拼缝的实际工程应用

上海市某新、老 T 形梁高架桥拼接工程采用 UHPC 拼缝(图 10.20)。根据工程总体设计方案,由于车道数量的增加需要对既有主线高架桥梁局部进行拼宽,单侧拼宽长度约为 520m,拼宽宽度为 5.7~10m。现状桥梁上部结构采用跨径 30~40m 的预制简支 T 形梁,桥梁下部结构采用倒 T 形盖梁直立柱式桥墩,桩基主要采用直径为 800mm 的钻孔灌注桩。

理论分析可知,当新、老桥两侧的不均匀沉降达到最大值时,拼缝结构最大转角处于最不利受力状态。根据工程需求,设计要求拼缝在极限转角为 1.2% 时,裂缝宽度不超过 0.2mm,且裂缝不贯穿拼缝层,即拼缝结构在极限转角下能达到不漏水的正常使用状态,防水层、沥青铺装也能保持正常的使用状态。

根据本章提出的新型拼缝具体做法和分析结果,选用 HSH-UHPC 取代新老桥拼接处混凝土连续铺装层,厚度为 80mm,自由长度为 100mm。于拼缝两侧布置跨缝钢筋网片,并与钢筋混凝土铺装层内的钢筋网片搭接。横向跨缝钢筋通过抗剪门式钢筋进行固定。

第 10 章　基于 UHPC 高抗拉特性的混凝土主梁拼宽及薄层加固

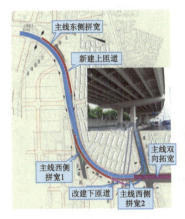

图 10.20　某高架桥拼宽段平面示意

该工程拼宽段桥梁于 2019 年 3 月通车运营至今,拼缝构造整体运营状况良好。

10.3　基于 UHPC 高抗拉特性的混凝土梁薄层加固

混凝土桥梁由于各种因素的影响,在运营过程中易发生开裂现象。在一些极端荷载如火灾等突发灾害中,既有桥梁结构也可能受损。为了保障旧桥的结构安全和正常功能,需对桥梁进行修复加固。目前常用的加固方法主要包括粘贴碳纤维加固法、粘贴钢板加固法、施加体外预应力法和增大截面法。这些方法都有各自不同的优势,但加固后容易因新旧材料黏结强度不足或加固材料破坏而失效[25]。UHPC 材料具有远超普通混凝土的抗拉强度和变形能力,且与原混凝土梁黏结性能优异,采用 UHPC 加固混凝土梁,可以达到长期提升主梁承载能力、刚度和耐久性的作用。

10.3.1　槽形梁桥面板加固

某大桥位于上海沪嘉高速公路(图 10.21),跨径布置为 $11\times25m+19m+25m+40m+25m+19m+14\times25m$,双向四车道。该桥采用预应力混凝土槽形梁,具有建筑高度低、断面空间利用率高、安全防护性能好、外观效果好等优点。但经过多年运营后,检测发现其甲式桥面板裂缝较多,裂缝加速了 CO_2 渗入混凝土内部,使得桥面板混凝土碳化严重。边梁加固钢板也普遍锈蚀,部分加固钢板存在局部失效,部分槽形梁的钢筋发生锈蚀(图 10.22)。

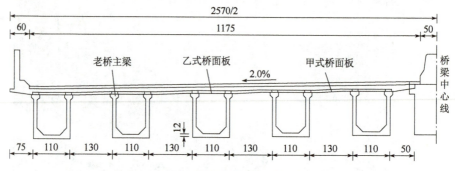

图 10.21 某大桥槽形梁断面(尺寸单位:cm)

图 10.22 某大桥甲式桥面板病害

该工程曾采用碳纤维进行加固,但是加固后 1 年多就发生了碳纤维布与桥面板脱离现象,加固效果差,甚至发生了某块桥面板掉落事故。之后,提出钢托架方案来避免桥面板的脱落,但治标不治本,不能提高桥面板受力性能,且需要在主梁上面打孔,易损坏主梁,该方案最终没有采用。同时,该桥承载的交通量大,加固施工时需要考虑尽量减少对交通的影响。

经过充分论证,提出了 UHPC 薄层加固法,即在甲式桥面板结构下层底部浇筑 UHPC 薄层。相关研究表明,在受拉区设置一层 UHPC 薄层能有效提高截面承载力,减小受拉区混凝土的拉应力[26-29]。此外,UHPC 与既有混凝土的高黏结性能为加固层与既有结构形成持久稳定的整体提供了良好基础[30]。本加固工程采用的 UHPC 抗压强度≥150MPa,抗拉强度≥12MPa,极限拉应变大于 4000με。具体设计方案如图 10.23 所示,在甲式桥面板下方的槽形梁间立模,利用 UHPC 的自流平特性灌注 UHPC 薄层(中间厚 5cm、两端厚 10cm)。养护拆模后 UHPC 薄层与普通混凝土共同工作,起到增大截面刚度的作用。由于 UHPC 抗拉强度高，超出普通混凝土部分的抗拉能力，类似在原结构底部粘贴了受拉纤维，从而增大了桥面板的受拉能力。同时，由于 UHPC 材料没有粗集料，抗扰动性能好[31]，可以在桥面通车的情况下进行灌注施工，保证了不封闭交通情况下的快速施工。

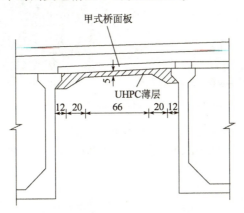

图 10.23　某大桥 UHPC 薄层加固方案（尺寸单位:cm）

为了验证 UHPC 的管道泵送压力灌注施工工艺、UHPC 与混凝土板的黏结性能和 UHPC-RC 组合板的受力性能，开展了线下足尺试验：①采用管道泵送工艺浇筑足尺 UHPC-RC 组合板模型以模拟实际施工[图 10.24a)]；②从模型中钻芯取样进行抗压测试[图 10.24b)]；③切割足尺模型并观察 UHPC 与混凝土的黏结界面；④取长度 1.06m、宽度 0.77m 的 UHPC-RC 组合板进行四点弯曲加载试验，加载方法和装置分别如图 10.24c)和 d)所示。

a)足尺模型模板

b)足尺模型钻芯取样

图 10.24

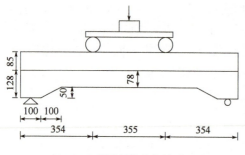

c) UHPC-RC组合板模型试验加载方式　　d) UHPC-RC组合板模型试验加载装置

图 10.24　UHPC-RC 组合板试件图(尺寸单位:cm)

钻芯取样试件抗压测试后的试件如图 10.25a)所示,切割后模型 UHPC 和混凝土黏结界面如图 10.25b)所示。从图中可知,UHPC 和混凝土界面黏结完好。

图 10.25　抗压测试试件、足尺模型中 UHPC 与混凝土黏结界面

UHPC-RC 组合板的加载试验的荷载-跨中挠度曲线如图 10.26 所示,极限荷载在 160kN 左右,跨中挠度在 11mm 左右。UHPC-RC 组合板的荷载-裂缝宽度曲线如图 10.27 所示。由图 10.27a)可知组合板初裂荷载为 56kN,此时应力为 7.5MPa,裂缝宽度为 0.006mm;由图 10.27b)可知组合板产生宏观裂缝时的荷载为 92kN,此时应力为 10.0MPa,裂缝宽度为 0.09mm。

通过线下的足尺模型试验可以得出如下结论:①UHPC 的管道泵送压力灌注施工工艺可行;②UHPC 与混凝土板的黏结性能良好;③组合板跨中的极限承载力试验值为 24.3kN·m,设计的荷载组合效应为 4.1kN·m,安全系数为 5.9。

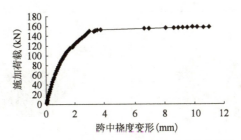

图 10.26　UHPC-混凝土组合板荷载-跨中挠度曲线

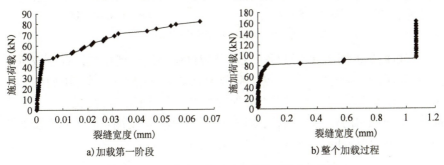

a) 加载第一阶段　　　　　　　　b) 整个加载过程

图 10.27　UHPC-混凝土组合板荷载-裂缝宽度曲线

同时,对加固前后的甲式桥面板建立局部有限元模型进行分析。模型采用 Solid65 单元模拟,预应力钢束采用 Link8 单元,通过等效降温法模拟预应力。边界条件分铰接和固结两种情况模拟。有限元分析结果如图 10.28 所示。结果表明,桥面板加固前在车辆荷载作用下,甲式桥面板的最大拉应力为 3.10~7.00MPa。加固后的桥面板横向拉应力明显减小,最大拉应力小于 0.5MPa。UHPC 层最大拉应力为 2.47MPa,远小于 UHPC 混凝土的抗拉强度。

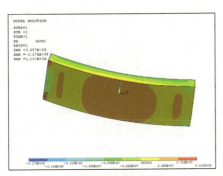 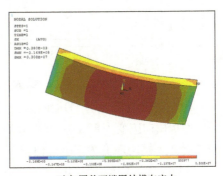

a) 加固前两端铰接横向应力　　　　　b) 加固前两端固结横向应力

图　10.28

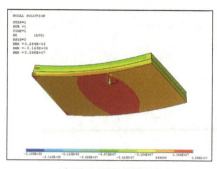

c) 加固后两端铰接横向应力   d) 加固后两端固结横向应力

图 10.28 甲式桥面板有限元分析结果示意图

在桥面板加固前后均进行了现场荷载试验测试。现场测试选取该桥下行桥南起第 23 孔进行测试。测试荷载为总重 47.6t 的加载车(中后轴总重 40.0t),分两种工况加载:工况 1 为加载车中轴作用于 4 号桥面板,工况 2 为加载车中轴作用于 3 号桥面板,如图 10.29 所示。应变测点布置示意图如图 10.30 所示,现场加载和测试如图 10.31 所示。

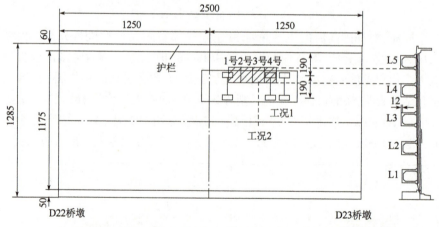

图 10.29 某大桥现场测试工况示意图(尺寸单位:cm)

现场测试结果表明:①加固前,工况 1 下桥面板横向应变为 64με,工况 2 下桥面板横向应变为 80με。②加固后,桥面板在工况 1 下横向应变为 22με,在工况 2 下横向应变为 23με;UHPC 薄层在工况 1 下横向应变为 45με,工况 2 下横向应变为 55με,平均应变为 50με,根据弹性模量换算应力为 2.50MPa,与有限元计算结果吻合。

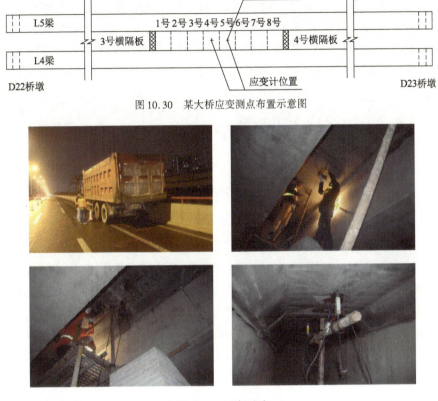

图 10.30　某大桥应变测点布置示意图

图 10.31　现场试验

综合现场试验和有限元分析结果可知,加固前甲式桥面板的横向拉应力超过混凝土抗拉强度,因此多处产生裂缝,促进了混凝土碳化,也带来渗水、钢筋锈蚀等隐患。采用 UHPC 薄层加固后,普通混凝土的拉应力明显减小,不会发生开裂。UHPC 薄层抗拉强度也远大于拉应力(如果为普通混凝土材料已开裂)。该桥加固后的外观检查结果表明,UHPC 薄层外观状况良好,无开裂、蜂窝等病害。该桥的 UHPC 薄层加固于 2016 年底完成。目前,桥梁运营状况良好。UHPC 薄层加固法效果良好,值得进一步推广。

10.3.2　箱梁桥面铺装修复

国外某高架桥于 1969 年建成,横跨 92~104m,总长 2120m,日均车流量达 50000 次。由于车轮荷载的作用,桥面铺装磨损严重,混凝土发生碱骨料反应导致桥面板承载力降低，虽然仍满足规范要求但存在安全隐患。为提高桥面板的承载能力（尤其是负弯矩区），采用 UHPC 薄层加固法加固桥面板。加固方案如图 10.32 所示，桥面板厚度 180mm，UHPC 加固层厚度 40mm[32]。UHPC 加固方案总造价为 1580 元/m²，成本低于常规加固方法，且施工速度快。

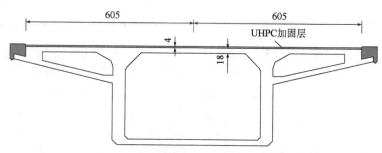

图 10.32　某高架桥加固方案（尺寸单位：cm）

该工程 UHPC 加固层于 2015 年浇筑完成。经理论分析和试验验证，UHPC 加固后的桥面板负弯矩区抗弯承载力提高了 73%。同时，采用 UHPC 加固还具有以下优点：抗剪承载力提升，无须配置抗剪钢筋，仅由 UHPC 和混凝土提供即可满足要求；桥面板刚度提高，改善了构件疲劳性能；桥面板耐磨性能提升；UHPC 薄层不易开裂，耐久性能高，有效抑制了箱梁铺装的碱骨料反应。

10.3.3　受火灾桥梁的加固修复

2015 年 6 月，上海某立交桥（空心板梁桥），由于在梁下发生火灾，梁底混凝土大面积开裂甚至剥落，病害严重，承载能力和耐久性急剧下降（图 10.33）。经检测分析，主梁受损严重，急需更换新的板梁，但边板由于内部设置大量的管线难以更换。为尽快恢复该立交桥的交通功能，研究决定采用更换中板并用 UHPC 材料修复加固边板的方案，如图 10.34 所示。具体加固流程为：首先拆除受损中板，然后更换新的板梁，之后在边板底和外侧采用外包 5cm 厚的 UHPC 层加固。

在该工程中，由于 UHPC 的高抗拉特性，有效提高了结构的正常使用性能。而且 UHPC 薄层不易开裂，耐久性能好，可以防止原结构受损部位性能的进一步退化。分别于加固通车后 15 个月和 24 个月对桥梁进行检测

(图 10.35),发现 UHPC 薄层无裂缝,与原边板梁之间黏结良好。

图 10.33 某立交桥梁底病害

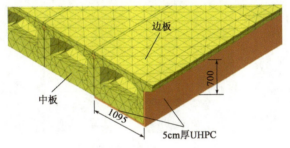

图 10.34 某立交桥加固示意

图 10.35 某立交桥外观检测

10.3.4 快速换梁工程

上海某工程项目(图 10.36)需要对其中半幅主梁进行更换。为满足湿接缝在快速施工要求下的受力需求,采用现浇 UHPC 接缝方案。在该工程中采用 UHPC 湿接缝具有以下优点:①换梁时,新梁与旧梁的现浇湿接缝连接,受力上类似于桥梁拼宽接缝,对材料的抗拉强度和变形能力要求较高。

采用 UHPC 可以显著提高湿接缝的抗拉性能。②由于 UHPC 与普通钢筋之间具有良好的黏结性能,文献研究显示理论上只需要 $4d$(d 为钢筋直径)的锚固长度即可达到锚固要求[33],工程中建议取锚固长度为 $8d$[34]。因此,采用 UHPC 大幅缩短了湿接缝的宽度,减少了现场的工作量,满足快速施工的要求。UHPC 具有早强特性,4h 立方强度可以达到 45MPa 以上,28d 立方体强度可以超过 90MPa,缩短了施工工期,减少了施工对交通的影响。同时,结合车辆荷载对 UHPC 浇筑影响小的特点,实现了在不封闭交通条件下的施工。

图 10.36　某快速换梁工程施工

该工程施工采用半幅内封闭交通且不中断交通,然后拆除旧主梁,架设新梁,再现浇 UHPC 湿接缝连接新主梁与现存主梁。工程于 2016 年 11 月 7 日完工,换梁时间仅用 57h,至今桥梁使用状况良好。

10.4　结语

相比普通混凝土,UHPC 材料具有高抗拉强度和变形能力,适宜用于既有混凝土主梁的高拉应力区的加固和桥梁拼缝、湿接缝等关键节点,可以显著提高既有结构的承载力、刚度和耐久性能。

本章以新型 UHPC 拼缝和 UHPC 薄层加固为基础,针对基于 UHPC 高抗拉性能的既有混凝土主梁拼宽和加固展开研究,取得以下成果:

基于 UHPC 材料,提出一种抗拉性能强的新、老桥梁拼缝构造,并通过一系列物理模型试验验证了 UHPC 拼缝的抗拉性能,之后通过有限元分析进行参数化优化研究,扩展了其应用范围。新型拼缝构造已应用于实际工程项目,效果良好。

通过研究 UHPC 材料在槽形梁桥面板底面受拉区加固、箱梁桥面铺装加固、火灾后板梁加固和快速换梁工程中的应用,探索了 UHPC 在混凝土主梁修复加固中的应用。

研究成果表明:UHPC 拼缝构造抗拉和变形能力强,能适应较大的基础不均匀沉降;UHPC 薄层加固是一种可靠的主梁加固策略,能显著提高承载能力,抑制高拉应力区域裂缝的发展,大幅提升结构的耐久性能。

UHPC 在既有混凝土桥梁主梁拼宽和加固中的应用前景广阔,值得进一步研究并推广应用。

本章参考文献

[1] RICHARD P, CHEYREZY M. Composition of reactive powder concretes [J]. Cement& Concrete Research, 1995, 25(7):1501.

[2] 2020 年中国超高性能混凝土(UHPC)技术与应用发展报告[J]. 混凝土世界, 2021(04):20-29.

[3] Chao Liu, Yuxin Zhang, Yuan Yao, Yuhao Huang. Calculation method for flexural capacity of high strain-hardening ultra-high performance concrete T-beams[J]. Structural Concrete, 2019(01):405-419.

[4] 张阳, 屈少钦, 卢九章, 等. UHPC 纤维定向法及对受拉性能影响[J]. 重庆交通大学学报(自然科学版), 2021, 40(05):74-80.

[5] 陈宝春, 季韬, 黄卿维, 等. 超高性能混凝土研究综述[J]. 建筑科学与工程学报, 2014, 31(03):1-24.

[6] 张哲. 钢-配筋 UHPC 组合桥面结构弯曲受拉性能研究[D]. 长沙:湖南大学, 2016.

[7] E Brühwiler. Swiss standard SIA 2052 UHPFRC:materials, design and application[S]. 2016.

[8] 中华人民共和国交通运输部. 2020 年交通运输行业发展统计公报[N]. 中国交通报, 2021-05-19(002).

[9] Hosseini M., Jefferson A. D. Time-dependent behavior of widened reinforced concrete under-bridge [J]. Materials and structures. 1998, 319 (12):714-719.

[10] Caner A, Zia P. Behavior and design of link slabs for jointless bridge decks

[J]. PCI J. 1998;43(43):68-81.

[11] Lund JAV, Brecto BB. Jointless bridges and bridge deck joints in Washington state[J]. Transport Res Rec. 1999(1688):116-123.

[12] Oesterle RG,Mehrabi AB,Tabatabai H,Scanlon A,Ligozio CA. Continuity considerations in prestressed concrete jointless bridges[J]. Proceedings of Structures Congress,2004.

[13] Oesterle,R. G. ,Refai,T. M. ,Volz,J. S. ,Scanlon,A. ,and Weiss,W. J. . Jointless and integral abutment bridges,analytical research and proposed design procedures[R]. Report to FHWA,2002.

[14] Tabatabai, H. , Oesterle, R. G. , and Lawson, T. J. . Jointless and integral abutment bridges,experimental research and field studies[R]. Report to FHWA,2002.

[15] 冉云双.基于刚度差异的上部结构拼宽方式研究[D].西安:长安大学,2018.

[16] WU WQ, YE JS, JU JY, et al. Current situation and scheme anal sis of bridge widening in expressway expansion[J]. J China Foreign Highway, 2007(06):100-104.

[17] Ulku E,Attanayake U,Aktan H. Jointless bridge deck with link slabs[J]. Transport Res Rec,2009(2131):68-78.

[18] Qian S,Lepech MD,Yun YK,Li VC. Introduction of transition zone design for bridge deck link slabs using ductile concrete[J]. Aci Struct j,2009, 106(1):96-105.

[19] Saber A,Aleti AR. Behavior of FRP link slabs in jointless bridge decks [J]. A Civ Eng,2014,2012(1687-8086):140-148.

[20] Liu HY,Zhao SC,Li L. Study on bridge deck link slabs of simply supported girder bridges[J]. Adv Mat Res,2015(1079-1080):280-285.

[21] Yen WP, Dekelbab W, Khaleghi B. Connections for integral jointless bridges in seismic regions suitable for accelerated bridge construction[J]. Transport Res Rec,2017(2642):147-154.

[22] 上海市住房和城乡建设管理委员会.高速公路改扩建设计规范:DG/TJ 08-2174—2015[S].上海:同济大学出版社,2015.

[23] 彭凯,徐基平.公路旧桥加宽纵缝拼接技术进展[J].公路交通技术,

2013(01):85-90.

[24] Liu Chao, Huang Yuhao, and Lu Yuanchun. Experimental study on the performance of the UHPC longitudinal joint between existing bridge decks and lateral extensions[J]. Structural Concrete, 2019, 20(6):1871-1882.

[25] 戚淇景. 桥梁维修加固措施失效原因分析[J]. 江苏建材, 2021(02): 47-49.

[26] 刘超, 马汝杰, 王俊颜, 等. 超高性能混凝土薄层加固法在槽形梁桥中的应用[J]. 桥梁建设, 2017, 47(05):112-116.

[27] He Ji, Chao Liu. Numerical analysis on shear resistance of ultra-high performance concrete-normal strength concrete composite beam [J]. Structural Concrete, 2021(01):1-19.

[28] Sun Qixin, Chao Liu. Experimental study and calculation method on the flexural resistance of reinforced concrete beam strengthened using high strain-hardening ultra high performance concrete[J]. Structural Concrete, 2021(03):19-40.

[29] He Ji, Chao Liu. Ultimate shear resistance of ultra-high performance fiber reinforced concrete-normal strength concrete composite beam [J]. Engineering Structures, 2020(203):109825.

[30] Lee M G, Chiu C T, Wang Y C. The study of bond strength and bond durability of reactive powder concrete[J]. J ASTM Int., 2005, 2(7): 10-12.

[31] 陈李峰, 李款, 潘友强, 等. 免蒸养 UHPC 在正交异性钢桥面铺装中的应用[J]. 公路, 2020, 65(03):154-159.

[32] Bernardi S, Jacomo D, Boudry F. Overlay ductal: a durable solution for bridges retrofitting [C]. First International Interactive Symposium on UHPC, 2016.

[33] 韩方玉, 刘建忠, 刘加平, 等. 基于超高性能混凝土的钢筋锚固性能研究[J]. 材料导报, 2019, 33(S1):244-248.

[34] Yuan J, Graybeal B. Evaluation of bond of reinforcing steel in UHPC: design parameters and material property characterization [C] // First International Interactive Symposium on UHPC 2016.

本章作者简介

刘超　副教授

博士,博士生导师。2000年本科毕业于同济大学交通土建工程专业。2006年获同济大学桥梁工程专业工学博士学位。主要研究领域为基于人工智能的桥梁精细化监控(监测)技术、UHPC结构的应用及细观研究、桥梁节段预制技术、复杂结构的分析与算法优化、桥梁抗爆等。出版了《混凝土桥梁结构实用精细化分析与配筋设计》和《土木工程信息化》。参与了《公路超高性能混凝土加固桥梁技术指南》《公路钢筋混凝土及预应力混凝土桥梁设计规范》《公路桥涵设计通用规范》《大跨度公路预应力混凝土梁桥设计施工技术指南》等行业标准的编制工作。发表国内外学术论文百余篇,主持多项国家和省部级课题。承担了苏通长江公路大桥、台州椒江二桥、南昌朝阳大桥、江苏灌河特大桥、山西运宝黄河大桥等多项大跨径桥梁工程的相关科研和技术服务等工作。获得多项发明专利和软件著作权。承担的天津大沽桥和沈阳三好桥监控项目分别获得2006年和2008年的美国国际桥梁学会尤金·菲戈奖,获得上海市科技进步奖、中国公路学会科技进步奖等多个奖项。